[期货投资者教育系列丛书]

甲　醇

中国期货业协会　编

中国财政经济出版社

图书在版编目（CIP）数据

甲醇/中国期货业协会编 . —北京：中国财政经济出版社，2012.11

（期货投资者教育系列丛书）

ISBN 978 – 7 – 5095 – 4093 – 0

Ⅰ. ①甲… Ⅱ. ①中… Ⅲ. ①甲醇 – 期货交易 – 基本知识 Ⅳ. ①F830.9

中国版本图书馆 CIP 数据核字（2012）第 259284 号

责任编辑：胡　懿　郁东敏　　　　责任校对：李　丽

封面设计：陈　瑶

中国财政经济出版社 出版

URL：http：//www.cfeph.cn

E – mail：cfeph @ cfeph.cn

（版权所有　翻印必究）

社址：北京市海淀区阜成路甲 28 号　邮政编码：100142

营销中心电话：010 – 88191537　北京财经书店电话：64033436　84041336

北京财经印刷厂印刷　各地新华书店经销

787×960 毫米　16 开　16.5 印张　270 000 字

2012 年 11 月第 1 版　2021 年 11 月北京第 4 次印刷

定价：36.00 元

ISBN 978 – 7 – 5095 – 4093 – 0/F·3314

（图书出现印装问题，本社负责调换）

本社质量投诉电话：010 – 88190744

打击盗版举报热线：010 – 88191661　QQ：2242791300

期货投资者教育系列丛书编委会

主　任：刘志超

副主任：侯苏庆　彭　刚　李　强　李晓燕　孙明福

委　员：马文胜　王仲会　母润昌　刘国强　李建中
　　　　李立勇　陈　方　陈冬华　吴素萍　肖　成
　　　　罗旭峰　屈正哲　林　皓　施建军　姚　广
　　　　党　剑　黄　辉　谭显荣　王化栋　邓　强
　　　　卢赣平

总 序 言

近年来,在党中央国务院的正确领导下,随着《国务院关于推进资本市场改革开放和稳定发展的若干意见》的深入贯彻落实,我国期货市场取得了稳步较快发展的良好局面。但是由于当前我国期货市场"新兴加转轨"的特征依然突出,市场制度和结构仍存在缺陷,风险防范和化解的自我调节机制尚未完全形成,市场主体发育不成熟,我国期货市场的整体波动和投机性仍较强,这些都对期货市场的改革发展提出了新的挑战。

与此同时,在新的市场环境和对外开放的条件下,随着我国期货市场规模的不断发展壮大,国内市场与国际市场的联系日趋紧密,影响期货市场运行的外部因素也更为多样化和复杂化,由美国次级债危机引发的国际金融市场动荡不安,国内外商品市场价格频繁而剧烈的波动,都增加了期货市场风险控制和日常监管的难度,给我国期货市场的稳定、健康的运行带来了新的挑战。

在这样一个新的形势下,期货市场的持续活跃和规范运作吸引了许多新的市场参与者,期货市场的开户数快速增长,特别是新入市的个人投资者比重较大且呈持续上升趋势。大宗商品和资产价格的频繁剧烈波动也使越来越多的企业开始意识到利用期货市场进行风险管理的重要性。但是由于对期货市场的交易特点和运行机制缺乏详细了解,同时风险意识淡薄,受期货高杠杆高回报的诱惑,而忽视了期货的高风险特征,导致非理性投资行为上升,产生了不必要的损失。投资者是期货市场的重要主体,期货市场的发展离不开投资者的积极参与,特别是成熟投资者的参与。因此,在当前我国期货市场的快速发展时期,做好投资者教育工作更加意义深远。

做好投资者教育工作,既是保护投资者合法权益、促进期货市场稳步发展的客观需要,也是加强我国期货市场建设、促进市场稳定运行的关键环节。持续不断地开展行之有效的投资者教育活动,使投资者了解期货高杠杆、高风险的特点,了解期货市场的产品及交易规则,减少投资者的盲目性,特别是牢固树立"买者自负"的风险意识,从而理性参与期货交易,增强投资者的自我保护能力,才是对投资者最好、最有效的保护。同时,通过投资者教育,有助于投资者客观、正确地认识和参与期货市场,可以进一步促进培育诚实守信、理性健康的市场文化,促进期货市场功能的有效发挥和市场的平稳有序运行。期货市场的投资者教育工作任重而道远,是一项长期的、系统性的工程,需要持之以恒地开展下去。

近年来,围绕投资者教育工作,期货市场的监管部门、自律组织与中介机构都深入进行了形式多样、内容丰富和卓有成效的大量工作。由中国期货业协会组织编写的这一套《期货投资者教育系列丛书》就是协会按照中国证监会的统一部署,贯彻落实期货投资者教育工作的重要措施之一。该丛书作为期货市场第一套系统介绍我国上市期货品种的投资者教育普及读物和中国期货业协会期货投资者远程教育学院课程的基础性教材,以广大普通投资者为服务对象,兼顾了现货企业等专业机构的需求。本套丛书在体例上采取简单明了的问答体例,在语言上深入浅出,通俗易懂,可读性强。在内容上,丛书以"风险教育"为主线,不仅对国内上市的期货品种基本知识和交易规则进行了详细介绍,更从期货品种相关的现货生产、加工、贸易和消费等产业链的各个环节对该产品的特性进行了系统介绍,从而使得投资者能够得到更加全面、深刻的理解。同时,丛书还选取了大量包括套期保值、套利交易等典型实务操作案例,作为投资者了解和学习该产品的辅助材料,充分体现了丛书的实用性和可操作性特点。衷心希望本丛书的出版能够为期货投资者了解期货市场,树立风险意识,理性参与交易提供有益的帮助。

姜 洋
2010 年 3 月

目 录

第一章　甲醇基础知识 / 1

　　一、甲醇是什么？ / 1
　　二、甲醇和乙醇有什么区别？ / 2
　　三、甲醇有什么用途呢？ / 3
　　四、甲醇的产业链状况如何？ / 4
　　五、甲醇的生产工艺是怎样的？ / 5
　　六、煤炭是如何变成甲醇的？ / 6
　　七、天然气是如何变成甲醇的？ / 11
　　八、焦炉煤气是怎样变成甲醇的？ / 17
　　九、甲醇下游产品主要有哪些？ / 18
　　十、房地产和木材加工业是如何影响甲醇需求的？ / 35
　　十一、为什么说甲醇汽油、甲醇制烯烃和二甲醚
　　　　　将是未来驱动甲醇需求增长的主要动力？ / 36
　　十二、甲醇包装、储存及运输是怎样的？ / 38

第二章　甲醇的供需状况 / 42

　　一、全球甲醇的供需状况如何？ / 42
　　二、全球甲醇的生产分布状况怎样？ / 43

三、全球甲醇的需求分布状况如何？／46

四、全球甲醇的消费结构如何？／47

五、国际甲醇贸易状况如何？／48

六、我国甲醇的生产分布状况如何？／49

七、我国甲醇的消费状况如何？／52

八、我国甲醇生产集中度情况怎样？／55

九、我国甲醇贸易状况如何？／55

十、甲醇市场的发展趋势如何？／64

第三章　甲醇期货基础知识　／69

一、甲醇期货是什么？／69

二、甲醇期货市场有哪些我们应该熟知的基本制度？／70

三、甲醇期货交易的保证金是如何规定的？／72

四、甲醇期货交易的限仓有什么规定？／74

五、甲醇期货交割等级是如何规定的？／75

六、甲醇期货上市有什么重要意义？／75

七、甲醇期货具体如何交易？／76

八、郑州商品交易所甲醇交割库有哪些？／78

九、期现价差的变化揭示了什么？／82

第四章　甲醇价格的主要影响因素　／86

一、甲醇价格历史走势情况如何？／86

二、影响甲醇价格变化的主要因素有哪些？／91

三、宏观经济对甲醇价格有何影响？／91

四、国家政策对甲醇价格有何影响？／92

五、国际能源价格如何影响甲醇价格？／97

六、国内外新增产能及甲醇装置的开工状况

如何影响甲醇价格？／101

七、分析甲醇下游需求时应关注哪些因素？／102

八、甲醇运输成本是如何影响甲醇价格的？／103

九、甲醇进出口对行情有哪些影响？／106

十、国内外价格联动程度对甲醇行情有什么影响？／109

十一、天气因素如何影响甲醇价格？／110

十二、甲醇价格有何季节性规律？／111

第五章　甲醇上游企业如何利用甲醇期货　／116

一、甲醇期货对生产企业管理经营风险有什么帮助？／116

二、甲醇生产企业如何参与套期保值降低库存风险？／119

三、甲醇生产企业如何利用期货市场拓展销售渠道、
提前销售锁定预期利润？／124

四、甲醇生产企业如何利用期货市场规避产品销售
价格下跌风险？／125

五、甲醇生产企业如何利用期现套利建立"虚拟库存"？／127

六、甲醇生产企业如何进行期货展期操作？／128

七、甲醇生产企业如何规避套期保值中的增值税？／129

第六章　甲醇中间贸易商如何利用期货市场　／137

一、甲醇期货对中间贸易商管理经营风险有什么帮助？／137

二、贸易商如何利用期货市场管理库存风险？／141

三、基差是什么？基差对甲醇套期保值效果有何影响？／146

四、甲醇贸易商如何利用期货市场稳定采购成本？／150

五、签订进口合同后，甲醇贸易商如何规避甲醇价格
下跌的风险？／151

六、甲醇期转现如何操作？／152

七、甲醇的融资套现是如何进行的？ / 155

八、境外甲醇现货贸易商如何利用甲醇期货进行溢价抛售？ / 155

第七章　甲醇下游企业如何参与期货市场 / 160

一、甲醇期货对下游企业管理经营风险有什么帮助？ / 160

二、甲醇加工企业如何利用甲醇期货市场规避原料
价格上涨风险？ / 163

三、甲醇加工企业如何利用期货工具锁定产品价格
下跌的风险？ / 166

四、甲醇加工企业如何利用期货工具解决仓储空间
不足的矛盾？ / 167

五、甲醇加工企业如何选择建立库存的时点？ / 168

六、甲醇期货价格如何作为现货采购的定价参考基准？ / 169

七、甲醇加工企业如何审慎决定是否运用期货市场
进行采购管理？ / 172

八、哪些甲醇加工企业原材料采购需要运用期货市场
规避价格波动风险？ / 175

第八章　甲醇期货的实物交割 / 179

一、交割过程中有哪些规定？ / 179

二、卖方入库需要注意哪些问题？ / 180

三、买方出库需要注意什么？ / 180

四、买方交割可以选择仓库吗？ / 181

五、仓单生成和注销需要注意什么问题？ / 181

六、甲醇企业如何利用和管理仓单？ / 182

七、交割违约如何处理？ / 182

八、甲醇交割的相关费用有哪些？ / 183

九、甲醇期货交割流程是怎样的？ / 184
十、怎样注册仓单及入库？ / 185
十一、怎样注销仓单及提货？ / 187
十二、期转现怎样操作？ / 190
十三、有价证券（仓单）充抵保证金业务如何操作？ / 192
十四、仓单折抵业务如何操作？ / 194
十五、仓单银行质押授信业务如何操作？ / 195

第九章　甲醇期货的投资策略　/ 204

一、什么是甲醇的期货投机？甲醇期货投机的作用有哪些？ / 204
二、甲醇期货投机交易有哪些主要参与者？ / 206
三、如何进行甲醇的期货投机？投机策略有哪些？ / 207
四、什么是套利交易？ / 211
五、为什么要进行甲醇期货的套利交易？套利交易
　　何以吸引众多投资者？ / 213
六、甲醇期货的套利交易与套期保值、投机交易的
　　区别在哪里？ / 214
七、甲醇期货套利交易有哪些类型？ / 216
八、如何利用合约之间的不合理差价盈利？ / 217
九、甲醇的跨期套利有哪几种类型？ / 219
十、什么是期货合约之间的反向跨期套利？ / 223
十一、商品期货间的跨品种套利是如何进行的？ / 224
十二、如何在期货市场与现货市场间盈利？ / 227
十三、套利交易有哪些需要注意的地方？ / 228

第十章　甲醇期货交易的风险管理　/ 232

一、甲醇期货交易的主要风险有哪些？ / 232
二、个人投资者如何进行风险管理？ / 233
三、机构投资者如何进行风险管理？ / 235
四、长假休市期间是否具有某种风险？ / 237

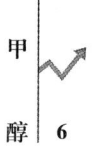

五、涨跌停板限制可能带来什么风险？ / 238

六、如何通过资金管理降低期货投资风险？ / 238

七、如何通过制定应对策略降低交易风险？ / 241

后记 / 248

第一章
甲醇基础知识

【本章要点】

本章主要介绍了甲醇的主要用途、产业链状况、生产工艺、下游产品,使投资者在进入甲醇期货市场前对甲醇有一个感性的认识,也为投资分析、展望甲醇期货行情打下一定的基础。

一、甲醇是什么?

甲醇,又名木精、木醇,英文名为 Methanol 或 Methyl Alcohol,化学分子式为 CH_3-OH,为无色、略带醇香气味的挥发性液体,沸点 64.5℃ ~ 64.7℃,能溶于水,在汽油中有较大的溶解度,有毒,易燃,其蒸汽与空气能形成爆炸混合物。甲醇是由合成气生产的重要化学品之一,既是重要的化工原料,也是一种燃料(见图 1-1)。

甲醇大体上有工业甲醇、燃料甲醇和变性甲醇之分,目前以工业甲醇为主。凡是以煤、焦、天然气、轻油、重油等为原料合成的,其质量指标符合国标 GB338-2004 要求的,都是工业甲醇。随着可再生资源的开发利用,利用农作物秸秆、速生林木及林木废弃物、城市有机垃圾等也可以气化合成

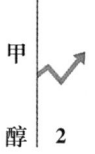

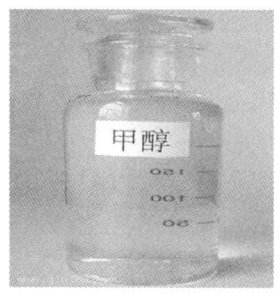
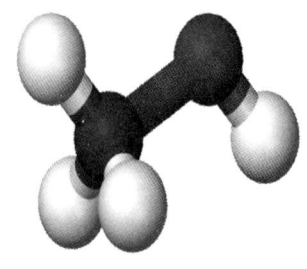

图 1-1 甲醇

甲醇。粗甲醇经脱水精制、作为燃料使用的无水甲醇，称为燃料甲醇。燃料甲醇未加变性剂，成本往往要比工业甲醇低，因为对它只有可燃烧和无水的要求。变性甲醇是加入了甲醇变性剂的燃料甲醇或工业甲醇。因为甲醇和汽油、柴油不互溶，尤其在低温潮湿环境中发生分层（相分离）现象而造成发动机不能正常工作，因此燃料甲醇（或工业甲醇）变性后才能加入汽油、柴油使用。变性燃料甲醇是在工业用甲醇中加入一定比例的车用甲醇汽油添加剂后，专门用于调配车用甲醇汽油的甲醇。

二、甲醇和乙醇有什么区别？

乙醇即酒精，乙醇是化学名词，酒精是俗称。

从分子式上看，甲醇分子式为 CH_3-OH，乙醇分子式为 C_2H_5-OH，乙醇比甲醇多一个 CH_2，属同系物。

从用途上看，甲醇是基础的有机化工原料和优质燃料，主要应用于精细化工、塑料、新型清洁燃料等领域；乙醇也有相当广泛的用途，除用作燃料，制造饮料和香精外，也是一种重要的有机化工原料，如用乙醇制造乙酸、乙醚等。乙醇也是一种有机溶剂，用于溶解树脂，制造涂料。医疗上常用75%（体积分数）的酒精做消毒剂。

从安全角度看，甲醇有毒，乙醇对人体一般无害。不管是工业酒精还是食用酒精，其主要成分都是乙醇。只是工业酒精中大约含有4%的甲醇，被不法分子当作食用酒精制作假酒，而被人饮用后，就会产生甲醇中毒。

三、甲醇有什么用途呢？

甲醇是一种重要的有机化工原料，应用广泛，可以用来生产甲醛、二甲醚、醋酸、甲基叔丁基醚（MTBE）、二甲基甲酰胺（DMF）、甲胺、氯甲烷、对苯二甲酸二甲脂、甲基丙烯酸甲脂、合成橡胶等一系列有机化工产品（见图1-2）。甲醇不但是重要的化工原料，而且是优良的能源和车用燃料，可以加入汽油掺烧或代替汽油作为动力燃料；甲醇也是生产敌百虫、甲基对硫磷、多菌灵等农药的原料；甲醇经生物发酵可生产甲醇蛋白，用作饲料添加剂。此外，近年来，随着碳一化学的发展，由甲醇出发合成乙二醇、乙醛、乙醇等工艺路线（现多由乙烯出发制得）正日益受到关注。

甲醛是甲醇最重要的下游产品之一，也是最重要的基本有机化工原料之一，主要用于生产酚醛树脂、黏合剂及其他有机化学品。目前我国是世界上最大的复合板生产国。

二甲醚（DME）除了在日用化工、制药、农药、染料、涂料等方面具有广泛的用途外，还具有燃料性能，解决了能源和污染的矛盾。

醋酸是甲醇另一种重要的下游产品，是一种重要有机化工原料，主要用于生产醋酸乙烯单体、醋酐、对苯二甲酸（PTA）、聚乙烯醇、醋酸酯类、醋酸纤维素等，在化工、轻纺、医药、染料等行业具有广泛用途。

甲基叔丁基醚（MTBE）是甲醇下游产品中增长最快的一个品种，是一种重要的高辛烷值汽油添加剂。尽管最近一项研究表明，MTBE极易对土壤、地下水造成污染，且能致癌，但在新化学品未出现之前，它还是较为理想的汽油添加剂。

二甲基甲酰胺（DMF）作为重要的化工原料以及性能优良的溶剂，在聚氨酯行业中作为洗涤固化剂；在医药行业中作为合成药物中间体，广泛用于制取强力霉素、可的松、磺胺类药品的生产；在腈纶行业中作为溶剂，主要用于腈纶的干法纺丝生产；在农药行业中用于合成高效低毒农药杀虫剂；在染料行业作为染料溶剂；在电子行业作为镀锡零部件的淬火及电路板的清洗等。

直接加入汽油掺烧：M85、M15甲醇汽油是一种清洁燃料，在汽油中掺入5%、15%和85%的甲醇及用纯甲醇（100%）作为汽车燃料。低比例掺烧甲醇，汽车无需做任何改动，可直接掺入汽油中使用。

由甲醇制烯烃产品：近年来甲醇制烯烃技术正日益受到重视。甲醇制烯烃的 MTO 工艺和甲醇制丙烯的 MTP 工艺，以煤基或天然气基合成的甲醇为原料生产低碳烯烃，是目前重要的 C1 化工技术，也是以煤替代石油生产乙烯、丙烯等产品的核心技术。

图 1-2　甲醇的用途

四、甲醇的产业链状况如何？

上游：国际甲醇的原材料主要有天然气。除了中国，95%以上的甲醇是以天然气为原料进行生产的，中东、中南美地区天然气资源丰富，价格低廉，是世界甲醇的主要产地；而我国拥有丰富的煤炭资源，因此生产甲醇的主原料为煤炭。

下游：甲醇是一种基础化工产品，其下游主要有甲醛、甲基叔丁基醚（MTBE）、醋酸和二甲醚（DME）等传统初级衍生化工产品以及甲醇燃料、甲醇制烯烃（MTO/MTP）等。甲醇行业的产业链见图1-3。

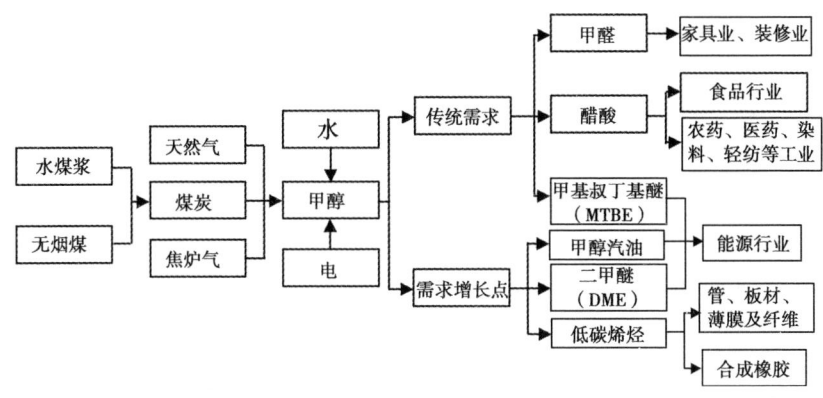

图1-3 甲醇的产业链

五、甲醇的生产工艺是怎样的？

目前，工业上几乎全部采用一氧化碳（或还有二氧化碳）加压催化加氢法生产甲醇，典型流程包括造气、合成气净化、甲醇合成和粗甲醇精馏等工序。

总体来看，根据原料的不同甲醇有三种生产工艺：煤制甲醇生产工艺、天然气制甲醇生产工艺和焦炉气制甲醇生产工艺。自1923年开始工业化生产以来，甲醇合成的原料路线经历了很大变化。20世纪50年代以前多以煤和焦炭为原料；50年代以后，以天然气为原料的甲醇生产流程被广泛应用；进入60年代以来，以重油为原料的甲醇装置有所发展。目前，欧美、中东地区国家主要采用天然气为原料生产甲醇。该工艺具备投资低、无污染的优点，且无需过多考虑副产品销路。我国一次能源结构具有"富煤贫油少气"

特征，缺少廉价的天然气资源；同时随着石油资源紧缺、油价持续上涨，在大力发展煤炭洁净利用技术的背景下，当前并且今后较长一段时间内煤炭仍是我国甲醇生产最重要的原料。此外，我国还有部分企业采用焦炉气为原料生产甲醇。

六、煤炭是如何变成甲醇的？

煤炭在甲醇生产中既是作为原料（用于气化），也是作为燃料。传统的甲醇生产设备的气化用煤以无烟块煤为主，而随着甲醇生产工艺和生产设备的升级、大型装置的投产，越来越多的其他煤种和无烟末煤型煤被用于气化用煤，甲醇的生产成本也越来越低。

煤与来自空气的氧气在气化炉内制得高 CO 含量的粗煤气，按照一定碳氢比加入 H_2，再经净化工序将多余的 CO_2 和硫化物脱除后得到甲醇合成气。由于煤制甲醇碳多氢少，必需从合成池放气中回收氢来降低煤耗和能耗。回收的氢气与净化后的气体形成甲醇所需的合成气，经过压缩、合成等工序制得含水粗甲醇，经过精馏工序精制得到产品甲醇。

煤经气化制取合成气，再由合成气在铜基催化剂条件下合成甲醇的典型流程见图1-4。

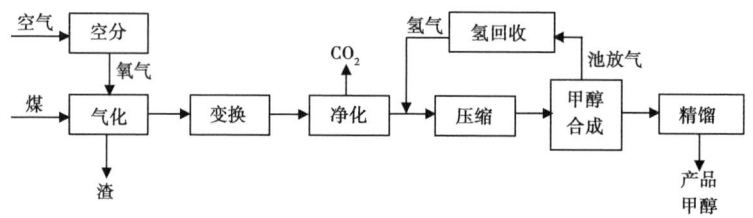

图1-4　煤制甲醇工艺图

上述生产工序中，气化和合成是两个决定性的工艺。气化合成工艺主要有 ICI 低压甲醇合成工艺、Lurgi 低压甲醇合成工艺、TEC 的新型反应器以及正趋向成熟的液相法甲醇合成工艺，而空分、变换、净化、压缩、氢回收、精馏均为常见工艺，与相关行业（如冶金、合成氨工业）的工艺基本一致。

煤制甲醇的耗煤情况与生产设备有关,也与使用煤种有关,一般情况下,每吨甲醇耗煤 1.5~1.8 吨。

延伸阅读:我国煤炭及无烟煤的基本情况

煤炭是我国储量最多、分布最广的不可再生战略资源。根据全国第三次煤炭资源预测与评价,中国煤炭资源总量约 5.57 万亿吨,居世界第一,无烟煤预测储量 4743.43 亿吨。截止到 2008 年年底,查明煤炭资源储量 11597.78 亿吨。其中,无烟煤查明储量 1340.22 亿吨,占全国煤炭查明资源储量的 11.56%。无烟煤储量分布相对集中,主要在山西晋城、阳泉,河南永城、焦作地区,宁夏汝箕沟矿区,贵州矿区等 6 个区域,山西省和贵州省共占中国无烟煤总储量的 67%。此外,河南省、宁夏回族自治区、北京市的无烟煤储量也较丰富。虽然贵州省占中国无烟煤预测储量的 24%,但由于位置偏远、开采条件及煤质等原因,至今产量很小。山西省无烟煤预测资源量为 2020 亿吨。其中,晋城矿区占到 1000 亿吨,是中国最大的无烟煤生产矿区之一。

2009 年,我国煤炭产量继续保持较快速度增长,全年产量达到 30.5 亿吨,同比增长 10.99%。中国无烟煤生产区主要集中在山西省。产量达到 5000 万吨以上的仅有山西省、河南省、贵州省、内蒙古自治区。2009 年全国无烟煤产量 5.03 亿吨,同比增长 12.53%。

据国际能源署资料,世界无烟煤生产达到 1000 万吨以上的只有中国、越南、俄罗斯、乌克兰 4 个国家。而中国无烟煤产量 2003 年、2004 年、2005 年分别占到全球无烟煤产量的 84.295%、86.074%、84.035%。中国是世界无烟煤生产、消费的第一大国。

由于无烟煤具有广泛的适用性,在电力、冶金、化工、建材及民用领域都有普遍应用。根据中国煤炭运销协会无烟煤专业委员会统计,在近几年的无烟煤消费中,电力行业占 36% 以上,化工行业和水泥行业各占 20%,钢铁行业占到 7%。

延伸阅读：我国煤化工产业状况

煤化工是指所有以煤炭为原料的化学工业。按不同工艺路线可以分为煤焦化、煤气化和煤液化；按产品路线可以分为煤制油、煤制烯烃、煤制醇醚、煤焦化—焦炭—煤炭、煤气化—合成氨等（见图1-5）。

目前在业内引起关注的煤化工，主要是指煤制油、煤制烯烃和煤制醇醚类的新型现代煤化工。像煤焦化、氯碱和合成氨制尿素等都属于传统煤化工。

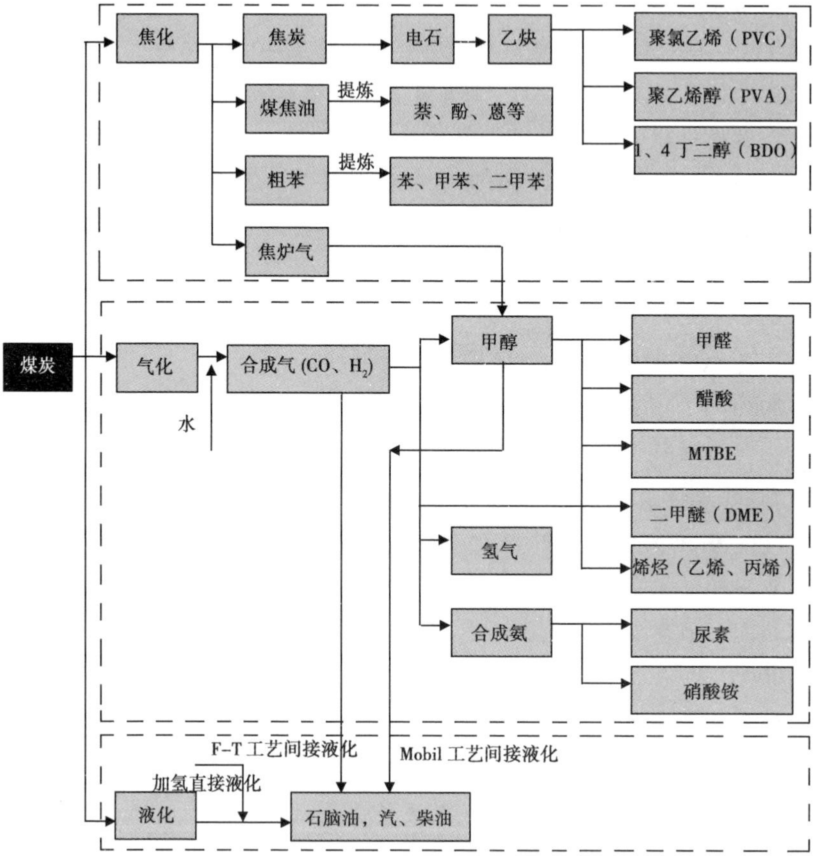

图1-5 煤化工主要工艺路线及产品

我国煤化工经过几十年的发展，在化学工业中占有很重要的位置。煤化工的产量占化学工业（不包括石油和石化）大约50%。合成氨、甲醇两大基础化工产品，主要以煤为原料。

生产1吨甲醇所消耗的原料煤与所采用的气化工艺、煤质及企业的生产、技术管理水平都有很大的关系。以年产20万~30万吨甲醇装置为例：(1) 固定层间歇气化工艺，使用优质无烟块煤，生产1吨甲醇约需煤1.8吨；(2) GE或多喷嘴水煤浆氧化工艺，使用优质烟煤（义马煤），生产1吨甲醇约需煤1.4吨~1.5吨；(3) SHELL粉煤气化工艺，使用优质烟煤（义马煤），生产1吨甲醇约需煤1.25吨~1.45吨。一般而言，生产1吨甲醇需要大约1.5吨标准煤（每吨标准煤的发热量是29270kJ/kg、7000千卡/千克）。

近年来，由于国际油价节节攀升，煤化工越来越显示出优势，因此，目前全国各地发展煤化工热情很高。尤其是在2004年7月我国投资体制改革以来，国家不再审批投资项目，全国各地拟上和新上的煤化工项目很多，项目规模大小不一，几乎是有煤的地方都在发展煤化工。

2006年年底，国家发展和改革委员会提出了《煤化工产业中长期发展规划（征求意见稿）》，公开征求相关部门意见。征求意见稿主要包括三方面内容：

1. 发展新型煤化工产业。征求意见稿提出，未来我国煤化工产业发展分三个阶段。2010年、2015年和2020年，煤制油规划年产分别为150万吨、1000万吨和3000万吨（2015年和2020年，煤制油占成品油的比例分别为4%和10%）；掺烧于汽油的二甲醚的规划是，在上述三个时间点上年年产分别为500万吨、1200万吨和2000万吨。煤烯烃的规划是，在上述时间点上年年产分别为140万吨、500万吨和800万吨，占烯烃总量比例分别为3%、9%和11%。煤制甲醇的规划增长速度也很大。在上述时间点上年年产分别达1600万吨、3800万吨和6600万吨，到2020年，煤制甲醇占甲醇总量的94%。二甲醚和煤烯烃由甲醇转化而来。前者转化比例为1.5:1，后者转化比例为2.92:1，两者合计在2010年、2015年、2020年共约用甲醇1170万吨、3300万吨和5400万吨。征求意见稿显示，对传统煤化工行业，如焦炭和化肥，产能增加很少，而电石则面临缩减。

2. 打造七大煤化工基地。征求意见稿显示，我国计划构建黄河中下游、蒙东、黑东、苏鲁豫皖、中原、云贵和新疆七大煤化工产业区。

按照规划，黄河中下游、新疆、蒙东将形成大规模甲醇、二甲醚、煤制油生产基地。到2020年，这些地区将形成年产煤制油1100万吨、二甲醚700万吨，及我国最大的替代化石燃料生产基地；新疆规划年产1000万吨煤制油及500万吨甲醇；在蒙东，建设锡林浩特、霍林河、呼伦贝尔三大甲醇生产基地，规划年产能1000万吨，但没有规划下游产业；中原和云贵规划年产煤制油各600万吨。但目前以陕北、内蒙古、宁东煤化工产业发展最快。

3. 斥巨资修建四大管线。为把蒙东地区的甲醇输送出来，计划投资50亿元，在呼伦贝尔—霍林河—阜新—锦西修建一条长1800公里、年输送甲醇能力在1000万吨以上的输送管线。为输出黄河中下游燃料，规划投资80亿元，在宁东—榆林—鄂尔多斯—京津唐港修建一条长2000公里输送管线。同时，还投资12亿元修建长400公里的伊宁—独山子成品油管线，与出疆成品油管线独山子—兰州—成都成品油管线连接，年送油品1000万吨，将煤制油送往西南地区。另外，在内蒙古多伦地区，建一条长约200公里至北京的天然气输送管线。这些输送管线将确保规划中的新型煤化工能源可以源源不断地输送到需求地区。

高油价是发展煤化工尤其是现代新型煤化工的最根本原因。我国是富煤少油缺气的国家，因此发展煤化工尤其是新型煤化工不仅是出于经济性的考虑，更是出于国家能源安全性的考虑。但由于煤化工是高耗能、高污染、高耗水的产业，还面临着技术、市场和资源环境约束的风险，因此发展煤化工既有机遇也有很大的风险。

2007年12月20日，国家发展和改革委员会有关领导听取《煤化工产业中长期发展规划》工作汇报，指出：在当前国际油价高企，我国原油资源短缺、煤资源相对丰富的情况下，适度发展煤化工是十分必要的。煤化工产业的发展可有效缓解国内油品供需矛盾，保障国家石油供应安全。对地方政府和企业发展煤化工产业的热情要积极引导，防止盲目发展和投资过热。煤化工产业的发展不仅要考虑煤资源合理利用，还要考虑环境容量、水资源及市场等制约因素。煤化工发展必须符合国家"节能减排"工作的要求，要从全生命周期的角度，全面评价煤化工产品能源利用效率和二氧化碳排放对环境的影响。

2011年4月12日，国家发展和改革委员会发布《关于规范煤化工产业有序发展的通知》，通知中指出：要求在国家相关规划出台之前，暂停审批单纯扩大产能的焦炭、电石项目；禁止建设年产50万吨及以下煤经甲醇制烯烃项目、年产100万吨及以下煤制甲醇项目和年产100万吨及以下煤制二甲醚项目。

2012年3月22日，国家能源局发布《煤炭工业发展"十二五"规划》。该规划提出，在内蒙古、陕西、山西、云南、贵州、新疆等地选择煤种适宜、水资源相对丰富的地区，重点支持大型企业开展煤制油、煤制天然气、煤制烯烃、煤制乙二醇等升级示范工程建设，加快先进技术产业化应用。

七、天然气是如何变成甲醇的？

天然气是国际甲醇生产的主要原料，天然气制甲醇装置具有规模大、成本低、产品质量好的优点。以天然气为原料是国际上甲醇生产的主要原料路线，尤其是具有丰富廉价天然气资源的国家和地区，如中东、智利、特立尼达、多巴哥、新西兰和墨西哥等，已成为世界甲醇工业的核心。目前我国以天然气为原料的甲醇装置约占国内产能的30%左右。

以天然气为原料制甲醇的生产工艺主要由预转化、转化、压缩、合成和精馏等单元组成。天然气制甲醇与煤制甲醇工艺上的主要区别在合成气的生产部分。煤气化生产的合成气中 CO 的含量为30%，不能满足甲醇合成对氢碳比 $(H_2-CO_2)/(CO+CO_2)$ 等于2.05的要求，因此需要变换，将 CO 转化为 CO_2。变换后的合成气还要通过净化除去硫和 CO_2，才能达到甲醇合成的要求。

天然气制合成气的工艺流程较之煤制合成气要简单得多。天然气经预转化脱硫后，只需调整合适的水碳比，转化后的合成气即达到甲醇合成的要求（见图1-6）。因此天然气制甲醇工艺技术可靠、流程短、设备少、操作简单，适合于建设大型或超大型甲醇装置。如以年产50万吨甲醇装置计，煤制甲醇的装置投资约16亿元左右，天然气甲醇的装置投资约12.5亿元左右，前者是后者的1.28倍。

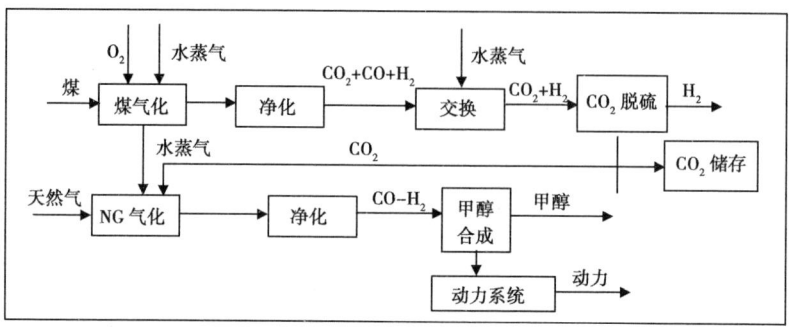

图1-6　天然气制甲醇工艺图

延伸阅读：我国天然气资源及分布

我国沉积岩分布面积广，陆相盆地多，形成优越的多种天然气储藏的地质条件。根据1993年全国天然气远景资源量的预测，中国天然气总资源量达38万亿立方米，陆上天然气主要分布在中部和西部地区，分别占陆上资源量的43.2%和39.0%。

根据中国第二轮油气资源评价，全国天然气资源量380400亿立方米，其中陆上62个沉积盆地的天然气资源量299000亿立方米，海域7个沉积盆地的天然气资源量81400亿立方米。全国最终可采天然气储量140000亿立方米。

延伸阅读：我国天然气的利用政策

2012年10月14日，为了鼓励、引导和规范天然气下游利用领域，国家发展和改革委员会、国家能源局制定了《天然气利用政策》。

该政策中天然气是指国产天然气、页岩气、煤层气（煤矿瓦斯）、煤制气、进口管道天然气和液化天然气（LNG）等。具体内容如下：

一、基本原则和政策目标

（一）基本原则

坚持统筹兼顾，整体考虑全国天然气利用的方向和领域，优化配置国内外资源；坚持区别对待，明确天然气利用顺序，保民生、保重点、保发展，并考虑不同地区的差异化政策；坚持量入为出，根据资源落实情况，有序发展天然气市场。

（二）政策目标

按照科学发展观和构建社会主义和谐社会的要求，优化能源结构、发展低碳经济、促进节能减排、提高人民生活质量，统筹国内外两种资源、两个市场，提高天然气在一次能源消费结构中的比重，优化天然气消费结构，提高利用效率，促进节约使用。

二、天然气利用领域和顺序

（一）天然气利用领域

根据不同用气特点，天然气用户分为城市燃气、工业燃料、天然气发电、天然气化工和其他用户。

（二）天然气利用顺序

综合考虑天然气利用的社会效益、环境效益和经济效益以及不同用户的用气特点等各方面因素，天然气用户分为优先类、允许类、限制类和禁止类。

第一类：优先类

城市燃气：

1. 城镇（尤其是大中城市）居民炊事、生活热水等用气。

2. 公共服务设施（机场、政府机关、职工食堂、幼儿园、学校、医院、宾馆、酒店、餐饮业、商场、写字楼、火车站、福利院、养老院、港口、码头客运站、汽车客运站等）用气。

3. 天然气汽车（尤其是双燃料及液化天然气汽车），包括城市公交车、出租车、物流配送车、载客汽车、环卫车和载货汽车等以天然气为燃料的运输车辆。

4. 集中式采暖用户（指中心城区、新区的中心地带）。

5. 燃气空调。

工业燃料：

6. 建材、机电、轻纺、石化、冶金等工业领域中可中断的用户。

7. 作为可中断用户的天然气制氢项目。

其他用户：

8. 天然气分布式能源项目（综合能源利用效率70%以上，包括与可再生能源的综合利用）。

9. 在内河、湖泊和沿海航运的以天然气（尤其是液化天然气）为燃料的运输船舶（含双燃料和单一天然气燃料运输船舶）。

10. 城镇中具有应急和调峰功能的天然气储存设施。

11. 煤层气（煤矿瓦斯）发电项目。

12. 天然气热电联产项目。

第二类：允许类

城市燃气：

1. 分户式采暖用户。

工业燃料：

2. 建材、机电、轻纺、石化、冶金等工业领域中以天然气代油、液化石油气项目。

3. 建材、机电、轻纺、石化、冶金等工业领域中以天然气为燃料的新建项目。

4. 建材、机电、轻纺、石化、冶金等工业领域中环境效益和经济效益较好的以天然气代煤项目。

5. 城镇（尤其是特大、大型城市）中心城区的工业锅炉燃料天然气置换项目。

天然气发电：

6. 除第一类第 12 项、第四类第 1 项以外的天然气发电项目。

天然气化工：

7. 除第一类第 7 项以外的天然气制氢项目。

其他用户：

8. 用于调峰和储备的小型天然气液化设施。

第三类：限制类

天然气化工：

1. 已建的合成氨厂以天然气为原料的扩建项目、合成氨厂煤改气项目。

2. 以甲烷为原料，一次产品包括乙炔、氯甲烷等小宗碳一化工项目。

3. 新建以天然气为原料的氮肥项目。

第四类：禁止类

天然气发电：

1. 陕、蒙、晋、皖等十三个大型煤炭基地所在地区建设基荷燃气发电项目［煤层气（煤矿瓦斯）发电项目除外］。

天然气化工：

2. 新建或扩建以天然气为原料生产甲醇及甲醇生产下游产品装置。

3. 以天然气代煤制甲醇项目。

三、保障措施

（一）做好供需平衡

国家发展和改革委员会、国家能源局统筹协调各企业加快推进天然气资源勘探开发，促进天然气高效利用，调控供需总量基本平衡，推动资源、运输、市场有序协调发展。

（二）制定利用规划

各省（区、市）发展改革委员会、能源局要根据天然气资源落实和地区管网规划建设情况，结合节能减排目标，认真做好天然气利用规划，确保供需平衡。同时，要按照天然气利用优先顺序加强需求侧管理，鼓励优先类、支持允许类天然气利用项目发展，对限制类项目的核准和审批要从严把握，列入禁止类的利用项目不予安排气量。优化用气结构，合理安排增量，做好年度用气计划安排。

（三）高效节约使用

在严格遵循天然气利用顺序基础上，鼓励应用先进工艺、技术和设备，加快淘汰天然气利用落后产能，发展高效利用项目。鼓励用天然气生产化肥等企业实施由气改煤技术。高含 CO_2 的天然气可根据其特点实施综合开发利用。鼓励页岩气、煤层气（煤矿瓦斯）就近利用（用于民用、发电）和在符合国家商品天然气质量标准条件下就近接入管网或者加工成 LNG、CNG 外输。提高天然气商品率，增加外供商品气量，严禁排空浪费。

（四）安全稳定保供

国家通过政策引导和市场机制，鼓励建设调峰储气设施。天然气销售企业、天然气基础设施运营企业和城镇燃气经营企业应当共同保障安全供气，减少事故性供应中断对用户造成的影响。

（五）合理调控价格

完善价格机制。继续深化天然气价格改革，完善价格形成机制，加快理顺天然气价格与可替代能源比价关系；建立并完善天然气上下游价格联动机制；鼓励天然气用气量季节差异较大的地区，研究推行天然气季节差价和可中断气价等差别性气价政策，引导天然气合理消费，提高天然气利用效率；支持天然气贸易机制创新。

（六）配套相关政策

对优先类用气项目，地方各级政府可在规划、用地、融资、收费等方面出台扶持政策。鼓励天然气利用项目有关技术和装备自主化，鼓励和支持汽车、船舶天然气加注设施和设备的建设。鼓励地方政府出台如财政、收费、热价等具体支持政策，鼓励发展天然气分布式能源项目。

四、政策适用有关规定

（一）坚持以产定需，所有新建天然气利用项目（包括优先类）申报核准时必须落实气源，并签订购气合同；已用气项目供用气双方也要有合同保障。

(二) 已建成且已用上天然气的用气项目，尤其是国家批准建设的化肥项目，供气商应确保按合同稳定供气。

(三) 已建成但供气不足的用气项目，供气商应首先确保按合同量供应，有富余能力情况下逐步增加供应量。

(四) 目前在建或已核准的用气项目，若供需双方已签署长期供用气合同，按合同执行；未签署合同的尽快签署合同并逐步落实气源。

(五) 除新疆可适度发展限制类中的天然气化工项目外，其他天然气产地利用天然气亦应遵循产业政策。

五、其他

(一) 本政策自发布之日起30日后实施。从本政策实施之日起，天然气利用项目管理均适用本政策，除国家法律法规另有规定外，均以此为准。

(二) 本政策根据天然气供需形势变化适时进行调整，以确保天然气市场健康有序发展。

(三) 本政策由国家发展和改革委员会负责解释。各省（区、市）可在本政策规定范围内结合本地实际制定相关实施办法，并报国家发展和改革委员会备案。

八、焦炉煤气是怎样变成甲醇的？

焦化企业在炼焦过程中要产生大量的焦炉煤气。据测算，每生产1吨焦炭可产生400 m^3 焦炉煤气。焦炉煤气是一种富氢气体，含有55%~69%的H_2、23%~27%的CH_4、5%~8%的CO，是非常理想的化工原料。

目前，世界上只有中国拥有焦炉煤气制取甲醇的技术。随着近年来我国甲醇企业新增装置快速发展，焦炉气制甲醇装置逐渐增多，主要集中在山东、西北和华北地区。2010年我国焦炉气制甲醇产能达到593万吨，占总产能16%左右。

焦炉煤气制取甲醇的关键技术是将焦炉煤气中的甲烷及少量多碳烃转化

为一氧化碳和氢。基本工艺是焦炉煤气首先经低压压缩，然后将有机硫加 H_2 转化为无机硫，精脱硫后加压催化部分氧化，使焦炉气中的烃类转化，使之成为 $CO + H_2$，加压合成粗甲醇，经过精馏产出精甲醇（见图1-7）。

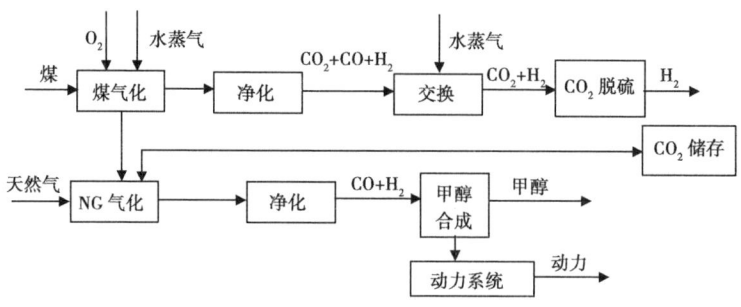

图1-7 焦炉煤气制甲醇生产工艺

九、甲醇下游产品主要有哪些？

甲醇的消费主要包括传统化工领域和能源领域（见图1-8）。一方面，甲醇作为一种基础化工原料，是甲醛行业、二甲醚行业、醋酸行业等主要原材料来源；另一方面，甲醇作为一种新能源，是甲醇汽油、甲醇燃料电池行业的需求来源。甲醇汽油是未来的发展方向，我国甲醇燃料及甲醇汽车的研究开始于20世纪70年代，目前低浓度掺杂的技术已经成熟，国家已出台了相关的标准；高比例甲醇汽油的技术处于试点阶段。

（一）甲醛

甲醛是我国最大的甲醇需求领域，我国工业甲醛的生产方法都是以甲醇为原料，采用空气氧化法制得。甲醛主要用来生产三醛胶，而用于木材加工和室内装饰装修的三醛胶是我国甲醛最大的消费领域，约占甲醛消费的80%以上。甲醛还可以用于生产丁二醇、MDI和聚甲醛。根据中国甲醛行业协会调查，2009年我国甲醛生产企业约有500家，总产能为2489万吨，占世界总产能的47%左右，甲醛产量为1584万吨，产能利用率约为63.6%。2010年受我国淘汰落后产能和节能减排政策的影响，产能利用率有所提高，但仍仅为65.9%。因此，我国甲醛产量有较大的价格弹

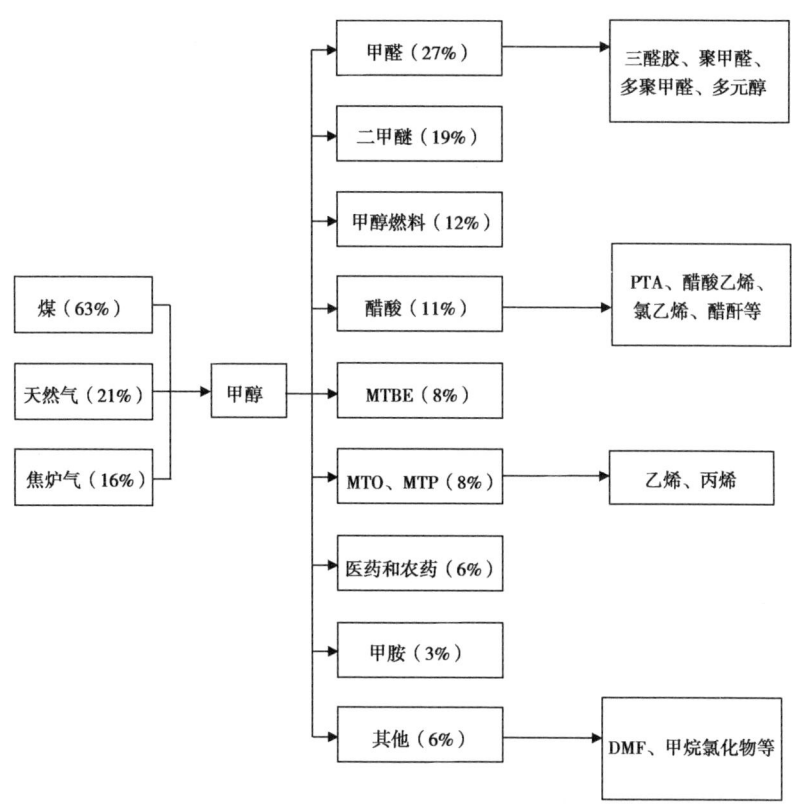

图1-8 2010年甲醇下游主要产品构成图

性,甲醛价格上涨将会引起大量甲醛生产商恢复产能进行生产(见图1-9)。

2004年我国甲醛产量增长率达到60%以上。随后几年受金融危机的影响,板材出口减少,粘接剂需求增长缓慢,从而导致我国甲醛产量增速逐步下滑(见图1-10)。

目前我国甲醛产能主要集中在华北、华南、华中区域。其中,华北区域产能占31.7%,华南和华中分别占15.5%和15.4%。华北和华中地区是甲醛产能集中地带,甲醇产量也较大;而华南地区由于甲醛的需求比较大,但原材料甲醇产能较小,主要依靠国外廉价甲醇的进口,受国外甲醇价格的影响较大,我国甲醛产能分布见图1-11。

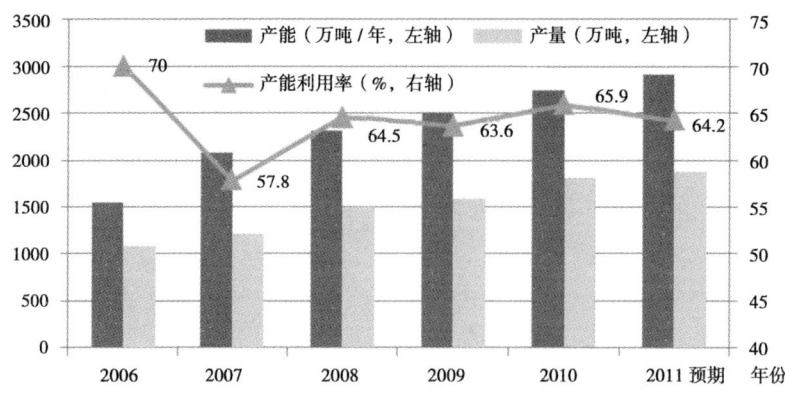

图 1-9 我国历年甲醛产能产量及产能利用率

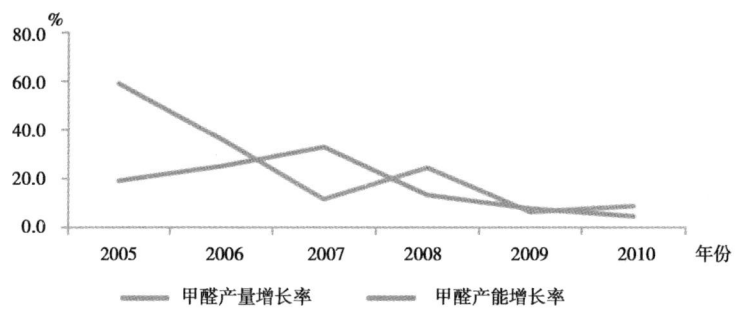

图 1-10 我国甲醛产量增长率与产能增长率

但随着甲醛的消费领域不断被拓宽，甲醛的需求量有望得到支撑。传统上甲醛的需求主要是靠家具业、装修业快速发展而拉动的。近年来受我国房地产调控政策的影响，同时国家逐步限制家具和房屋装修的空气含甲醛量，使得近期甲醛消费增速有所减缓且增长空间有限。近期甲醛有了新的消费领域，如聚甲醛、多聚甲醛、MDI 和多元醇类等对甲醛消费起到了一定的支持作用，这些领域将成为未来甲醛消费的主要增长点。

进出口方面：我国甲醛的进出口量相对较少，不到 1%，对甲醛生产及其价格的影响较小。自 2004 年下半年开始，我国甲醛从净出口国转变为净进口国。随着国内甲醛厂如雨后春笋般地增加，产能逐步走向过剩，进而影响甲醛进口。自 2009 年开始甲醛进口量逐步下降，但由于国内甲醛并没有

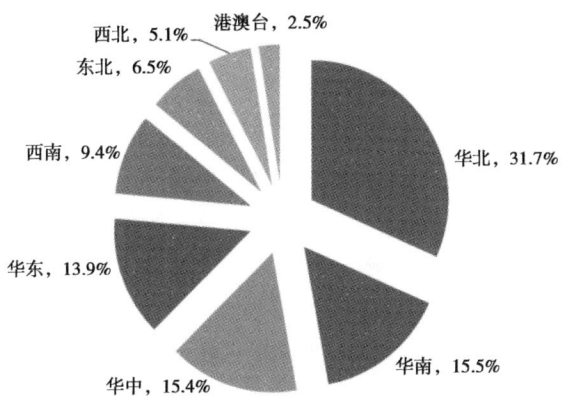

图 1-11 我国甲醛产能分布

价格上的优势，出口量仍相对较小。

> **延伸阅读：我国甲醛行业的特点**
>
> 近年来，我国甲醛行业的特点主要有以下几点：
>
> 一是消费增加量持续低迷。受 2008 年危机前原材料价格大幅上涨尤其是原油价格上涨及相应行业内利润率高企的影响，甲醇投资项目剧增；危机过后，产品价格下降，产能过剩，目前国内甲醛行业的产能利用率只有 50% 左右。
>
> 二是国内甲醛产量在不断增加的同时，生产技术也在不断提高。我国银法甲醛装置甲醇单耗由初期的 580 千克/吨降到目前 470～490 千克/吨左右，有些已降到 450 千克/吨，接近国际先进水平。另外，铁钼法工艺成为新建装置发展的主流工艺。
>
> 三是受甲醇市场影响很大。甲醇对甲醛市场的影响主要表现在两方面：其一，甲醇是甲醛的主要原料，约占甲醛生产成本的 80%，其价格高低及走势对甲醛生产成本影响极大；其二，从近些年甲醛及甲醇的具体价格走势看，甲醛价格受甲醇价格的影响非常大，甲醇价格涨时甲醛价格也涨甲醇价格跌时甲醛价格也跌，并且两者基本是同步的。甲醛利润来自于甲醇的推动，在大多数情况下，甲醛可以把来自甲醇上涨的压

力转移给下游产品。在甲醛生产经营的微利时代,还只有在甲醇上涨的情况下,甲醛企业才能在苦苦挣扎的市场里获得相对丰厚的回报。

四是市场仍将呈现一定的区域性特征。由于市场信息的快速传递及交通运输条件改善,相比于前些年,如今甲醛市场的区域性特征有所降低,各区域市场之间的价差有所缩小。但由于甲醛受自身产品特性的限制(属有毒液体,需专用运输工具,并且价格相对不高,长途运输不合算),甲醛还是以地产地销为主,甲醛市场仍呈现出一定的区域性特征。目前来看,河北、山东等地甲醛价格相对较低,福建、重庆、东北等地价格相对较高。

(二) 二甲醚

二甲醚(DME)是甲醇重要下游产品之一(见图1-12)。二甲醚的制作有两种方法:CO与H_2的合成气直接得到;甲醇通过固体酸催化剂床层(气相法)的脱水得到。由于甲醇气相法的生产技术成熟,工艺简单,具有规模大、操作简易和无腐蚀的特点,成为我国生产二甲醚的主要工艺方法,但其工艺的转化率较低。从二甲醚生产技术的发展来看,液相一步法将成为未来主流的二甲醚生产工艺,但由于我国还处于研究阶段,还需要较长时间的探索才能实现工业化,因此未来几年甲醇仍然是二甲醚的主要原料来源。

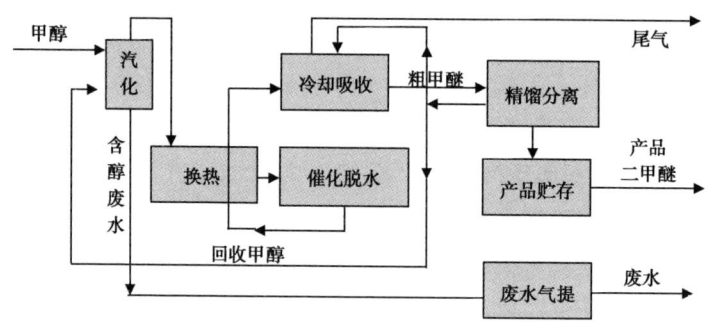

图1-12 甲醇制二甲醚装置流程框图

二甲醚用途非常广泛,可用于三个方面。一是用于工业,广泛应用于轻工、制药、燃料、农药等工业,如用于气雾推进剂、制冷剂等,还可以开发大量高附加值的下游产品。二是替代或掺烧液化石油气、天然气作为民用燃料。二甲醚常温常压下为气态，常温下可在 5 个大气压下液化，它和液化石油气通用钢瓶、灶具，而且燃烧更充分。如果按 1∶3 左右的比例掺烧二甲醚和液化石油气，可以使液化石油气燃烧的烟度降低 80% 左右。三是替代或掺烧汽、柴油用作车用燃料，与柴油发动机通用，只需加装二甲醚储气罐和对线路进行简单改造。更重要的是，使用二甲醚可减少机动车的某些排放物，特别是一氧化氮、燃烧不充分的碳氢化合物和黑烟，是目前仅次于氢气的超清洁燃料。

由于 DME 是适合于我国能源结构的替代燃料，而且投资要求不高（年产 1 万吨仅需投资 900 万元、年产 10 万吨需投资 3200 万元、年产 40 万吨需投资 8305 万元），因此，近年来国内 DME 的生产与建设投资呈井喷之势。2002 年，全国 DME 总产能仅 3.18 万吨，产量约 2 万吨；到 2006 年，产能已超过 48 万吨，产量达 32 万吨，年均增长率分别达到 97% 和 96%。截至 2008 年年底，我国共有 DME 生产企业 49 家，产能达 667 万吨，产量约 150 万吨。2010 年我国 DME 产能达 1074.8 万吨，产量 217.7 万吨，产能利用率 20.25%。2011 年我国 DME 产能达 1209 万吨，产量 330 万吨，产能利用率 27.29%（见图 1-13）。目前二甲醚行业产能过剩，利润率较低，行业开工动力不足；同时，国家提高了二甲醚行业准入门槛，禁止建设百万吨以下二甲醚项目。

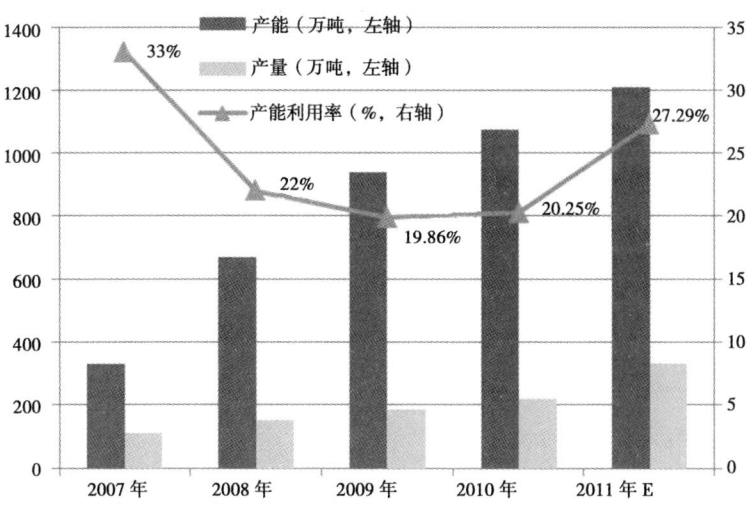

图 1-13　我国二甲醚历年产能产量及产能利用率

目前在建的二甲醚项目，大多是以车用燃料和民用燃料为目标市场，但面临的竞争主要来自国内二甲醚、液化石油气（LPG）及进口液化石油气等。此外，目前二甲醚作替代油品成本过高。据测算，平均1.8吨二甲醚方可替代1吨柴油。因此，只有当二甲醚的生产成本控制在2300元/吨左右，才有可能推广使用。

二甲醚的主要用途是替代液化石油气用作民用燃气，其消费主要集中在经济相对发达、人口密度较高的沿海地区。同甲醇类似，二甲醚也不适宜大规模长途运输，其生产装置大多建设在消费地及其周边地区。国内二甲醚总产能中需要外购甲醇的产能大多集中在江苏、河北、广东、河南等地区；而自身配套有甲醇装置的二甲醚产能则集中在内蒙古等地区。

我国万吨以上规模的DME生产厂约40家，主要分布在河北、山东、河南、安徽、四川、云南、江苏、浙江、广东等地。受国际金融危机的影响，如今存活的DME生产厂家和2008年差不多，其DME产能分布见表1-1。

表1-1　　　　　2008年3月二甲醚主要生产企业产能情况

公司名称	产能（万吨/年）	投产时间
金鼎罗山	15	2007年3月5万吨，11月10万吨
义马新源	10	2007年7月
中捷石化	10	2007年7月
凯跃集团	10	2007年7月
邯郸裕泰燃气有限责任公司	10	2007年12月
玉皇金宇化工	25	2007年7月5万吨，2008年2月20万吨
山东久泰	45	—
泸天化	10	2006年5月
江苏中油长江	5	2007年9月
新能张家港公司	20	2007年12月
温州华电能源	5	2007年11月
天茂集团	10	2007年8月
内蒙古天河化工	20	2007年10月
渭化集团	5	2007年10月

续表

公司名称	产能（万吨/年）	投产时间
汉臣能源	10	2008年2月
宁夏神煤	21	2008年2月
天富化工	10	2008年2月
兴化	5	2008年3月
广州久泰	30	2008年
中油汕尾	10	2008年
久泰能源（内蒙古）有限公司	100	2008年
新能化工股份有限公司	40	2008年
合　　计	426	—

资料来源：中国氮肥工业协会。

延伸阅读：液化气中掺混二甲醚成半公开秘密？

2012年央视"3·15"晚会曝光，在液化石油气中掺混二甲醚已经成为行业内半公开的秘密。

液化气全称是"液化石油气"，是炼油厂在进行原油催化裂解与热裂解时所得到的副产品。这些碳氢化合物都容易液化，将它们压缩到只有原体积的1/250～1/33，贮存于耐高压的钢罐中，使用时拧开液化气罐的阀门，可燃性的碳氢化合物气体就会通过管道进入燃烧器。液化石油气钢瓶充装的介质是液化石油气，液化石油气主要成分是丙烷和丁烷。"烷"类具有稳定的化学结构，不会与钢瓶及铜质阀门发生化学反应，阀门的密封圈材料常用的是顺丁橡胶，具有化学稳定性，也不会与"烷"类物质发生化学反应，纯液化气与液化石油气瓶阀相安无事。

二甲醚是石油类的替代燃料，如果二甲醚作为燃料，配合相应的充装设备、载体、灶具也可以使用，但要做到"专气、专瓶、专用"。但是将二甲醚和液化气混合后会造成液化石油气瓶阀的橡胶密封圈泄漏。

混入二甲醚的液化气在燃烧时，会有刺鼻的味道，除了腐蚀家里的灶具、家具、钢瓶阀门等外,人体长时间吸入这种混合气体会对中枢神经系统有抑制作用,吸入后可引起麻醉,有窒息感,对皮肤也有刺激性。

国家质检总局2008年3月下发的《关于气瓶充装有关问题的通知》明确规定,不得在民用液化石油气中掺入二甲醚后充入液化石油气钢瓶。但由于二甲醚比液化石油气每吨便宜2000元左右,在利益驱使下,在液化石油气中掺混二甲醚已经成为行业内半公开的秘密。

延伸阅读:二甲醚产品价格竞争力分析

DME作为民用燃料有许多优点,甚至比LPG使用更加方便,但能否用作城镇燃气,主要取决于DME的价格。DME作为燃料,其价格的竞争力与LPG的价格密切相关。过去几年我国LPG价格增长幅度较大(见表1-2),2006年平均出厂价格达到4620元/吨,进口LPG完税价格达到5110元/吨;2007年由于国际原油价格高涨使油气价格空前高涨,华南进口LPG批发价逼近8000元/吨,平均高达5830元/吨。预计LPG大幅下降的可能性不大。

表1-2　　　　　近年我国LPG价格　　　　　单位:元/吨

年份	2000	2001	2002	2003	2004	2005	2006
国产出厂价	3210	2940	2640	3012	3588	4254	4620
进口完税价	3143	2780	2508	3060	3701	4513	5110

考虑发热量、燃料效率等因素,DME:LPG替代比按1.2:1计算,若LPG的市场价以6000元/吨计算,则DME可竞争的市场价格为5000元/吨。当DME市场价格低于5000元/吨时,DME竞争力优势明显;相等或高于此价格时,DME对LPG竞争处于劣势。也有专家认为DME:LPG替代比应按1.6:1计算。

(三) 醋酸

醋酸是我国甲醇的第三大传统消费行业,国内醋酸生产工艺有多种,如乙醛法、丁烷法、轻油法、BASF法、BP法等,原材料主要有乙醛、丁烷、轻油、甲醇、CO等。其中,以甲醇和CO为原材料的生产工艺最为廉价。

近几年来该方法得到了广泛应用,甲醇羟基法制醋酸产能比例迅速增加,2008年甲醇制醋酸占比86.2%,2009年占比进一步增加至95%,通常使用甲醇羟基法生产1吨醋酸需要消耗0.6吨甲醇。历年我国醋酸产能、产量及产能利用率变化见图1-14。

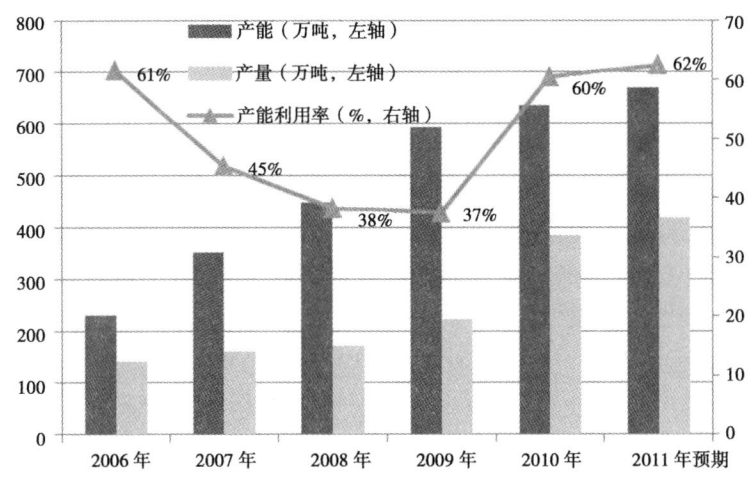

图1-14 我国历年醋酸产能、产量及产能利用率

自2007年以来,我国醋酸产量持续增加,平均增长率达到25%以上,2010年醋酸产量达到384万吨,产能利用率达到60%。2011年我国醋酸产量达到418万吨,产能利用率达到62%。我国醋酸产能主要分布在华东地区,约占53%;华北地区占24%;华中地区占10%,西北地区与西南地区持平,均占5%;而东北地区产能仅占到3%。我国醋酸的消费结构主要是醋酸乙酯/醋酸丁酯、醋酸乙烯、对苯二甲酸(PTA)、醋酸酐、氯乙酸等其他领域(如双乙烯酮、医药、合成氨、染料等)。2007年我国醋酸消费构成比例见图1-15。

从2007年我国醋酸消费结构比例来看,醋酸酯消费比例最大。醋酸酯是重要的有机溶剂,广泛用于涂料、粘合剂、医药等领域。其中,醋酸乙酯占60%,而醋酸丁酯占40%。其次是醋酸乙烯和对苯二甲酸(PTA)。其中,醋酸乙烯是重要的化工原料;PTA是重要的合纤(涤纶)单体,主要用于纺丝和包装材料等。前三种醋酸消费合计占比达58%,且这三种醋酸消费领域在未来具有较大的增长潜力,其他领域的空间都较小。

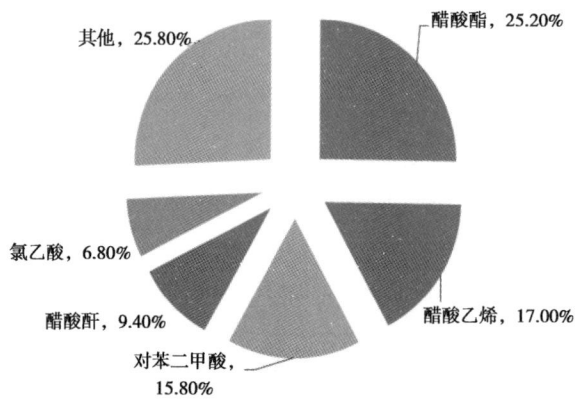

图 1-15　2007 年我国醋酸消费结构

(四) 甲醇燃料

甲醇燃料是利用工业甲醇或燃料甲醇，加变性醇添加剂，与现有国际汽油，按一定体积（或重量比）经严格科学工艺调配制成的一种新型清洁燃料，可以直接代替汽油（如 M100），也可以按照一定比例掺杂在汽油中（如 M5、M15 等，见图 1-16）。甲醇的辛烷值相对较高，因此它作为燃料具有含氧量高、热值比汽油弱的特点，但汽化潜热是汽油的 3 倍多，因此使得发动机中的能量利用效率要高于汽油，而且具有良好的经济性。低浓度的掺杂不需要改造发动机。在国外，低比例甲醇汽油汽车在德国和北欧就有上千辆，为此还配套了 M15 加注站。我国目前处于甲醇汽油的待产业化阶段。

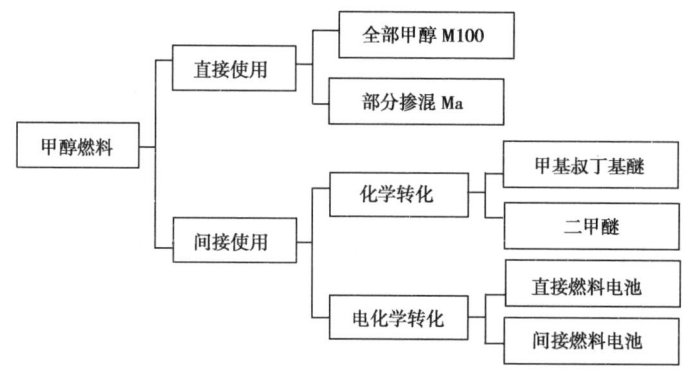

图 1-16　甲醇燃料的几种使用方式

延伸阅读：工业和信息化部推三省市甲醇汽车试点，逼车企节能

2012年3月2日，工业和信息化部决定在山西省、上海市和陕西省开展甲醇汽车试点工作。试点工作将坚持积极稳妥、安全第一的总体要求，严格按照限定地域、限定燃料、限定用车的原则推进。经过2~3年试点工作，完成对高比例甲醇汽车适用性、可靠性、经济性、安全性、环保性评价；明确甲醇汽车产品相关技术规范，建立甲醇汽车相关标准体系；提出高比例甲醇汽车替代燃料相关配套基础设施改造、建设和管理规范。

一、开展试点的背景？

我国开展甲醇汽车研发和应用始于20世纪80年代，不少省、市及企业积极参与，取得了大量的技术成果和宝贵经验，形成了一定的规模。"十一五"以来，甲醇作为车用替代燃料逐步发展，《车用甲醇汽油（M85）》和《车用燃料甲醇》两项国家标准颁布实施，甲醇汽车开发、试验等活动取得积极成果，特别是在柴油机上实现了技术突破，为甲醇燃料代替柴油提供了可能。但多年来由于社会上对甲醇汽车的甲醛排放、安全性等问题存有争议，总体上进展不大。

工业和信息化部针对我国汽车工业快速发展及日趋紧张的石油供给形势和严峻的节能减排形势，从2009年起启动了甲醇汽车相关研究工作，重点开展了高比例甲醇燃料替代汽油、柴油研究，组织专题研究组对甲醇汽车所涉及的能源、环保、安全、技术、经济等问题进行了综合研究，委托有关机构进行了甲醇燃料与汽油、柴油、乙醇汽油的排放检测对比实验，开展了甲醇汽车安全性评价，提出了甲醇汽车产品技术要求。我国甲醇汽车应用实践多年，已形成了从技术到产业化以及配套基础设施建设条件。目前的研究表明，甲醇作为车用替代燃料技术上已不存在大的障碍，常规排放较清洁，非常规排放物中甲醛排放与柴油相当，在遵守操作规程下甲醇燃料不会对人体健康产生不利影响。从近期看，甲醇作为车用替代燃料是我国替代汽油和柴油的一种选择；从中远期看，甲醇作为车用替代燃料对我国能源安全也具有战略意义。

在对相关研究实验结果进行充分研究和评估后,我们认为,组织开展甲醇汽车试点运行的条件基本具备。工业和信息化部决定针对甲醇汽车特点和产业发展现状,积极稳妥推进高比例甲醇汽车试点工作,通过试点评估验证甲醇汽车的技术和安全性,促进甲醇汽车产业健康发展。

二、试点工作的主要目标任务是什么?

尽管甲醇汽车已有多年的应用实践,但甲醇燃料及汽车客观上还属新兴领域,油与车的适应性有待进一步检验和提高,甲醇燃料和甲醇汽车的安全性有待在实践中全面验证,甲醇作为车用燃料,在加注、汽车运行等过程中对人体健康的影响还需要进一步评估。

试点工作将坚持积极稳妥、安全第一的总体要求,严格按照限定地域、限定燃料、限定用车的原则推进。经过2~3年试点工作,完成对高比例甲醇汽车适用性、可靠性、经济性、安全性、环保性评价;明确甲醇汽车产品相关技术规范,制定主要标准,建立甲醇汽车相关标准体系;提出高比例甲醇汽车替代燃料相关配套基础设施改造、建设和管理规范;研究提出甲醇汽车产业政策建议。

三、试点地区是如何选择的?

我国开展甲醇汽车研发及应用推广已近30年时间,一些省市曾相继开展了甲醇汽车应用推广工作。在考虑具有甲醇资源、具备较强技术条件、较好的配套基础设施、对甲醇汽车发展高度关注和重视的基础上,根据有关地区要求开展试点的积极愿望,决定选择山西省、上海市和陕西省作为甲醇汽车试点地区。试点省市应按照试点总体思路和基本原则要求,结合本地区资源特点、技术条件和配套基础设施情况,选择具备一定条件的区域或固定线路积极稳妥开展试点。

山西省是我国开展甲醇燃料及汽车研发和推广最早的省份,自2001年起,在全省范围内进行了甲醇燃料产业化推广工作。目前全省已建成高比例甲醇燃料加注站40余座。上海市目前已具备了甲醇汽车制造、甲醇燃料生产、甲醇燃料发动机技术研究等有利条件。陕西省自2005年起，开展了甲醇燃料试点推广工作，陕西延长石油集团已建成甲醇燃料调配中心7座，具备了产业化条件。这些省市在多年来研究和推广甲醇燃料及汽车的工作中已积累比较丰富的经验，制定了相关的规范和政策，具备了开展试点工作的基础和条件。

四、试点工作将如何实施？

试点工作从2012年3月开始进行，分为前期准备、组织实施、验收总结三个阶段。试点时间为2~3年，是否扩大试点或延长期限视试点工作进展和对试点运行效果进行总结评估后确定。试点工作严格按照限定地域、限定燃料、限定用车的基本原则进行。

甲醇汽车试点运行所用甲醇燃料，应是高比例甲醇车用替代燃料M85或M100。M85应符合GB/T23799-2009《车用甲醇汽油（M85）》要求；M100应符合GB/T 23510-2009《车用燃料甲醇》要求。甲醇燃料实行定点调配、定点供应、定点加注。考虑到试点所需甲醇量不大，原则上应是利用焦炉富余废弃煤气、废弃的高硫劣质煤所生产的或作为化肥联产的甲醇。需明确调配、供应和加注定点单位；对甲醇及甲醇燃料生产、输配及加注实行严格管理。

甲醇汽车生产企业应具备相应的汽车生产资质，试点运行所用的甲醇汽车应满足甲醇汽车产品技术要求，并列入工业和信息化部《车辆生产企业及产品公告》。考虑到甲醇汽车的特殊性，对甲醇汽车实行专项公告，即对符合甲醇汽车产品技术要求的汽车产品，许可在试点运行时间内进行生产销售，在试点运行地区投放使用。甲醇汽车生产企业应保证试点所用汽车产品质量，做好试点运行期间售后服务。生产企业应确保甲醇汽车产品终身维护。

试点前期准备阶段重点做好科学编制试点方案工作。试点方案是开展甲醇汽车试点工作的基础，试点地区应积极组织技术支撑等单位，明确试点的基本条件、目标和任务、进度安排、保障措施等，包括政策规划、产业基础、甲醇汽车及燃料供应、基础设施等支撑条件；甲醇汽车运行区域或路线；拟采用的甲醇汽车车型和数量；甲醇燃料定点生产企业及销售政策；甲醇燃料定点输配及加注站等配套设施建设规划方案；应急服务方案；试点工作组织管理机构；支持甲醇汽车试点开展的配套政策等。

试点组织实施阶段，要做好基础数据采集和管理工作，加快建立基础数据库，定期记录车辆关键技术指标、排放监测、燃料加注量、车辆行驶里程、车辆保养和维修等数据，详细记录汽车驾驶员、加注站工作人员、维修人员等定期身体健康检查有关数据；认真做好甲醇燃料与甲醇汽车适应性、甲醇燃料对人体和环境的影响评估分析；强化科技支撑作用，积极支持有关企业加强甲醇发动机及关键零部件等技术研发，推动甲醇汽车技术创新。充分发挥专家咨询作用，在方案选择、安全措施、技术方案等方面应充分听取专家意见，确保科学开展试点工作。

（五）甲基叔丁基醚

甲基叔丁基醚（MTBE）是甲醇的第二大传统消费行业。MTBE主要是由甲醇与异丁烯反应制得。由前面分析可知，MTBE的用途最主要是作为高标号汽油的添加剂（93#以上），使汽油的燃烧更加充分，使汽油具有抗爆性能，CO排放量减少30%。此用途占MTBE消费量的90%以上。但由于MTBE有致癌作用并污染水源，欧美国家正在限制和禁止MTBE的使用，世界环保组织也要求禁止使用。美国已于2004年1月1日起率先在汽油中禁用MTBE。我国随着国内汽车数量迅速增长，加上原油资源紧张，能源供需矛盾突出，因此国内在推广乙醇汽油的同时还在继续使用MTBE汽油。MT-BE在车用燃料中的应用还无法被完全替代，MTBE仍然是清洁汽油的主要组成成分。但受此影响，我国MTBE需求量的增速仍有所放缓。在高标号汽油需求的带动下，我国MTBE需求量也保持高速同步增长。我国近年来MT-BE产能、产量和产能利用率变化见图1-17。

国内MTBE主要生产企业是中国石油天然气集团公司和中国石油化工集团公司下属的分公司和子公司。截至2009年年底，我国有MTBE生产企业40多家，产能分散，大部分都集中在10万吨以下，超过10万吨的仅有4家（燕山石化、大庆炼化、镇海炼化、山东恒源石化），行业集中度仅为26%。

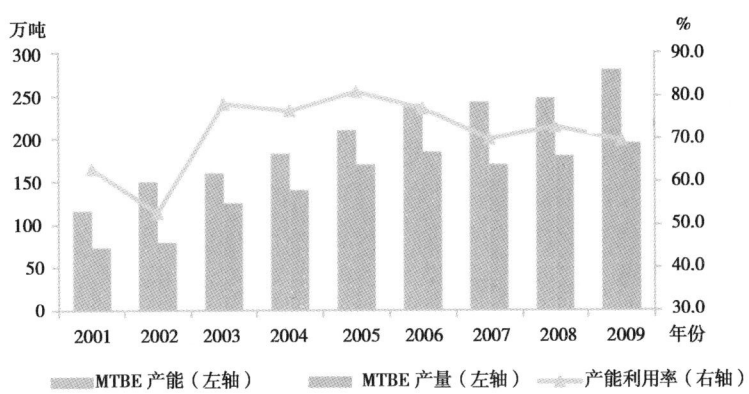

图 1-17 我国历年 MTBE 产能、产量和产能利用率

（六）二甲基酰胺

二甲基甲酰胺（N，N-Dimethyl formamide，DMF）是一种用途极广的化工原料和优良溶剂，由于其溶解能力很强，被称为"万能有机溶剂"。

全球二甲基甲酰胺（DMF）生产主要集中在美国、西欧、日本和东亚地区。在国外，DMF 是比较成熟的有机化工原料，产能稳步增长。20 世纪 90 年代初国外生产能力约为年产 28 万吨，2003 年国外年生产能力为 42 万吨左右，年均增长率 3.4% 左右。我国 DMF 生产起步较晚，20 世纪 60 年代国内引进原东德的年产 0.1 万吨的项目，近年随着我国 DMF 大型装置相继投产，2005 年我国 DMF 的生产能力达 51.2 万吨，2007 年生产能力达 83 万吨，2010 年生产能力达 104.5 万吨，成为世界上生产能力和产量最大的国家之一，对全球 DMF 生产与供应起着举足轻重的作用。

（七）甲醇制烯烃

甲醇制烯烃的 MTO 工艺和甲醇制丙烯的 MTP 工艺是目前重要的低碳化工技术，是以煤替代石油生产乙烯、丙烯等产品的核心技术。

乙烯、丙烯是重要的基础有机化工原料，目前均产自石油路线。由于石油烯烃原料资源紧缺，已经严重影响下游的化工产业，因此，甲醇制烯烃（MTO/MTP）工艺的工业应用问题引起了各方面的重视，有不少业内人士纷纷预测，MTO/MTP 技术开发成功后，将有效缓解中国乙烯、丙烯等化工产业对宝贵的石油轻烃原料资源的依赖程度，开辟出一条崭新的烯烃生产新途径,促进有机化工原料的多元化。可见,MTO/MTP对缓解中国石油供应紧张,促进石油化工产品的发展具有十分重要的战略意义。

通常来说,利用 UOP-MTO 工艺生产 1 吨乙烯和丙烯,需要消耗 3.025 吨甲醇;而利用 MTP 工艺生产 1 吨丙烯,需要消耗 3.28 吨甲醇。但由于乙烯的制作方法多样,随着石油价格的上涨,甲醇制烯烃的比例因其成本优势、加上制作过程无污染、属于环保产品而不断增加。目前乙烯制作以煤炭法为主,占据乙烯产量的 80% 左右;而甲醇制乙烯的产量占比很少,但甲醇制乙烯的优势以及国家淘汰落后产能力度的加大,将使得甲醇制乙烯的比重逐渐增加。

截至 2011 年年底(见表 1-3),我国共投产甲醇制烯烃项目三套,合计年产能 132 万吨,后期在建、规划中的项目在 1700 多万吨。从分布区域上来看,西北地区新建设/规划项目约占全国的 42%,沿海地区占到 17.6%。

表 1-3　　中国甲醇制烯烃项目统计表(2011 年年底统计)

企业名称	地区	技术路线	烯烃产能(万吨)	甲醇来源	运行情况
神华包头	内蒙古	MTO	60	配套甲醇装置180	满负荷运行
大唐多伦	内蒙古	MTP	50	配套甲醇装置167	生产流程尚未打通,目前处于调试中
神华宁煤	宁夏	MTP	52	配套甲醇装置167	近满负荷生产
中原石化	河南	s-MTO	20	外采	开工7~8成
宁波禾元	宁波	s-MTO	60	或采用国产与进口结合	目前处于设备安装阶段,有望于2012年下半年投产

煤制烯烃路线是替代石脑油制造烯烃的有效途径,具有明显的成本优势,具有较强的经济竞争力。但该路线也存在诸多问题。据测算,每吨煤制烯烃产品比石油制烯烃要多排放 7 吨二氧化碳;在资源占用和污染物排放量上明显高于石油制烯烃路线。在日益严峻的资源和环境双重压力下,不宜大规模推广。2011 年国家发展和改革委员会下发的《关于规范煤化工产业有序发展的通知》指出,禁止建设年产能 50 万吨以下的煤经甲醇制烯烃项目。

除西北地区外,沿海是烯烃装置规划的第二大区域。从地理位置上看,当地烯烃未来原料采购方面进口天然气制甲醇有一定优势。同煤制烯烃相比,一方面,节约水、煤炭等资源,烯烃投资成本大幅降低;另一方面,二氧化碳排放量较少,减少环境污染,符合节能减排的要求。此外,沿海地区的需求旺盛。据了解,2012年下半年有望投产的烯烃装置为宁波禾元年产60万吨烯烃项目,该项目目前处于工程安装阶段;该企业原料采购或采取进口与国产相结合的方式。未来,在东部沿海一带外购甲醇生产烯烃将有一定的发展空间。

(八)甲醇燃料电池

甲醇燃料电池发电是在一定条件下使 H_2、天然气和煤气(主要使用 H_2)与氧化剂(O_2)发生化学反应,将化学能直接转化为电能的发电技术。甲醇燃料电池高效、洁净等特点决定其在未来有广阔的运用前景。

一般用于两个方面:第一甲醇燃料电池客车;第二数码产品用甲醇燃料电池。全球主要汽车生产企业都把燃料电池客车作为研发重点,并取得了很大进步。甲醇燃料电池将把驱动世界轿车、卡车以及公共汽车的嘈杂而又污染环境的活塞发动机淘汰,进入一个新的动力系统时代。另一方面,在当今时代,越来越多的便携式电子产品应用于人们的生活,而目前最主要的问题就是电源问题,电池续航时间较短,而与传统的电池相比,燃料电池的能量至少要高10倍。一个锂离子电池能提供300瓦小时每升的电量,而甲醇燃料电池可以提供4800瓦小时每升的电量。

由以上对甲醇燃料电池与传统电池的对比可知,甲醇燃料电池无疑具有绝对的产品优势,而在当今全球能源紧张、油价高涨的时代,甲醇燃料电池受到各国政府的大力支持,因此甲醇燃料电池在未来具有十分广阔的发展空间。

十、房地产和木材加工业是如何影响甲醇需求的?

近年来,在甲醇的众多衍生物产品中,甲醛消耗甲醇占甲醇总消费量的27%左右,生产1吨甲醛约需0.47吨甲醇。房地产和木材加工业是甲醛的主要用户,约占甲醛消费总量的80%,房地产和木材加工业的发展速度将直接影响甲醛消费增长速度。近年来,由于我国房地产业行业的发展,带动了板材的需求，促进了我国甲醛工业快速增长。"九五"期间，甲醛消费量年增长率为8.3%；"十五"前两年年均增长率高达11.2%；近两年国内需求量仍以每年10%左右的速度继续增长。

2006年，由于甲醛9月、10月、11月需求旺季的开始让甲醛的需求量急剧增长，而甲醛是甲醇至少在当时是最重要的下游，可以说甲醛兴则甲醇旺。甲醛的兴旺导致甲醇的需求量迅速增加。甲醛价格从2006年8月的1300元左右迅速上涨，11月时最高价接近2100元，上涨幅度约为61.5%；同时，电子盘甲醇价格从最低2420元到最高3480元，共上涨1260元，涨幅为52%。

十一、为什么说甲醇汽油、甲醇制烯烃和二甲醚将是未来驱动甲醇需求增长的主要动力？

甲醇是最基本的有机化工原料，自身产业链长，涉及化工、建材、能源、医药、农药等众多行业。

未来5年全球甲醇需求的主要增长地区来自亚太地区，特别是中国地区，除了该地区强劲的经济发展外，中国致力于煤基醇醚替代能源的发展，将大大拉动甲醇及其下游产品需求增长。据亚洲甲醇市场服务公司（MMSA）预测，2007~2012年全球、亚洲和中国的甲醇需求增长率可能将分别达到7.3%、11.9%和16.9%。

目前，甲醛在甲醇消费结构中占据第一位。近两年来，甲醛对甲醇的消费年均增长率超20%，消费比例也从2000年的29%上升到2009年的32%。2010年尽管该比例下降为27%，但绝对消费量仍有较大增长。今后几年，甲醛消费增长最快，年均增长速度将分别达到14%。

醋酸作为甲醇的另一种下游产品，2006年总产量约180万吨。2007~2008年我国醋酸工业将经历一个新建和扩建投产高峰，我国将成为世界上最大的醋酸生产国家。我国醋酸产量从1990年的35.95万吨增长到2006年的159.8万吨，年均增长率达到15.3%，但仍不能满足国内需求，2000~2006年醋酸消费年均增长达到18.3%。2009年我国醋酸表观消费量超过300万吨，消费量最大的领域主要是PTA、醋酸酯和醋酸乙烯/聚乙烯醇等。

甲醇的三大潜在市场（甲醇汽油、二甲醚、甲醇制烯烃），在 2010 年前属于示范期，甲醇用量不会太大；2010～2015 是成长期，用量较快增长；2015～2020 则是高速发展期，用量高速增长；2020 年以后将步入稳步发展期，届时若用甲醇生产 1000 万吨/年烯烃，甲醇需用量为 3000 万吨/年；若用二甲醚替代液化石油气，需耗甲醇量达 3000 万吨/年；再加上甲醇汽油及甲醇传统用途，甲醇总需求量达 8000 万吨/年，甲醇价格也趋于平稳。虽然目前我国甲醇制烯烃和二甲醚等下游新的消费领域还存在诸多的不确定因素，但未来具有巨大的发展空间。如二甲醚和烯烃由甲醇转化而来，其中二甲醚的转化比例为 1.4:1，烯烃的转化比例为 3.02:1，两者合计将在 2010 年、2015 年和 2020 年分别消耗甲醇约 1170 万吨、3300 万吨和 5400 万吨。可以看出，今后 10 年新增甲醇产能基本上用于转化，但技术、资金以及成本的比较优势是最终的决定因素。

2009 年 12 月 26 日，神华集团煤制油化工股份有限公司在神华包头项目现场举行了气化、净化、甲醇三套化工装置的联合中交仪式，标志着工艺生产装置联运试车全面启动，备受关注的甲醇制烯烃（DMTO）项目开始由施工向生产转移。按照计划，2010 年 9 月，采用具有自主知识产权的甲醇制烯烃技术建设的全球首套百万吨级装置全面投产。

目前煤制烯烃技术在全球还没有工业化的先例。神华包头煤制烯烃项目是国家发展和改革委员会核准的大型煤化工示范项目，作为目前世界规模最大的战略项目。这项工程的建设是国家能源重化工产业的一个重大战略布局。位于包头市规划的九原区新型工业基地内的这个代表性项目，总体工程包括 180 万吨/年煤基甲醇装置、60 万吨/年甲醇制烯烃装置、30 万吨/年聚乙烯装置、30 万吨/年聚丙烯装置、24 万标准立方米（氧气）/小时空分装置等。核心技术采用中科院大连化学物理研究所具有完全自主知识产权的甲醇制烯烃技术。

2009 年，随着甲醇汽油国家标准的出台和甲醇价格的持续走低，全国甲醇汽油推广工作取得了积极进展。2009 年上半年，全国汽车燃料领域消费的甲醇达 300 万吨，相当于 2008 年全年水平；预计全年汽车燃料领域消费的甲醇将达 600 万吨。其中，山西省截至 2009 年年底已有 850 个加油站向社会提供 M15 低比例甲醇汽油,加注车辆超过 8000 万辆次,改造车辆达 7000 万辆。

2010 年,全国甲醇汽油的推广工作将在更大范围内展开。据了解,山西、陕西、四川、宁夏、内蒙古和甘肃 6 省区目前已经开始着手共建晋陕川甘宁蒙煤基醇醚燃料试验示范区,计划通过联片推广甲醇汽油的方式,推动甲醇汽油推广工作提速。与此同时,山西还将以"省长令"的方式在全省推广甲醇汽油;而陕西也将建成 7 个累计产能达 150 万吨的 M15 甲醇汽油调配中心,并计划在全省封闭运行 M15 甲醇汽油。

十二、甲醇包装、储存及运输是怎样的?

工业甲醇需用干燥、清洁的铁制槽车、船、铁桶等包装,并定期清洗和干燥。工业甲醇应贮存在干燥、通风、低温的危险品仓库中,避免日光照射并隔绝热源、二氧化碳、水蒸气和火种。贮存温度应不超过 30℃,贮存期限 6 个月。

工业甲醇的远距离运输,常采用装有甲醇槽车的火车,一般短途运输通常用装有卧式甲醇贮槽的汽车。槽车、船、铁桶在装运甲醇过程中应在螺丝口加胶皮垫密封,防止甲醇漏损,严防明火。运输工具应有接地设施。工业甲醇产品包装容器上应涂有牢固的标志,其内容包括:生产厂名称、产品名称、本标准编号以及符合 GB 190 规定的"易燃液体"和"有毒品"标志等。

自 测 题

一、不定项选择题

1. 甲醇可以用在生活的以下(　　)方面。
   A. 甲醇汽油　　　　　　　　B. 板材
   C. 化工　　　　　　　　　　D. 医药
2. 甲醇的生产原料主要有(　　)。
   A. 石油　　　　　　　　　　B. 煤炭
   C. 天然气　　　　　　　　　D. 焦炉气

3. 甲醛是甲醇最重要的下游产品之一，它的主要用途有(　　)。

A. MDI　　　　　　　　　　B. 三聚氰胺

C. 丁二醇　　　　　　　　　D. 聚甲醛

4. 甲醛产能最大的地区(　　)。

A. 华北　　　　　　　　　　B. 华南

C. 华中　　　　　　　　　　D. 东北

5. 二甲醚可用于(　　)。

A. 轻工　　　　　　　　　　B. 制药

C. 替代液化石油气用作民用燃气　D. 农药

6. 二甲醚产能分布的前三大省是(　　)。

A. 河北省　　　　　　　　　B. 山东省

C. 河南省　　　　　　　　　D. 安徽省

7. 醋酸的主要用途有(　　)。

A. 化工　　　　　　　　　　B. 医药

C. 染料　　　　　　　　　　D. 轻纺

8. 甲醛的两大主要下游有(　　)。

A. 房地产　　　　　　　　　B. 农药

C. 涂料　　　　　　　　　　D. 木材加工

9. (　　)是甲醇的三大潜在市场。

A. 甲醇汽油　　　　　　　　B. 二甲醚

C. 醋酸　　　　　　　　　　D. 甲醇制烯烃

10. 甲醇燃料的使用主要有(　　)。

A. 直接代替汽油（如M100）

B. 按照一定比例掺杂在汽油中（如M5、M15等）

C. 通过化学转化成二甲醚

D. 通过电化学转化成燃料电池

二、判断题

1. 甲醇是无色、略带醇香气味的易燃、无毒、挥发性液体。　　(　　)

甲醇 40

2. 我国与全世界其他地区一样,以天然气作为甲醇主要生产工艺。
( )

3. 甲醇是一种重要的有机化工原料,应用广泛,可以用来生产甲醛、二甲醚、醋酸、甲基叔丁基醚(MTBE)、DMF、合成橡胶等一系列有机化工产品。 ( )

4. 甲醇不但是重要的化工原料,而且是优良的能源和车用燃料,可以加入汽油掺烧或代替汽油作为动力燃料。 ( )

5. 甲醇也是生产敌百虫、甲基对硫磷、多菌灵等农药的原料。( )

6. 甲醛是甲醇最重要的下游产品之一,也是最重要的基本有机化工原料之一,主要用于生产酚醛树脂、黏合剂及其他有机化学品。目前我国是世界上最大的复合板生产国。 ( )

7. 二甲醚(DME)除了在日用化工、制药、农药、染料、涂料等方面具有广泛的用途外,还具有燃料性能,解决了能源和污染的矛盾这一难题。
( )

8. 醋酸是甲醇另一重要的下游产品,是一种重要有机化工原料,主要用于生产醋酸乙烯单体、醋酐、对苯二甲酸(PTA)、聚乙烯醇、醋酸酯类、醋酸纤维素等,在化工、轻纺、医药、染料等行业具有广泛用途。( )

9. 甲醇直接加入汽油掺烧:M85、M15 甲醇汽油是一种清洁燃料,在汽油中掺入 5%、15% 和 85% 的甲醇及用纯甲醇(100%)作为汽车燃料,低比例掺烧甲醇,汽车无需做任何改动,可直接掺入汽油中使用。( )

10. 由甲醇制烯烃即以甲醇为原料生产乙烯、丙烯等低碳烯烃的生产工艺技术(简称 MTP/MTO)可有效缓解我国石脑油的不足和低碳烯烃对国际市场的依赖程度。 ( )

参 考 答 案

一、不定项选择题

1. ABCD 2. BCD 3. ABCD 4. A 5. ABCD
6. ABC 7. ABCD 8. AD 9. ABD 10. ABCD

二、判断题

1. 错　　2. 错　　3. 对　　4. 对　　5. 对
6. 对　　7. 对　　8. 对　　9. 对　　10. 错

第二章
甲醇的供需状况

【本章要点】

本章主要介绍了甲醇的生产、贸易、消费状况,使投资者对甲醇行业基本面有一个感性的认识,也为投资分析、展望甲醇期货行情打下一定的基础。

一、全球甲醇的供需状况如何?

进入21世纪以来,全球甲醇的供给及需求呈现快速增长的局面,产能年均增长超过10%,产量年均增长7%,需求量年均增长近5%。2000年全球甲醇产能3803万吨,产量2909万吨,需求量2817万吨;2007年全球甲醇产能突破5000万吨,达5209万吨,产量3903万吨,需求量3897万吨;2010年全球甲醇产能猛增至近1亿吨,产量5700万吨,需求量4520万吨(见表2-1和图2-1)。

表2-1　　　　　　　1999～2010年世界甲醇供需状况

年份	总生产能力（万吨）	产量（万吨）	需求量（万吨）	开工率（%）
1999	3498	2801	2737	80.10
2000	3803	2909	2817	76.50
2001	3841	2957	2899	77.00
2002	3841	3065	2984	79.80
2003	4013	3140	3071	78.25
2004	4060	3300	3180	81.30
2005	4335	3577	3576	82.50
2006	4606	3627	3629	78.70
2007	5209	3903	3897	74.90
2008	5912	4028	4045	68.10
2009	7500	4211	4207	56.15
2010	9845	5700	4520	57.90

数据来源：MMSA Global Methanol Supply and Demand Balance。

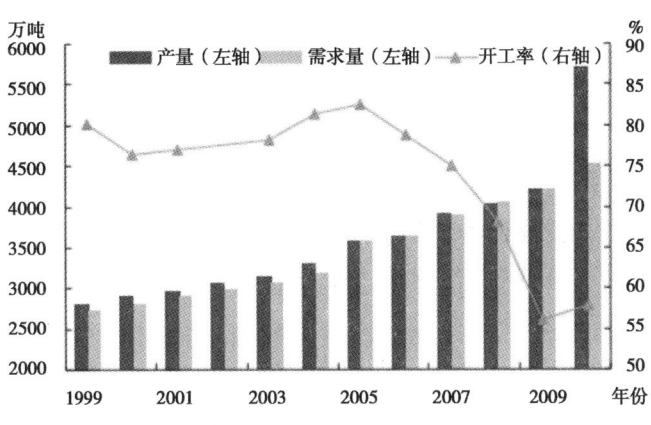

图2-1　1999～2010年世界甲醇供需状况

二、全球甲醇的生产分布状况怎样？

从国家来看，世界甲醇生产主要分布在天然气产区，包括沙特、伊朗等中东国家,特立尼达岛、委内瑞拉、智利等加勒比和南美国家,印尼、马来西亚等东南亚国家,俄罗斯等前苏联国家以及中国(见图2-2)。2007年,中国、特立尼达岛、沙特阿拉伯三国占行业供应量的52%。

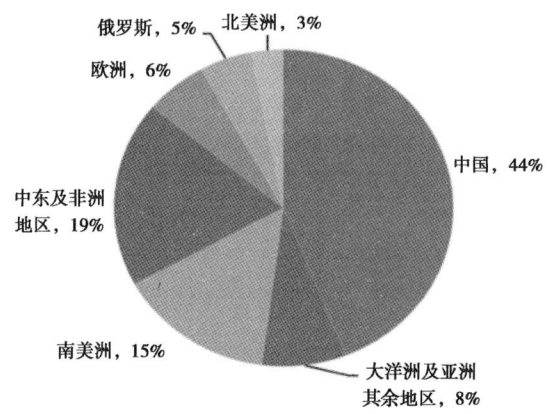

图2-2 2010年全球甲醇产能分布

资料来源:《2010年易贸资讯甲醇年报》。

预计2015年,全球甲醇名义产能得超过1亿吨,实际消费7500万~8000万吨,有效产能平均利用率在80%左右,我国产能也达5000万吨左右。

延伸阅读:全球主要甲醇装置

一般认为,目前有7家特大型甲醇制造商垄断了世界甲醇生产,这7家公司的总产能占全球总产能的44%。世界上最大甲醇生产企业是加拿大的Methanex公司,年生产能力在800万吨以上,在加拿大、智利、新西兰、特立尼达和多巴哥及美国都有生产装置,总生产能力占全球总产能的21%,供应面覆盖全球甲醇市场的40%~50%,占全球出口量的1/3。其次是沙特基础工业公司(SABIC)。该公司的生产能力约占全球总产能的9%。接下来是美国的波登(Borden)公司和BMC公司;俄罗斯的托木斯克(TOMCK)和古巴哈(ГуБАХА)各占3%;加拿大的Edmonton公司占2%。

在中东、拉美及北非地区，由于天然气资源丰富、价格便宜，已吸引了众多投资者的目光（见表 2-2）。未来几年，中东地区还将有大量甲醇建设项目陆续投产。其中，沙特在建甲醇项目的产能近 335 万吨/年，伊朗为 425 万吨/年。据统计，2008~2010 年，世界甲醇新建装置总生产能力达 2970 万吨。

表 2-2　　　　　2010 年全球甲醇产能分布明细　　　　　单位：万吨

生产商名称	国家/地区	2010 年产能	在建产能	备注
Methanex	智利	384	0	
	特立尼达	255	0	
	新西兰	240	0	其中，一套 90 万吨/年的装置保持生产，另外两套共计 150 万吨/年的装置闲置
	埃及	0	130	
Sabic	沙特阿拉伯	480	0	
	巴林	45	0	
NPC	伊朗	108	0	
ZPC	伊朗	300	0	
KPC	伊朗	66	0	
阿曼甲醇公司	阿曼	100	0	
Salalah 甲醇公司	阿曼	100	0	
Petronas	马来西亚	236	0	
Kaltim	印度尼西亚	66	0	
Medco	印度尼西亚	33	0	
QAFAC	卡塔尔	100	0	
BMC	文莱	85	0	
Others		3021	0	

资料来源：《2010 年易贸资讯甲醇年报》。

三、全球甲醇的需求分布状况如何?

世界甲醇消费的主要地区是亚太、北美和西欧。2010年我国成为全球第一大甲醇消费大国。2007年,亚太、北美和欧洲地区的消费比例分别为45%、19%和26%(见图2-3)。

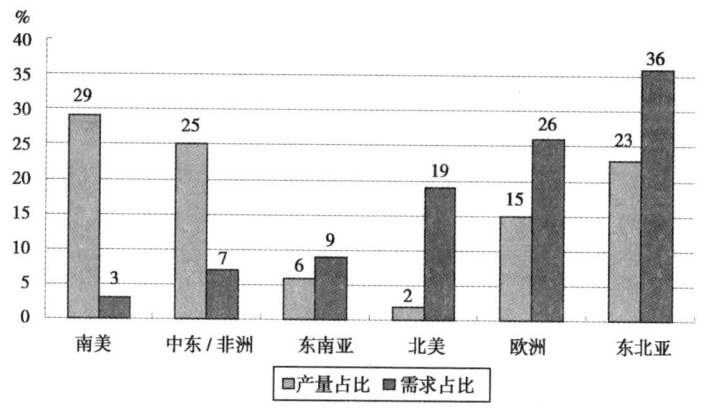

图2-3 2007年全球甲醇产量和需求地区占比分布

资料来源:美国化工市场协会(CMAI)《全球甲醇市场展望》。

根据2007年6月《全球甲醇工业生产现状和发展趋势》一文,目前,美国为世界甲醇消费第二大国,每年消耗甲醇800万吨左右,其消费量占世界消费总量的25%。美国于2007年大幅度减少甲基叔丁基醚(MTBE)在汽油中的使用量,至2008年美国减少900万吨的MTBE,相当于减少300万吨甲醇消耗量;而且随着国际石油、天然气价格大幅上升,美国国内的甲醇装置还会进一步关闭减产,只会保留具有醋酸生产装置的甲醇企业。

欧洲是世界甲醇消费的第二大经济区,生产能力为1400万吨/年,每年消耗甲醇约900万吨。俄罗斯、德国、荷兰是本地区主要生产国。其中,俄罗斯生产能力为600万吨/年,德国生产能力为280万吨/年,荷兰生产能力为96万吨/年,但是由于受到拉美、中东、新西兰以及澳洲廉价产品的冲击,欧洲地区的装置开工率不足60%,欧洲地区每年需要进口大量甲醇来满足市场需要。西欧2000年进口甲醇324万吨,2005年进口量超过了400万吨,年均增长5.4%。

日本是世界第三大甲醇进口国。以前日本曾是甲醇生产大国,现在已经没有规模化甲醇生产企业,市场需求全部依赖进口。2000年进口244万吨,2005年进口306万吨,年均进口增长率为5%。虽然日本本土没有大规模的甲醇生产装置,但是三菱瓦斯公司在中东和拉美地区的甲醇生产实力雄厚,在沙特和委内瑞拉建有5套大型甲醇装置,甲醇总产能达500万吨/年,约占全球10%。

四、全球甲醇的消费结构如何?

全球甲醇消费领域排名前三的依次是甲醛、二甲醚和甲醇汽油。甲醇的消费结构中,甲醛一直是最大的消费领域,2010年占总消费量的27%;其次是二甲醚,占19%;第三是甲醇汽油,占12%;其他消费领域所占份额较小(见图2-4及表2-3)。

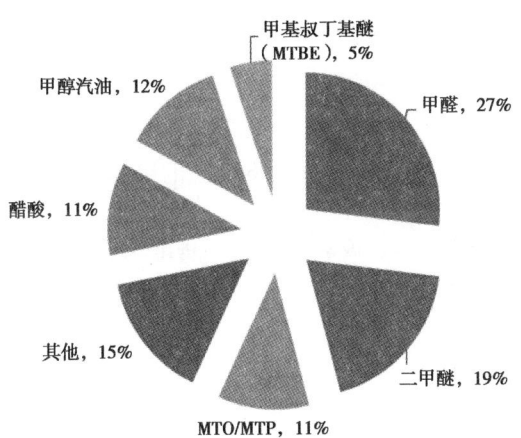

图2-4 2010年全球甲醇的消费结构

表 2-3　　　　　2007~2011 年全球甲醇的消费结构　　　　　单位:%

年份	甲醛	甲基叔丁基醚（MTBE）	醋酸	甲醇汽油	二甲醚	MMA	MTOMTP	其他
2007	36.6	4	8	15.7	11.5	3	—	17.2
2008	36	6	10	15	15		—	14
2009	32	6	10	13	22	3	2	12
2010	27	5	11	12	19		11	12
2011（预测）	30	8	10	12	8	2	9	21

五、国际甲醇贸易状况如何？

甲醇生产格局的变化导致世界甲醇消费格局发生了重大变化（见表 2-4）。工业发达地区如美国、欧洲、日本等发达国家和地区甲醇消费已由自给转变为逐步依靠进口，而加拿大、拉丁美洲、俄罗斯、中东及非洲等国家和地区已成为甲醇出口基地。

世界主要甲醇生产企业都是将甲醇作为商品销售，自用量很少。近年来，甲醇产品世界贸易量迅速增长，2000 年世界甲醇贸易量为 1020 万吨，2005 年达到 1309 万吨，年均增长 5.1%。同时，大型甲醇生产企业都拥有自己的远洋运输船队和储运设施，以便将生产的甲醇运往世界各地销售。

表 2-4　　　2000~2010 年部分国家和地区甲醇进出口统计及预测　　　单位：万吨

国家/地区	2000 年	2005 年	2010 年
西欧	324	411	477
美国	222	286	359
日本	244	306	394
中东	-294	-463	-697
中南美	-408	-460	-628
加拿大	-88	-91	-151
东欧	-64	-158	-132
大洋洲	-105	-84	-77
非洲	-61	-53	-54

六、我国甲醇的生产分布状况如何?

我国甲醇工业始于20世纪50年代,经过几十年的发展,尤其自2002年年初以来,我国甲醇市场受下游需求强力拉动,甲醇生产企业纷纷扩产和新建装置,甲醇产能急剧增加,产量连年大幅增长(见表2-5和图2-5)。2009年我国甲醇产能2717万吨,实际产量1123万吨;2010年我国甲醇产能达到3757万吨,产量1575万吨;2011年我国甲醇产能达到4543万吨,产量1984万吨,我国是世界第一大甲醇生产国和消费国。

表2-5　　　　2004~2011年我国甲醇产能及产量

时间	产能(万吨)	产能增长率(%)	产量(万吨)	产量增长率(%)
2004	732	22.00	441	47.42
2005	893	21.99	536	21.57
2006	1399	56.66	746	39.24
2007	2032	45.25	1013	35.77
2008	2338	15.06	1110	9.61
2009	2717	16.21	1123	1.17
2010	3757	38.26	1575	40.28
2011	4543	20.94	1984	25.95

资料来源:《2011年金银岛甲醇年报》。

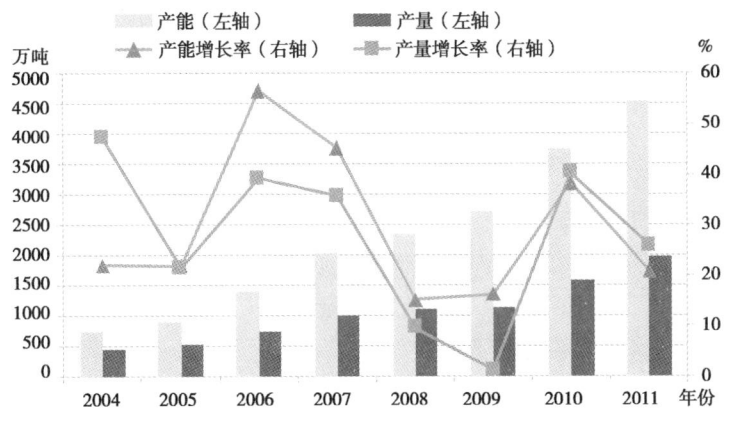

图2-5　2004~2011年中国甲醇产能及产量状况

从甲醇生产工艺来看，2011年中国甲醇总产能4543万吨。其中，煤制甲醇产能为2946万吨，占总产能的65%；焦炉气制甲醇产能有所增加，达到821万吨，所占比例增至16%左右；而天然气制甲醇产能则缩减至19%左右，产能为876万吨（见图2-6）。

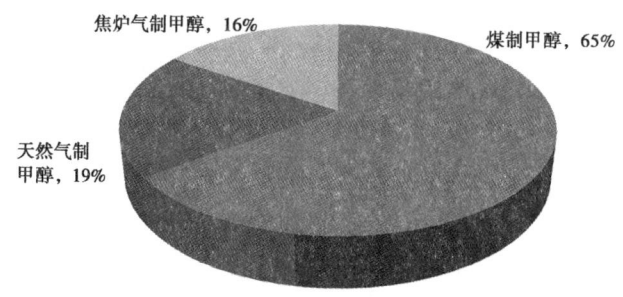

图2-6　2011年我国甲醇生产原料分类情况

西北、华北、华中、山东、西南为主要的甲醇生产基地（见表2-6及图2-7）。2011年西北地区甲醇年生产能力1756万吨，占总产能的39%；其次为华北，该地年生产能力突破600万吨，所占比例为14%；排名第三的是山东，该地年产能552万吨，占全国总产能的12%。

表2-6　　　　　　　　2011年我国甲醇产能分布表

地区	工艺路线（万吨/年）				占比（%）
	煤炭	天然气	焦炉气	合计	
西北	1161	450	145	1756	39
华北	311.5	-	334.5	646	14
山东	432	12	108	552	12
华中	483	33	-	516	11
西南	207	214.5	46	467.5	10
华东	249	-	35	284	6
华南	29	140	-	169	4
东北	73.5	26.5	52.5	152.5	4
合计	2946	876	721	4543	100

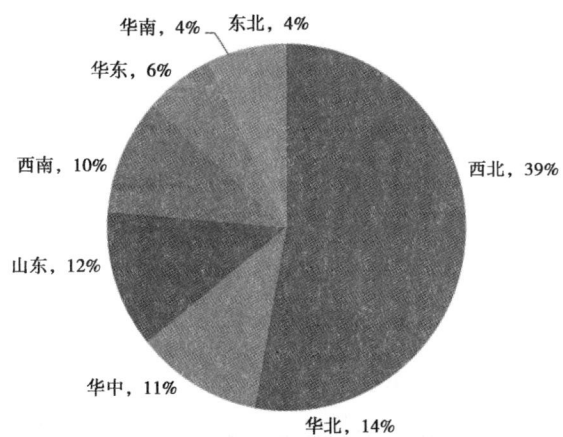

图2-7 2011年我国甲醇产能区域分布

我国甲醇的主产地为山东、内蒙古、河南、陕西、海南、山西、河北等省区（见表2-7）。2011年甲醇产量在100万吨以上的省区共有六个，分别为：山东336.42万吨，内蒙古238.33万吨，河南208.17万吨，陕西164.62万吨，海南128.79万吨，山西128.61万吨，合计占全国总产量的60.71%。

表2-7　　2007~2011年我国甲醇产量分省统计　　单位：万吨

地区	2007	2008	2009	2010	2011
山东	144.87	147.58	136.30	333.82	336.42
内蒙古	139.80	100.88	157.13	175.90	238.33
河南	175.95	165.48	158.01	171.50	208.17
陕西	92.89	107.57	150.16	149.00	164.62
山西	72.69	71.19	52.11	107.06	128.61
河北	64.91	71.47	59.32	84.55	94.98
重庆	39.59	50.76	45.33	74.49	67.04
海南	52.75	60.05	60.63	63.36	128.79
上海	34.10	40.09	48.10	58.48	62.08
黑龙江	35.20	41.99	44.96	54.11	49.68
宁夏	1.29	8.53	14.15	49.84	84.10
湖北	30.92	26.08	29.89	41.67	36.85

续表

地区	2007	2008	2009	2010	2011
四川	59.63	54.19	25.06	38.08	50.01
安徽	29.24	31.60	35.12	34.57	23.41
新疆	10.81	23.57	17.77	28.62	41.25
青海	35.00	40.01	38.07	23.17	35.47
福建	9.46	18.35	12.61	19.39	28.15
浙江	13.19	14.58	7.66	12.51	12.36
江苏	4.24	8.46	6.85	12.27	68.27
云南	3.00	2.46	8.27	10.03	33.87
辽宁	9.01	7.15	6.41	9.61	14.20
湖南	4.49	4.79	5.10	6.17	4.26
广西	5.34	5.95	4.38	5.96	7.25
甘肃	5.77	6.21	5.40	5.05	36.46
贵州	0	4.06	2.07	3.59	26.05
江西	0.24	0.25	1.55	1.33	0
吉林	0	0.63	0.33	1.18	1.00
天津	1.99	1.29	0.34	0	0
北京	0	0	0	0	0
广东	0	0	0	0	0
西藏	0	0	0	0	0

资料来源：国家统计局。

七、我国甲醇的消费状况如何？

与国内甲醇产量的快速增长相比，近年来我国甲醇的消费量也经历了一个迅速提升的过程。2011 年我国甲醇国内表观消费量为 2553.46 万吨，是 2003 年表观消费量 433.95 万吨的 5.88 倍，2003～2011 年 9 年间我国甲醇表观消费量年均增长率达到 21% 以上（见表 2-8）。与我国甲醇产量迅速增长相对应，我国甲醇消费自给率从 2003 年产量占表观消费量的 68.87%，大幅提高至 2007 年的 97.29%，基本达到自给自足。但是受金融危机以及国外天然气制甲醇成本优势影响，2009 年我国甲醇进口量跳跃式增长，达到 528.80 万吨。产量与表观消费量比值 2009 年降至 68.04%；2010 年该比

例有所回升,达到75.27%;2011年进一步回升,达77.72%

表 2-8　　　　我国2003~2011年度甲醇产销总量平衡表

年 份	产量（万吨）	进口量（万吨）	出口量（万吨）	表观消费量（万吨）	产量/表观消费量（%）	进口/表观消费量（%）	依存度（%）
2003	298.87	140.16	5.08	433.95	68.87	32.30	31.13
2004	440.60	135.90	3.30	573.20	76.87	23.71	23.13
2005	535.64	136.03	5.45	666.22	80.40	20.42	19.60
2006	745.80	112.70	19.00	839.50	88.84	13.42	11.16
2007	1012.60	84.50	56.30	1040.80	97.29	8.12	2.71
2008	1109.90	143.40	36.80	1216.50	91.24	11.79	8.76
2009	1123.00	528.80	1.38	1650.42	68.04	32.04	31.96
2010	1575.30	518.90	1.24	2092.96	75.27	24.79	24.73
2011	1984.65	573.20	4.39	2553.46	77.72	22.45	22.28

资料来源:金银岛网站。

从甲醇消费的区域看(见图2-8及表2-9),2010年我国华东地区位居甲醇消费榜首,消费量占全国的44.44%,主要归因于该地区下游甲醛、二甲醚、冰醋酸、甲醇汽油对原料需求明显高于其他地区;华北地区凭借着稳定的甲醛、二甲醚、甲醇汽油需求的支撑,表观消费量位居全国第二,保持在15.51%的水平;华南地区、华中地区消费量也比较大,分别占有11.58%和11.01%;西北地区作为甲醇生产重地,消费量仅占到4.33%。

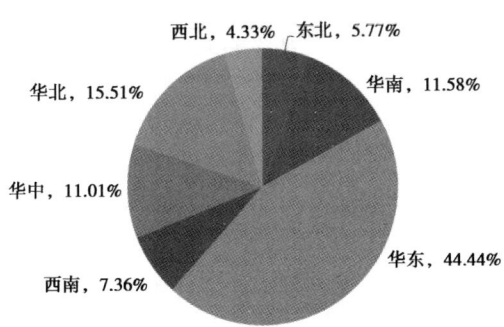

图2-8　2010年我国甲醇消费地区分布图

资料来源:易贸资讯。

表 2-9　　　　　　　　2007～2011 年我国甲醇消费结构表

消费领域	比例（%）				
	2007 年	2008 年	2009 年	2010 年	2011 年预期
甲醛	36.6	36	32	27	26
二甲醚	11.5	15	22	19	20
掺烧汽油	15.7	15	13	12	16
醋酸	8.0	10	10	11	9
MTBE	4.0	6	6	5	6
甲胺	7.0	4	3	3	2
其他	17.2	14	14	23	21
合计	100	100	100	100	100

注：甲醇消费"其他"项目中，甲醇制烯烃 2010 年占比为 11%、2011 年占比 10%。

资料来源：2007 年数据来自中国石油和化学工业联合会，2008 年数据来自中国塑化行业年会，2009～2011 年数据来自《2011 年金银岛甲醇年报》。

从消费甲醇的产品看，甲醛、二甲醚、甲醇燃料、醋酸等是甲醇的主要下游产品（见表 2-10）。近几年来，国内甲醇的传统消费领域，如甲醛、醋酸、医药和农药等行业稳步发展，这些行业的甲醇消费量也逐步增长。而一些新兴领域如甲醇掺烧汽油、二甲醚、甲醇制烯烃等行业则发展迅速，对于甲醇的需求量也大幅度增长。

表 2-10　　　　　　甲醇主要下游产品单耗情况及有关税率

产品名称	单耗（吨）	税则号	进口税率（最惠国%）	增值税率（%）
甲醛	0.45	29121100	5.5	17
二甲醚	1.40	2934999026	6.5	13
冰醋酸	0.53～0.55	29152119	5.5	17
MTBE	0.36	29091900	5.5	17
DMF	1.10	29241910	6.5	17

注："单耗"指生产每吨相关下游产品消耗多少吨甲醇。

我国具有丰富的煤炭资源，且近年来煤化工国产化技术装备相继取得突破,醇醚燃料、甲醇制烯烃等新兴煤化工产业发展前景乐观,加之甲醛、醋酸等传统下游产业的稳步发展,预计未来我国对甲醇的需求量仍将不断提高。

八、我国甲醇生产集中度情况怎样?

2010年我国前10名甲醇生产企业产能合计为1088万吨,占总产能的28.96%。2011年前10名甲醇生产企业产能合计为1369万吨,占总产能的30.13%,较2010年略有提高,说明产业集中度有所增强(见表2-11)。

表2-11　　　　　　　我国前十大甲醇企业产能　　　　　单位:万吨/年

2010年甲醇产能前10名生产厂家	产能	2011年甲醇产能前10名生产厂家	产能
神华包头煤制油	180	宁夏神华宁煤	252
中海石油建滔	140	神华包头煤制油	180
内蒙古远兴能源	133	大唐能源化工	168
山东久泰化工	125	中海化学	140
山东兖矿集团	113	内蒙古远兴能源	135
新奥集团股份有限公司	96	山东久泰化工	125
宁夏神华宁煤	85	山东兖矿集团	113
上海焦化	80	新奥集团股份有限公司	96
河南平煤蓝天	73	四川维尼纶厂	80
陕西榆林天然气化工	63	上海焦化	80
合　计	1088	合　计	1369

资料来源:中国氮肥工业协会、金银岛网站。

九、我国甲醇贸易状况如何?

(一)甲醇的国内贸易

目前,国产甲醇几乎全部面向国内市场,出口很少。国内甲醇生产装置比较分散,主要分布在蒙、陕、豫、晋等内陆地区或交通不便的西部地区和海南省,而甲醇消费中心相对集中在华东和华南地区。这些地区也是我国甲醛、二甲醚、醋酸、MTBE 等下游产品生产的集中地。此外，甲醇燃料目前主要集中在山西、上海、新疆、陕西、四川、甘肃、内蒙古等地进行研发推广。

甲醇行业的生产及消费地区分布情况，决定了当前甲醇国内贸易总体上呈现由西向东流动的态势，交通运输一般也以陆路（火车或汽车）长途运输为主。从目前情况来看，甲醇运输单向流动的局面还要保持相当长一段时间。由于甲醇运输要求使用专用槽车，运输工具空载返回的现象较多，造成运力浪费，使铁路运输的紧张程度进一步加剧。此外，这种长距离运输降低了供货稳定性和灵活性，不能及时根据顾客需求进行调整，也使得甲醇运输成本大幅上升。由于运输成本在甲醇价格中占有较大比重（15%～30%），因此其变化会对甲醇价格产生明显影响。

（二）甲醇的进出口

我国是甲醇的消费大国，2001 年以来，随着国内甲醇产能与产量的快速增长，甲醇进口量逐渐减少，出口量逐渐增加，进口依存度明显降低。至 2007 年我国甲醇进口量和进口依存度均达到阶段性低位，出口量明显增加。但 2008 年以来，甲醇进口量开始迅速增长，尤其是 2009～2011 年，我国甲醇年进口量维持在 500 万吨以上，而出口量较少，不足 5 万吨，进口依存度依然在 20% 以上（见表 2-12 及图 2-9）。

表 2-12　　　　　　　　近年甲醇进出口量及进口依存度

年份	进口量（万吨）	出口量（万吨）	进口依存度（%）
2001	152.10	0.96	42.26
2002	179.90	0.09	46.02
2003	140.20	5.08	31.13
2004	135.90	3.30	23.13
2005	136.00	5.40	19.60
2006	112.70	19.00	11.16
2007	84.50	56.30	2.71
2008	143.40	36.76	8.76
2009	528.79	1.38	31.96
2010	518.90	1.24	24.73
2011	573.20	4.39	22.28

资料来源：中国海关统计数据。

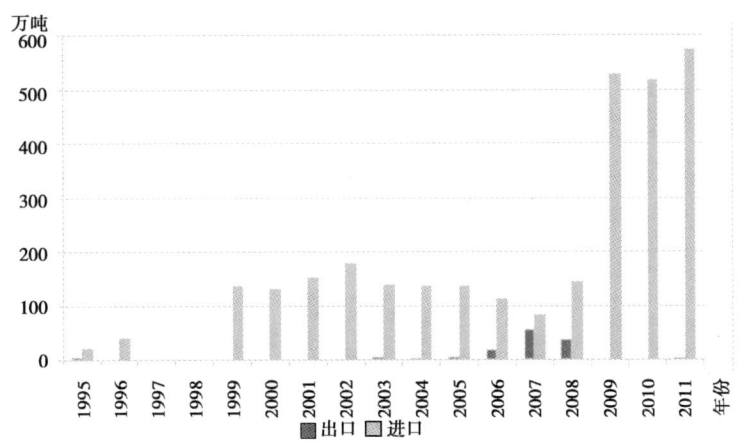

图 2-9 近年甲醇进出口量比较图

数据来源：中国海关统计数据。

我国甲醇主要进口来源国有伊朗、沙特、新西兰、马来西亚、巴林、印尼、智利等，其中 2011 年进口量居前五名的国家分别为伊朗（230.55 万吨，占比 40.22%）、阿曼（97.9 万吨，占比 17.08%）、沙特（94.36 万吨，占比 16.46%）、卡塔尔（42.72 万吨，占比 7.45%）、马来西亚（31.66 万吨，占比 5.52%）（见图 2-10 及表 2-13）。

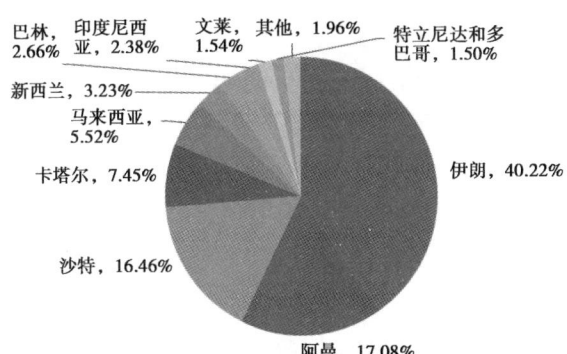

图 2-10　2011 年我国进口甲醇主要来源国

资料来源：《2011 金银岛甲醇年报》。

我国甲醇主要出口地区有韩国、中国台湾、朝鲜、印度、印尼、马来西亚、菲律宾、新加坡等，其中 2011 年出口量居前三名的国家分别为韩国（2.94 万吨，占比 67.02%）、菲律宾（0.47 万吨，占比 10.82%）、印度尼西亚（0.39 万吨，占比 8.87%）（见图 2-11 及表 2-14）。国内甲醇大多为煤制产品，与天然气制甲醇相比，乙醇含量较高，较难达到出口标准，但由于东南亚地区甲醇供货紧张，甲醇价格居高不下，所以我国甲醇对东南亚国家出口较多。

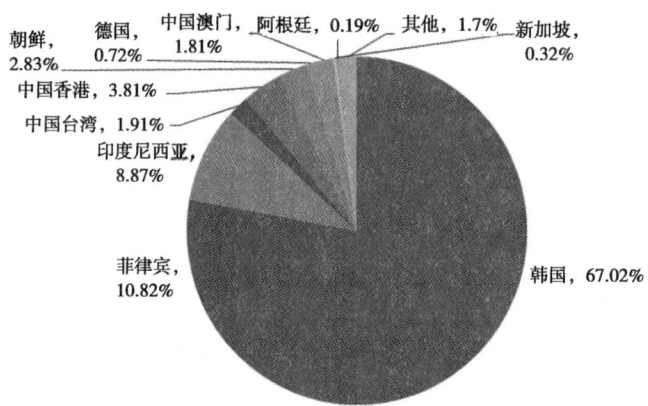

图 2-11 2011 年我国出口甲醇主要目的地

资料来源：《2011 金银岛甲醇年报》。

表 2-13　　　　　2009~2011 年各海关甲醇进口统计表

2009 年			2010 年			2011 年		
海关名称	进口量（万吨）	所占比例（%）	海关名称	进口量（万吨）	所占比例（%）	海关名称	进口量（万吨）	所占比例（%）
南京海关	315.2	59.6	南京海关	291.95	56.3	南京海关	336.82	58.76
广州海关	69.9	13.2	广州海关	85.90	16.6	广州海关	96.10	16.77
宁波海关	34.6	6.5	宁波海关	37.50	7.2	厦门海关	41.93	7.32
青岛海关	29.8	5.6	黄埔海关	37.44	7.2	宁波海关	35.11	6.13
黄埔海关	28.4	5.4	厦门海关	28.98	5.6	黄埔海关	34.23	5.97
厦门海关	21.2	4.0	杭州海关	9.33	1.8	杭州海关	11.31	1.97

续表

2009 年			2010 年			2011 年		
海关名称	进口量（万吨）	所占比例（%）	海关名称	进口量（万吨）	所占比例（%）	海关名称	进口量（万吨）	所占比例（%）
拱北海关	15.4	2.9	拱北海关	8.96	1.7	拱北海关	9.81	1.71
杭州海关	4.7	0.9	南宁海关	8.02	1.5	青岛海关	6.07	1.06
其他	9.6	1.8	其他	10.87	2.1	其他	1.82	0.32
总计	528.8	100.0	总计	519.00	100.0	总计	573.20	100.00

资料来源：《2011年金银岛甲醇年度报告》。

表2-14　　　　2009~2011年各海关甲醇出口统计表

2009 年			2010 年			2011 年		
海关名称	出口量（吨）	所占比例（%）	海关名称	出口量（吨）	所占比例（%）	海关名称	出口量（吨）	所占比例（%）
南京海关	5999	43.4	南京海关	8791	70.7	南京海关	33271	75.87
广州海关	4160	30.1	大连海关	2331	18.8	广州海关	4748	10.83
大连海关	2648	19.1	深圳海关	474	3.8	天津海关	1042	2.38
拱北海关	459	3.3	拱北海关	470	3.8	上海海关	970	2.21
深圳海关	180	1.3	上海海关	153	1.2	深圳海关	1672	3.81
青岛海关	178	1.3	天津海关	129	1.0	大连海关	1196	2.73
上海海关	116	0.8	长春海关	31	0.2	拱北海关	794	1.81
长春海关	60	0.4	厦门海关	20	0.2	青岛海关	56	0.13
天津海关	21	0.2	福州海关	12	0.1	长春海关	44	0.10
南宁海关	5	0.0	青岛海关	7	0.1	南宁海关	7	0.02
其他	9	0.1	其他	14	0.1	其他	53	0.12
总计	13834	100	总计	12432	100	总计	43853	100

资料来源：《2011年金银岛甲醇年度报告》。

延伸阅读：国内煤基甲醇与国外天然气甲醇之比较

目前来看国内煤基甲醇与国外天然气甲醇相比，劣势较为明显。

从国内外装置规模来看，中东和中南美洲为代表的国外甲醇装置普遍规模较大。目前国际上最大规模的甲醇装置产能已达到170万吨/年。随着沙特甲醇公司年产170万吨的巨型甲醇装置在阿尔朱拜勒投产，该公司5套大型甲醇装置的总产能达到年产480万吨。国外企业装置规模大，公用设施分摊投资就少，且采用天然气路线，单位产能投资大幅下降，成本竞争力大为增强。

目前国外天然气产地在建的大型甲醇生产装置成本只有60~80美元/吨。而中国大部分甲醇生产企业以煤为原料，气化装置规模有限和占地面积大的先天缺陷制约了甲醇生产装置向大型化发展。中国最大的单套天然气甲醇装置规模为年产60万吨左右，大部分单套天然气甲醇装置规模为年产10万吨，与国际水平相比差距较大。

从能耗角度来看，目前国外大型甲醇装置基本都以天然气为原料，每吨产品能耗只有25~30吉焦，天然气消耗量为760~920立方米，耗水10~15吨。中国煤基甲醇每吨产品能耗为50~60吉焦，耗煤1.6吨左右，耗水22~30吨；以天然气为原料的生产装置，甲醇每吨产品能耗约为40吉焦，耗天然气1100~1260立方米，耗水16~20吨；中国小型联醇装置每吨产品耗能则高达70吉焦，均高于国外水平。可见国产化技术与国外先进技术相比，仍有一定的差距。

从环保角度看，由于中国甲醇生产大多采用煤基路线，酸性气体和灰渣排放量较大，需投入较多资金建设环保处理设施。而国外以天然气为原料的大型甲醇装置，基本属于清洁生产，对环境影响较小，环保方面的投入也相应较小。

再从装置原料本地化来讲，目前国外大型甲醇装置大都建在具有丰富廉价的天然气资源地区。中东和中南美洲地区是世界上天然气资源最为丰富的地区，资源地和甲醇生产装置与沿海地区距离较近，生产装置紧靠甲醇装运码头，甲醇产品全部采用海路运输，运输方便。

据统计，从中东、中南美洲和澳洲地区将甲醇运到亚洲主要港地每吨产品的运费只有 25 美元左右，运输费用较低。中国甲醇生产所需原料煤炭、天然气主要集中在经济较落后、交通不便的西部，而甲醇市场消费中心在华东和华南地区。西部甲醇运到华东和华南地区需铁路或公路的长途运输，运输费用最高达 600 元/吨。甲醇产地与消费地相距较远，交通运输问题也是中国甲醇发展的主要瓶颈之一。

由此可见，国外甲醇依靠其显著的原材料价格低廉优势具有相当强的竞争力，尤其相对于目标市场，有价格、区域、销售等方面的竞争优势。中国甲醇企业只有进一步整合上下游，通过科学管理，实施纵向策略，方可提高产品的竞争能力。

延伸阅读：我国甲醇贸易有何特点？

目前，国内甲醇生产装置比较分散，主要分布在蒙、陕、豫、晋等内陆地区或交通不便的西部地区和海南省；甲醇消费中心相对集中在华东和华南地区。这些地区也是我国甲醛、MTBE、丙烯酸酯和醋酸等下游产品生产的集中地，甲醇燃料消费地区主要集中在山西、河南等地。

销售区域与渠道

国内所有甲醇企业产品几乎全部面向国内市场，出口量很少，缺乏对国际市场的了解和掌控能力，同时建设项目市场分析和决策几乎全部依赖国内市场。而国外几乎所有甲醇生产企业的产品都面向国际市场，如 Mathanex、MHTL、MGC 和 GTL Resource 等公司 90% 以上的产品供出口。特立尼达、智利、委内瑞拉、新西兰及中东等甲醇生产大国和地区的甲醇消费量很少，大部分产品出口到世界各地。

国内甲醇企业产品大都自行销售，没有固定的销售商。国外甲醇生产企业大多拥有长期合作的销售商和完善的全球销售网络，销售渠道通畅，对世界甲醇市场控制力强。此外，国外大型甲醇生产企业除销售本公司产品外，同时还利用自身销售渠道，销售其他甲醇生产企业产品。

物流与储运设施

国内甲醇企业仅有厂内储运和铁路装运设施，少有全国性或世界性的甲醇运输中转基地，也没有自己的大型专用运输工具。国外甲醇生产商大多在世界各地建有大型甲醇中转基地和储运设施，拥有自己或长期租用的甲醇运输船队。

我国甲醇的水路运输集中在长三角地区，主要水路枢纽以太仓为首，其次是江阴、南通两地，镇江和张家港属第三梯队，南京未来也可能成为甲醇集散中心。太仓港是长江上的重要港口，具有得天独厚的区位优势，枕江傍海，距入海口42海里，离上海市中心50公里，距苏州市区70公里。太仓港拥有长江岸线38.8公里，其中可建万吨级以上泊位的优良深水岸线25公里，能满足5万吨级船舶和第三、第四代集装箱船舶回转水域的要求，有多条高速公路在太仓港附近通过或直达港区。太仓港石油化工特别发达，长江石化在园区拥有各类储罐库容达25.3万立方米，储罐入库能力达90万吨，其甲醇进口量占国内进口份额的2/3，已成为长江口主要的石化原料仓储基地。

江阴港为长江著名要塞，是江苏省南北交通的咽喉、水陆联运的枢纽和苏锡常地区内外贸物资的集散中心。江阴港辖区拥有35公里长江岸线，码头泊位57个，其中万吨级以上泊位22个，可停靠5万吨级以下各类远洋、海江河船舶。

南通港东临黄海、南临长江，是长江北翼最临近海域的港口，拥有长江岸线4155米；千吨级以上公用生产泊位23座，其中万吨级以上13座，最大靠泊能力为15万吨；堆场面积57万平方米，仓库面积4.5万平方米。南通港是国家一类开放口岸，国家主枢纽港，上海国际航运中心组合港的主要成员。1982年批准对外籍船舶开放，现与世界上75个国家和地区的312个港口通航。南通港海、江、河交汇贯通，交通便利，是理想的物资中转地，南通港与通吕、通扬运河及京杭大运河贯通；陆路与204、318国道、宁通高速、苏通高速公路连接。

镇江港位于地处长江和京杭大运河十字交汇处，是长江三角洲重要的江海河、铁公水联运综合性对外开放港口，是国家主枢纽港之一，通过能力现位居长江港口第四。现有公用码头23个，万吨级以上泊位9个，库场面积70万平方米，港区内深水泊位前沿水深11米，5万吨级船舶可常年通航。

张家港保税区沿江有完善的化工物流设施,口岸化工储罐林立,总容量超过100万立方米。其中,近40万储罐具有保税仓储功能。目前,保税区及化工园内已建成投入运营的万吨级化工码头9个。其中,5万吨级的码头3座,石油化工码头4座。另外,在建和拟设的万吨级码头8座,全部建成后年吞吐能力将超过2000万吨,成为全国最大的化工品进出口和分拨基地。

运输方式

西部甲醇进入市场需陆路(铁路或公路)长途运输,运输费用约在150~400元/吨。而国外甲醇生产装置基本上都建在沿海地区,生产装置紧靠甲醇装运码头,运输方便,运输费用较低。例如,甲醇最大的消费市场——甲醛生产中,截至2008年年底华北地区甲醛产能占全国总产能的30%,华东地区占20%,华南地区占13%,华中地区占12%,东北地区和西南地区各占10%,西北地区占5%。甲醇羰基法制醋酸的企业同样主要集中在华东地区。从运输费用看,山西到江浙运输成本约为200元/吨,内蒙古到江浙需300元/吨,因此生产企业及用户不得不考虑甲醇的运输成本。从中东海运甲醇的费用仅200元/吨(中东天然气制甲醇成本仅为810元/吨),由此看来,进口甲醇在华东、华南一带的竞争力很强。因此运输成本成为发展甲醇工业必须考虑的因素之一。

由于甲醇运输要求使用专用槽车,从目前情况来看,甲醇运输单向流动的局面还要保持相当长一段时间,空返造成运力浪费,使铁路运输的紧张程度进一步加剧。这种长距离运输降低了供货稳定性和灵活性,不能及时根据顾客需求进行调整,同时也使甲醇运输成本大幅上升。运输成本在甲醇价格中占有很大的比重(15%~30%),因此也导致甲醇价格的上涨。

2008年1月,预计投资90亿元左右的鄂尔多斯至京唐港二甲醚、甲醇管输项目签订了框架投资协议。根据鄂尔多斯市煤化工产业总体布局,鄂尔多斯至京唐港二甲醚、甲醇管输项目规划建设年输送总量二甲醚、甲醇分别为600万吨的两条并行输送管道。该项目首站拟设在鄂尔多斯市乌审旗图克镇煤化工基地,末站为唐山市京唐港区内,管道干线全长达1000多公里,预计项目总投资90亿元左右。这将是我国第一条长距离输送液体化学品的管道工程。项目的建设能有效缓解产品运输压力,大幅度降低产品物流成本,提升替代能源产品的市场竞争力。

十、甲醇市场的发展趋势如何?

世界将掀起大型甲醇厂建设热潮,产能扩张和行业重组并行。由于天然气丰富的国家建设百万吨级甲醇厂热情高涨,预计未来几年世界甲醇产量将稳步增加。尽管有关人士已发出了甲醇市场产能已接近过剩的警告,但由于近年处于新一轮石化景气周期内,甲醇作为替代燃料以及烯烃原料等具有较大市场潜力,市场行情看好,一些天然气资源丰富国家积极建设百万吨级甲醇厂,甲醇生产进入历史上最大规模迅速增长期。未来全球至少有1400万吨/年的产能正处在计划和建设的各个阶段,主要集中在南美、中东和澳大利亚。大型装置建设将对高原料价格地区的小规模非经济产能装置生存产生巨大压力,从而推动甲醇行业重组和合理化配置,以适应市场供需平衡。

甲醇生产向中东等低成本地区转移。全球80%以上的甲醇以天然气为原料生产。目前全球甲醇生产正在向具有丰富天然气,且生产成本较低的地区转移。尽管北美关停了不少高成本甲醇装置,但中东和亚洲等地区新增扩建装置的产能超过北美关停装置的产能。

国际甲醇价格下行压力较大。国际市场新一轮调整期建设的大型装置在2007~2008年相继投产,届时规模化效应将迅速凸现。但由于甲醇燃料及甲醇制烯烃引起的甲醇消费高峰目前仍未到来,当前国内外甲醇市场的竞争将十分激烈。由于供给量明显高于需求量,造成价格下行压力较大。

过度建设可能导致过剩。过去20年,甲醇生产能力的地区分布发生了巨大变化。中东各国尽管国内需求有限,但建设了世界级的大型甲醇装置,产品主要出口国外。据不完全统计,2005~2009年全球新建甲醇产能超过2200万吨。当2009~2010年一批大型装置建成投产后,全球将面临甲醇产能过剩的压力，市场竞争将加剧。

二甲醚和甲醇制烯烃将是未来驱动甲醇市场需求增长的主要动力。随着世界化学工业的发展，近年来国内外都在大力开发甲醇产品的新用途。尤其甲醇用作石油替代燃料、甲醇燃料电池以及甲醇制烯烃等技术的研究成功，为甲醇开拓出更广阔的应用市场。

近年来，全球油气价格猛涨，寻求新能源成为各国十分关注的问题。作为液化石油气（LPG）和石油产品的替代燃料，目前二甲醚倍受关注。二甲醚是与LPG物理性质相类似的化学品，燃烧时不会产生破坏环境的气体，便宜而且能大量生产。与甲烷一样，被期望成为21世纪的能源之一。二甲醚毒性极低，能溶解各种化学物质；由于加压时容易液化，可以用作喷雾剂、致冷剂及特殊燃料。二甲醚一般由甲醇在催化剂作用下脱水合成，也可以通过分馏合成甲醇时生成的甲醚气体得到。

截至2011年，我国二甲醚总生产能力已超过1209万吨，年产量在330万吨以上。纵观世界，目前中国和日本在二甲醚工艺开发和规模化装置建设方面均走在世界前列。在原料方面，日本主要利用中东廉价的天然气资源，中国则主要利用国内较丰富的煤炭资源，此外也包括部分天然气资源。

近年来，甲醇制烯烃技术得到发展。日本气体化学品公司（JGC）在实验室研发二甲醚制丙烯的技术，产品收率达到90%以上。伊朗有两个甲醇制丙烯的项目：一个项目由Fanavaran石化公司采用鲁奇（Lurgi）技术，于2009年年初建成15万吨/年丙烯装置；另一个由Idro公司建设，于2008年建成160万吨/年甲醇及其丙烯项目。

目前，许多生产商都在进行甲醇燃料电池（DMFC）的研制和应用，而且这种以甲醇为燃料的新能源技术有可能在近年实现工业化生产。如果在这一领域的应用获得成功，甲醇作为燃料的需求量将随之相应增加。

自 测 题

一、不定项选择题

1. 世界甲醇生产主要分布在（　　）产区。
  A. 石油　　　　　　　　　　B. 天然气

C. 煤 D. 焦炉气

2. 全球第一大甲醇生产国有（　　）。
   A. 沙特阿拉伯 B. 伊朗
   C. 中国 D. 特立尼达岛

3. 我国甲醇产量最多的地区有（　　）。
   A. 西北 B. 东北
   C. 西南 D. 华中

4. 我国甲醇消费最大的地区有（　　）。
   A. 华北 B. 西北
   C. 华东 D. 华南

5. 世界甲醇消费的主要地区有（　　）。
   A. 亚太 B. 北美
   C. 澳洲 D. 西欧

6. 从原材料构成看，我国甲醇主要以（　　）为主。
   A. 天然气制 B. 煤制
   C. 沼气制 D. 焦炉气制

7. （　　）是世界甲醇第一大消费国。
   A. 俄罗斯 B. 日本
   C. 中国 D. 美国

8. 甲醇消费领域包括（　　）。
   A. 醋酸 B. 甲醛
   C. 二甲醚 D. 甲醇燃料

9. 我国甲醇主要进口来源国有（　　）。
   A. 伊朗 B. 俄罗斯
   C. 沙特 D. 阿曼

10. 当前甲醇国内贸易总体上呈现（　　）流动的态势。
    A. 由北向南 B. 由南向北
    C. 由西向东 D. 由东向西

二、判断题

1. 世界上最大的甲醇生产企业是总部设在加拿大的 Methanex 公司。( )

2. 四川和内蒙古是我国甲醇生产企业最为集中的地区。( )

3. 从甲醇生产工艺来看,2011 年中国甲醇总产能中煤制甲醇产能占比为 65%。( )

4. 从国家来看,世界甲醇生产主要分布在天然气产区,包括沙特、伊朗等中东国家,特立尼达岛、委内瑞拉、智利等加勒比和南美国家,印尼、马来西亚等东南亚国家,俄罗斯等前苏联国家以及中国。( )

5. 2011 年我国甲醇生产集中度较 2010 年有所提高。( )

6. 欧洲是世界甲醇消费的第二大经济区,每年需要进口大量甲醇来满足市场需要。( )

7. 我国甲醇燃料目前主要集中在山西、上海、新疆、陕西等地进行研发推广。( )

8. 国际市场新一轮调整期建设的大型装置在 2007~2008 年相继投产,届时规模化效应将迅速凸现。但由于甲醇燃料及甲醇制烯烃引起的甲醇消费高峰目前仍未到来,因此,当前国内外甲醇市场的竞争将十分激烈。由于供给量明显高于需求量,造成国际价格下行压力较大。( )

9. 我国甲醇产地与消费地相距较远,交通运输问题也是中国甲醇发展的主要瓶颈之一。( )

10. 从甲醇消费的产品来看,甲醛、二甲醚、甲醇燃料、醋酸等是甲醇的主要下游产品。( )

参 考 答 案

一、不定项选择题

| 1. B | 2. C | 3. A | 4. C | 5. ABD |
| 6. B | 7. C | 8. ABCD | 9. ACD | 10. C |

二、判断题

1. 对　　　2. 错　　　3. 对　　　4. 对　　　5. 对
6. 对　　　7. 对　　　8. 对　　　9. 对　　　10. 对

第三章
甲醇期货基础知识

【本章要点】

> 本章主要介绍了甲醇期货合约、甲醇期货交易方面的规定、甲醇期货的交割、交割库分布等,使投资者掌握一些甲醇期货的入门知识,为进入期货市场做好热身准备。

一、甲醇期货是什么?

所谓期货,一般指期货合约,就是指由期货交易所统一制定的、规定在将来某一特定的时间和地点交割一定数量标的物的标准化合约。简单的说,期货是标准化合约,在一张合约中,除价格以外,其他因素如交易品种、交易单位、报价单位、最小变动价位、涨跌停板幅度、合约月份、交易时间等都是由商品交易所事先规定的。甲醇期货是指以甲醇为标的物的期货合约。

甲醇期货标的物:基准交割品,符合《中华人民共和国国家标准工业用甲醇》(GB338-2004)规定的优等品甲醇,其中"乙醇的质量分数"指标不作要求。

甲醇的现行国标为《中华人民共和国国家标准工业用甲醇》(GB 338 - 2004)。该标准适用于以煤、焦油、天然气、轻油、重油等为原料合成的工业甲醇,主要用于化学工业、医药工业、农药行业,也可作为燃料使用。该标准规定了工业用甲醇的要求、试验方法、检验规则及标志、包装、运输、贮存和安全等。该标准将甲醇分为优等品、一等品和合格品,质量指标包括色度、密度、沸程、高锰酸钾试验、水混溶性试验等11个。

郑州商品交易所甲醇期货合约有关内容见表3-1。

表3-1　　　　　郑州商品交易所甲醇期货合约

交易品种	甲醇
交易单位	50吨/手
报价单位	元(人民币)/吨
最小变动价位	1元/吨
每日价格最大波动限制	不超过上一交易日结算价±4%及《郑州商品交易所期货交易风险控制管理办法》相关规定
最低交易保证金	合约价值的6%
合约交割月份	1~12月
交易时间	每周一至周五(北京时间 法定节假日除外) 上午9:00~11:30、下午1:30~3:00
最后交易日	合约交割月份的第10个交易日
最后交割日	合约交割月份的第12个交易日
交割品级	见《郑州商品交易所期货交割细则》
交割地点	交易所指定交割地点
交割方式	实物交割
交易代码	ME
上市交易所	郑州商品交易所

二、甲醇期货市场有哪些我们应该熟知的基本制度?

1. 保证金制度。在期货交易中,任何交易者必须按照其所买卖期货合约价值的一定比例（通常为 5%~10%）缴纳资金，作为其履行期货合约的财力担保，然后才能参与期货合约的买卖，并视价格变动情况确定是否追加资金。这种制度就是保证金制度，所交的资金就是保证金。保证金制度既体现了期货交易特有的"杠杆效应"，也成为交易所控制期货交易风险的一种重要手段。

2. 每日结算制度。期货交易的结算是由交易所统一组织进行的。期货交易所实行每日无负债结算制度，又称"逐日盯市"，具体是指每日交易结束后，交易所按当日结算价结算所有合约的盈亏、交易保证金及手续费、税金等费用，对应收应付的款项同时划转，相应增加或减少会员的结算准备金。期货交易的结算实行分级结算，即交易所对其会员进行结算，期货经纪公司对其客户进行结算。

3. 涨跌停板制度。涨跌停板制度，又称"每日价格最大波动限制"，即指期货合约在 1 个交易日中的交易价格波动不得高于或低于规定的涨跌幅度。超过该涨跌幅度的报价将被视为无效，不能成交。由于期货市场的价格波动巨大，且极端情况下触及涨跌停板的情况时有发生，特别是连续同方向或反向涨跌停板的情况也偶有发生，因此，期货交易所对各种情况都作出了明确规定，包括各种情况下的涨跌停板幅度和保证金收取标准等。

4. 持仓限额制度。持仓限额制度，是指期货交易所为了防范操纵市场价格的行为和防止期货市场风险过度集中于少数投资者，对会员及客户的持仓数量进行限制的制度。超过限额，交易所可按规定强行平仓或提高保证金比例。

5. 大户报告制度。大户报告制度，是指当会员或客户对某品种合约持有的投机头寸达到交易所对其规定的头寸持仓限量 80% 以上（含本数）时，会员或客户应向交易所报告其资金情况、头寸情况等，客户须通过经纪会员报告。大户报告制度是与持仓限额制度紧密相关的又一个防范大户操纵市场价格和控制市场风险的制度。

6. 强行平仓制度。强行平仓制度，是指当会员或客户的交易保证金不足且未在规定的时间内补足，或者当会员或客户的持仓量超出规定的限额时，或者当会员或客户违规时，交易所为了防止风险进一步扩大，实行强行平仓的制度。简而言之，强行平仓制度就是交易所对违规者的有关持仓实行平仓的一种强制措施。

7. 强制减仓制度。强制减仓制度的目的是化解市场风险和防止会员违约。一般情况下，市场风险的大小与某一品种或者合约的持仓规模有关。因此，降低持仓规模通常能够有效降低市场风险。强制减仓制度就是期货交易所将当日以涨跌停板申报的未成交平仓报单，以当日的涨跌停板报价与该合约净持仓盈利的客户（包括非期货公司会员）按持仓比例自动撮合成交的一种制度设计。

8. 套期保值审批制度。我国商品期货交易所规定，申请参与套期保值交易的机构客户须填写套期保值申请（审批），并向期货交易所提交相关证明材料。交易所则需按主体资格是否符合，套期保值品种、交易部位、买卖数量、套期保值时间与其生产经营规模、历史经营状况、资金等情况是否相当进行审核，确定其套期保值额度。正常情况下，套期保值交易的持仓量不受交易所规定的持仓限量的限制。

9. 实物交割制度。实物交割制度，是指交易所制定的当期货合约到期时交易双方将期货合约所载商品的所有权按规定进行转移，了结未平仓合约的制度。

10. 风险准备金制度。风险准备金制度，是指期货交易所从收取的期货交易手续费中提取一定比例的资金，作为确保交易所担保履约备付金的制度。该制度对风险准备金来源、收取标准和用途都作出了明确规定。该制度为防范风险传播提供了保证，起到了类似于防火墙的重要作用。

11. 风险警示制度。如果期货交易所认为有必要，可以分别或者同时采取要求会员或者客户报告情况、谈话提醒、发布风险提示函等措施，以警示和化解风险。风险警示制度对行使上述权利的条件和方法作出了规定。

12. 信息披露制度。为遵循公开、公平、公正的原则，期货交易所应及时公布上市期货品种合约的有关信息和其他应公布的信息，并保证信息的真实和准确。信息披露制度对此作出了明确的规定。

三、甲醇期货交易的保证金是如何规定的？

（一）一般情况下保证金的收取

我国期货市场起步较晚，且市场信用体系有待完善。因此，我国交易所的风险管理制度，包括保证金制度，相对于西方国家来说较为严格。目前，郑州商品交易所各期货品种的保证金制度分为以下四个部分：一般月份保证金标准、临近交割期梯度增加保证金、根据合约持仓量变化调整保证金、连续同方向涨跌停板时调整保证金等。根据多年来的运行经验，目前的保证金管理体系完全能够抵御来自于市场的各种风险。

通常，期货经纪公司在交易所收取保证金的基础上向客户加收一定比例的保证金。例如，甲醇期货一般月份合约的保证金是8%，其中6%是交易所收取的部分，而2%是期货经纪公司收取的部分。

（二）临近交割月份保证金收取标准

甲醇期货合约临近交割期时交易保证金收取标准见表3-2。

表3-2　　　　　甲醇期货合约临近交割期时交易保证金收取标准

日　　期		交易保证金比例
一般月份		6%
交割月前一个月	上旬	6%
	中旬	15%
	下旬	25%
交割月		30%

资料来源：郑州商品交易所。

（三）持仓量变化时交易保证金的收取标准

相对于其他期货品种，甲醇期货保证金不随着持仓量的变化而变化。

（四）出现涨跌停行情时保证金的收取标准

当合约出现连续同方向涨跌停板行情时，其交易保证金标准也相应提高，甲醇期货合约与郑州商品交易所现有其他合约保持一致。以涨跌停±4%、交易所最低保证金标准6%为例（见表3-3）：

表3-3　　　　　甲醇期货合约连续停板时保证金收取标准

交易状况	涨跌停板幅度	交易时保证金标准	结算时保证金标准
第1个停板	4%	6%	9%
第2个停板	6%	9%	9%

资料来源：郑州商品交易所。

正常情况下,期货公司会在交易所保证金标准上加收 2%~3%,以控制风险。

四、甲醇期货交易的限仓有什么规定?

限仓是指交易所规定会员或者客户按单边计算的、可以持有某一期货合约投机持仓的最大数量。期货合约的限仓数量按照该期货合约上市交易的"一般月份""交割月前一个月份""交割月份"三个期间的不同,分别适用不同的限仓标准。

期货公司会员:当甲醇期货合约各期间单边持仓量大于或者等于 10 万手时,期货公司会员该合约单边持仓量不得大于该合约单边总持仓量的 25%;小于 10 万手时,期货公司会员该合约单边持仓量不受限制。

非期货公司会员和客户见表 3-4。

表 3-4　　　　　　　　甲醇期货的限仓制度

一般月份	交割月前一个月份	交割月份	
非期货公司会员和客户		自然人和无交割资质客户	
1000	300	100	0

成功申请套保持仓的法人客户,持仓不受以上限仓影响。

甲醇期货自然人持仓不能进入交割月。郑州商品交易所《交割细则》第四条:不能交付或者接收增值税专用发票的客户不得交割。进入交割月前,不得交割的客户应当将交割月份的相应持仓予以平仓。自进入交割月第一个交易日起,自然人客户不得开新仓,交易所有权对自然人客户的交割月份持仓予以强行平仓。不得交割的持仓被配对的,交易所对其处以合约价值(按配对日交割结算价计算) 10% 的违约金,违约金支付给对方,终止交割;买卖双方均属上述情况的,交易所按本条规定比例核算的金额对双方进行处罚,终止交割。

五、甲醇期货交割等级是如何规定的？

交割等级：基准交割品，符合《中华人民共和国国家标准 工业用甲醇》（GB 338-2004）规定的优等品甲醇。"乙醇的质量分数"指标不作要求。

工业用甲醇技术要求见表3-5。

表3-5　　　　　　　　　　工业用甲醇技术要求

项　目	指　标		
	优等品	一等品	合格品
色度/Hazen 单位（铂-钴色号）≤	5		10
密度（ρ20）/（g/cm³）	0.791~0.792	0.791~0.793	
沸程（0℃，101.3kPa，在64.0℃~65.5℃范围内，包括64.6℃±0.1℃）/℃ ≤	0.8	1.0	1.5
高锰酸钾试验/min ≥	50	30	20
水混溶性试验	通过实验（1+3）	通过实验（1+9）	—
水的质量分数/% ≤	0.10	0.15	—
酸的质量分数（以HCOOH计）/% ≤	0.0015	0.0030	0.0050
或碱的质量分数（以NH₃计）/% ≤	0.0002	0.0008	0.0015
羰基化合物的质量分数（以HCHO计）/% ≤	0.002	0.005	0.010
蒸发残渣的质量分数/% ≤	0.001	0.003	0.005
硫酸洗涤试验/Hazen单位（铂-钴色号）≤	50		—
乙醇的质量分数/% ≤	供需双方协商	—	

六、甲醇期货上市有什么重要意义？

甲醇是最基本的有机化工原料，自身产业链长，涉及化工、建材、能源、医药、农药等众多行业，在国民经济中具有重要地位。我国已成为世界上最大的甲醇生产国和消费国，年进口量占总需求量的1/3，现货购销高度市场化，全国开设有数家综合批发市场，现货基础非常好。近年来，甲醇价格波动剧烈，相关生产、贸易、消费企业面临着较大经营风险。

甲醇期货的上市，对促进相关行业及企业的健康发展、服务国民经济具有重要意义。

一是有利于完善我国能源化工期货品种体系，拓展期货市场服务国民经济的广度和深度。

二是广大甲醇生产、加工和贸易企业通过甲醇期货平台，开展套期保值交易，能够有效规避现货价格不利变动的风险，锁定成本及利润，实现企业乃至行业的稳健发展。

三是依托我国甲醇的生产和消费实力，通过甲醇期货市场，扩大我国对全球甲醇定价的影响力和话语权。

四是郑州商品交易所通过规定高品级的甲醇用于期货交割，指定大型甲醇生产企业作为交割厂库等手段，从产品质量、厂库资格等方面，扶持和鼓励相关企业利用期货市场做大做强，加快淘汰技术及产能落后的企业，有助于推动我国甲醇产业结构调整。

七、甲醇期货具体如何交易？

由于期货交易必须集中在交易所内进行，而在场内操作交易的只能是交易所的会员，包括期货公司会员和自营公司会员。因此，期货经纪公司是介于普通投资者和交易所之间的桥梁。期货公司将客户的交易指令下达到交易所，交易通过集中竞价，根据价格优先、时间优先的撮合成交原则完成交易。

作为一名普通投资者，在经过对比、判断后，选择一家期货公司。投资者必须通过与期货公司签署《期货经纪合同》，开立交易账户，交纳一定数量的保证金后才能开始期货交易。通常来讲，从事期货交易包括开户、交纳保证金、下单结算、交割等环节，具体如图3-1。

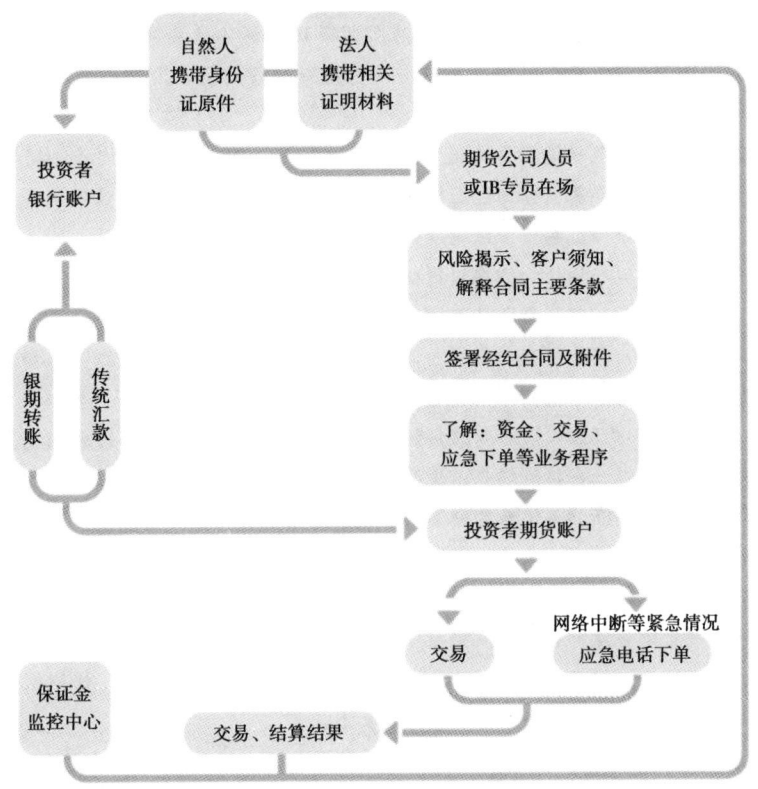

图 3-1 期货交易程序

期货交易相关术语

开仓、持仓和平仓：期货交易中的买卖行为，只要是新建头寸都叫"开仓"。交易者手中持有的头寸，称为"持仓"。平仓是指交易者了结持仓的交易行为，了结的方式是针对持仓方向作相反的对冲买卖。

爆仓：是指投资者账户权益为负数，表明投资者不仅亏光了全部保证金还倒欠了期货经纪公司债务。由于期货交易实行逐日清算制度和强制平仓制度，一般情况下爆仓是不会发生的。但在出现极端行情的情况下，如连续发生同方向涨跌停板的情况，如果投资者的持仓较重，且持仓方向与价格变动方向相反，该投资者的账户就有可能爆仓。

多头和空头：期货交易实行双向交易机制，既有买方又有卖方。在期货交易中，买方称为"多头"，卖方称为"空头"。虽然股票市场交易中也将买方称为"多头"，卖方称为"空头"，但股票交易中的卖方必须是持有股票的人，没有股票的人是不能卖的。

结算价格，是指某一期货合约当日成交价格按成交量的加权平均价。当日无成交的，以上一交易日的结算价作为当日结算价。结算价是对当日未平仓合约进行盈亏结算的依据，也是计算下一交易日涨跌幅度和涨跌停板限额的依据。

成交量，是指某一期货合约在当日交易期间所有成交合约的双边数量。

持仓量，是指期货交易者所持有的未平仓合约的双边数量。

总持仓量，是市场上所有投资者在该期货合约上总的"未平仓合约"数量。在交易所发布的行情信息中，专门有"总持仓"一栏。

总持仓量的变化反映投资者对该合约的交易兴趣，是投资者参与该合约交易的一个重要指标。如果总持仓量持续增长，表明交易双方都在开仓，投资者对该合约的兴趣在增长，场外资金在不断涌入该合约交易中；相反，当总持仓量不断减少，表明交易双方都在平仓出局，交易者对该合约的兴趣在退潮。还有一种情况是当交易量增长时，总持仓量却变化不大，这表明市场以换手交易为主。

换手交易：换手交易有"多头换手"和"空头换手"。当原来持有多头的交易者卖出平仓，但新的多头又开仓买进时称为"多头换手"；而"空头换手"是指原来持有空头的交易者在买进平仓，但新的空头在开仓卖出。

交易指令：股指期货交易有三种指令——市价指令、限价指令和取消指令。交易指令当日有效，在指令成交前，客户可提出变更或撤销。

第一，市价指令：不限定价格的买卖申报，尽可能以市场最好价格成交的指令。

第二，限价指令：执行时必须按限定价格或更好价格成交的指令。它的特点是如果成交，一定是客户预期或更好的价格。

第三，取消指令：客户将之前下达的某一指令取消的指令。如果在取消指令生效之前前一指令已经成交，则称为取消不及，客户必须接受成交结果。如果部分成交，则可将剩余部分还未成交的撤销。

头寸限制：即交易部位限制，指交易所对投资者规定的所能持有某一期货合约数量的最大限度，是从市场份额分配方面对市场风险进行管理。

八、郑州商品交易所甲醇交割库有哪些？

郑州商品交易所甲醇指定交割仓库及厂库名录见表3-6。

表 3-6 郑州商品交易所甲醇指定交割仓库及厂库名录

仓库名称	地址	邮编	联系人	联系电话	铁路到站	码头	交割库升贴水（元/吨）	备注
太仓阳鸿石化有限公司（仓库）	江苏太仓市港口开发区石化路1号	215433	唐佳俊	电话：0512-53370166 手机：13812907677 传真：0512-53370160	无	阳鸿码头	0	不接受汽车入库
常熟汇海化工仓储有限公司（仓库）	常熟沿江经济开发区建业路8号	215513	顾芳	电话：0512-52010129 手机：13962324527 传真：0512-52010113	无	常熟汇海码头	0	—
南通千红石化港储有限公司（仓库）	南通经济技术开发区江海港区（通盛南路6号）	226017	张锦华	电话：0513-85991146 手机：13906299080 传真：0513-83590921	无	千红码头	0	—
江苏东华能源仓储有限公司（仓库）	江苏省张家港保税区德积东华路668号	215634	王凯	电话：0512-58728068 手机：15150203925 传真：0512-58721668	无	东华能源码头	0	不接受汽车入库
南通诚晖石油化工有限公司（仓库）	江苏省如皋港区长江镇香江路28号	216006	周春兵	电话：0513-80778877 手机：13951313467 传真：0513-83586190	无	诚晖码头	0	—

续表

仓库名称	地址	邮编	联系人	联系电话	铁路到站	码头	交割库升贴水（元/吨）	备注
江阴华西化工码头有限公司（仓库）	江阴临港新城石庄办事处诚信路1号	214446	张 敏	电话：0510－86668555 手机：13812139676 传真：0510－86668560	无	华西码头	0	—
江苏海企化工仓储有限公司（仓库）	江苏省泰州高港区永安洲工业园	225300	孙 冬	电话：05238699210 手机：13952618356 传真：05238699226	无	海企码头	0	—
河南省中原大化集团有限责任公司（厂库）	河南省濮阳市人民路西段	457004	蔡洪伟	电话：0393－8958729 手机：13939368999 传真：0393－8958729	濮阳地铁中原大化煤化工专用线	无	－240	仓单限额2万吨，日发货速度1500吨/天
兖矿煤化供销有限公司（厂库）	办公地点：山东邹城西外环路1888号；提货地点：兖矿国宏化工有限公司（山东邹城市北外环国宏大道）	273500	郑洪伟	电话：15725378108 手机：15153705737 传真：0537－5309028	无	无	－240	仓单限额2万吨，日发货速度1000吨/天
新能凤凰（滕州）能源有限公司（厂库）	山东省滕州市木石镇驻地	277527	臧庆志	电话：0632－2225366 手机：15863238389 传真：0632－2225699	无	无	－240	仓单限额1万吨，日发货速度1500吨/天

为什么我国甲醇交割库分布在华东地区？

期货交易最重要意义是发现商品的合理价格，促进商品市场有序运行。同样，郑州商品交易所制定甲醇合约时，最主要考虑的是怎样促进甲醇行业健康发展，健全并优化甲醇的价格形成机制，指导甲醇上下游企业合理安排生产与经营。现货交割作为连接期货交易和现货生产的一个重要环节，交割地的选择具有举足轻重的意义。

现货交割是期货交易的重要环节。当期货交易的双方都有进行交割的意愿时，期货交易就进入交割环节，这时期货价格就会回归现货价格。期货价格需要计算各种交割成本，如运费、检验费以及仓储费用等。各成本中因为运费所占比例较高，为了节省运费，交割库的选址就成为制约仓单注册数量的重要因素。交割库距离商品主产地越近，那么卖出套保的生产商就有可能以更低成本注册仓单。因此，交易所在引入商品期货品种时，首先考虑将商品期货交割库分别设在产区、商品集散地或销区。如果品种的产区与销区或进口港口基本重叠，就设立在这些产区或港口区；如果产区分散，但有较大的商品集散地，就将交割库设立在这些集散地，以利于注册仓单时商品的采购、入库。所有这些做法都力图降低交易成本，使更多的生产者、流通者积极利用期货套期保值。简单的说，交割仓库的选择还要设置在价格最具代表性意义的区域内，应位于发生最大贸易量的流向节点中，应以交割成本具有竞争力以及避免发生现货的逆向流动为前提。考虑到物流成本，交割地点还要具备可靠、有保障的交通、仓储条件，以便能够满足特殊情况下发生大量交割的需要。

甲醇期货交割地的设置特点：销区、集散地设库，兼顾产区。

1. 仓库为主：以华东为主，其他为辅。
2. 厂库为辅：以贴近销区山东、河南、河北等省为主，其他地区为辅。

郑州商品交易所将甲醇交割库设在华东地区，主要基于以下几点原因：

首先，华东地区是我国甲醇主要消费、贸易集散地。从甲醇消费的地域结构看，2010年我国甲醇的消费主要集中在华东和华北地区。华东地区消费量占全国的44.44%，主要是该地区甲醇下游产品甲醛、二甲醚、冰醋酸、甲醇汽油对原料需求明显高于其他地区；华北地区凭借着稳定的甲醛、二甲醚、甲醇汽油需求支撑，消费量居全国第二，占为15.5%。华南地区、华中地区消费量分别占11.58%和11.01%；西北地区作为甲醇生产重地，消费量仅占到4.33%。

其次，华东既是化工品需求集中地，也是化工品供应集中地。该地区流经第三方仓储的化工品进出口产品占71%，内贸占29%。流出方式也是以车运居多，占比65%。但该地内陆水系发达，船运占比显著提高，占比约33%，另有约2%的产品经管道流出。

该地区第三方化工仓储企业客户类型贸易商占56%，生产企业占44%。甲醇由于生产成本较低在我国发展迅速，而西北、西南等地区凭借资源优势产能也迅速扩张，产量较大。华东地区供给出现较大缺口，国内甲醇贸易呈现明显的由西、北流向东、南的格局。其他地区由于产量大、需求小，局部供应过剩。因此，全国各地的剩余甲醇商品主要流向华东一带，生产厂家大多在华东设立分销点，贸易非常活跃。

其三，华东地区价格代表性最为突出。华东甲醇消费量大，而当地产量有限，这为贸易商提供了广阔的生存空间，许多生产厂家在华东驻有销售人员。华东的价格是生产者、贸易商、消费企业等多方充分竞争形成的，能够真实反映国内甲醇市场供需关系。异地生产厂家出于竞争压力考虑，往往参照华东价格，再综合考虑运输成本等因素，对不同买家提供不同优惠程度的到货价，以便使其产品流入华东的市场成本基本一致。因此，华东价格已被现货市场普遍认可，具备代表全国价格的市场特征。最后，华东仓储物流设施完善，辐射能力强。华东地理位置优越交通便利，江、海、陆三线发达，交割商品能够方便出入，便于市场中商品的集散和流通。

九、期现价差的变化揭示了什么？

在期货市场上，我们通常将期货与现货之间的价格差称之为"期现差价"。与有色金属不同，甲醇期货的主力合约往往远离交割月合约。因此，本章所涉及的期现价差通常指的是期货主力合约与现货之间的价差。

正常情况下期货价格反映的是"现货价格+持仓成本"，意味着远月合约的价格高于现货或者近月合约的价格。由于预期的变化，远月合约的价格往往高于"现货价格+理论上的持仓成本"，而有时也会低于"现货价格+理论上的持仓成本"。前者反映的是大多数投资者预期未来价格可能上涨；而后者反映的是未来价格可能下跌，特别是在现货价格高于近月合约的情况下。

期现差价的这种变化，可以为投资者提供一种判断价格走势的方法。通常情况下，期现价差为正并变大预示着价格可能上涨，而期现价差缩窄或者负价差变大预示着价格可能走低。

自　　测　　题

一、不定项选择题

1. 甲醇期货是期货交易所里上市交易的(　　)。

A. 甲醇现货　　　　　　　　　B. 甲醇仓单

C. 甲醇标准化合约　　　　　　D. 甲醇合同

2. 甲醇期货在(　　)上市交易。

A. 大连商品交易所　　　　　　B. 郑州商品交易所

C. 上海期货交易所　　　　　　D. 天津商品交易所

3. 甲醇期货的交易单位是(　　)吨/手。

A. 5　　　　　　　　　　　　B. 10

C. 20　　　　　　　　　　　 D. 50

4. 甲醇期货的保证金分为(　　)。

A. 交易保证金　　　　　　　　B. 交割保证金

C. 结算准备金　　　　　　　　D. 交割准备金

5. 甲醇期货的基本交易制度包括(　　)。

A. 保证金制度　　　　　　　　B. 涨跌停板制度

C. 每日无负债结算制度　　　　D. 持仓限额制度

6. 甲醇期货标准化合约中规定最低交易保证金水平为(　　)。

A. 5%　　　　　　　　　　　 B. 6%

C. 7%　　　　　　　　　　　 D. 8%

7. 甲醇期货自然人持仓不能进入交割月。交易所规定进入交割月份的(　　)起,自然人客户不得开新仓,交易所有权对自然人客户的交割月份持仓予以强行平仓。

A. 最后一个交易日　　　　　　B. 第一个交易日

C. 通知日　　　　　　　　　　D. 第一个交易日到最后一个交易日

8. 投资者准备以 2800 元/吨的价格买入 5 手甲醇主力合约,如果按照 8%的保证金计算,投资者需要支付的保证金为(　　)。

A. 1.12 万元　　　　　　　　 B. 5.6 万元

C. 11.2 万元　　　　　　　　 D. 56 万元

9. 投资者以 2800 元/吨卖出 5 手甲醇主力合约,3 日后价格下跌至 2760 元/吨,投资者此次(　　)。

A. 盈利 1 万元　　　　　　　 B. 亏损 1 万元

C. 盈利 2000 元　　　　　　　D. 亏损 2000 元

10. 甲醇期货的交割单位为每一仓单标准重量(　　)吨。
A. 5　　　　　　　　　B. 10
C. 20　　　　　　　　　D. 50

二、判断题

1. 根据郑州商品交易所规定，甲醇期货的最小变动价位为10元/吨。
(　　)

2. 甲醇期货实行每日无负债结算制度，结算实行分级结算，即交易所对其会员进行结算，期货经纪公司对其客户进行结算。(　　)

3. 参与甲醇期货交易的客户中不能交付或者接收增值税专用发票的客户不得交割。进入交割月前，不得交割的客户应当将交割月份的相应持仓予以平仓。(　　)

4. 甲醇期货合约就是远期交割的甲醇现货合约。(　　)

5. 当客户的交易保证金不足且未在规定的时间内补足时，期货公司有权对客户持有的头寸实行强行平仓。(　　)

6. 甲醇期货是"T+0"交易，当日可以随时买卖，随时平仓。(　　)

7. 甲醇期货交割地的设置特点：仓库为主、厂库为辅。其中，仓库以贴近销区山东、河南、河北等省为主，厂库以华东为主。(　　)

8. 正常情况下期货价格反映的是"现货价格+持仓成本"，这意味着远月合约的价格高于现货或者近月合约的价格。(　　)

9. 通常情况下，期现价差为正并变大预示着价格可能走低，而期现价差缩窄或者负价差变大预示着价格可能上涨。(　　)

10. 一般情况下，甲醇期货套期保值交易的持仓量不受交易所规定的持仓限量的限制。(　　)

参 考 答 案

一、不定项选择题

1. C　　2. B　　3. D　　4. AC　　5. ABCD
6. B　　7. B　　8. B　　9. A　　10. D

二、判断题

1. 错   2. 对   3. 对   4. 错   5. 对
6. 对   7. 错   8. 对   9. 错   10. 对

第四章
甲醇价格的主要影响因素

【本章要点】

> 了解影响甲醇价格的主要因素是参与甲醇期货的重要环节。本章对影响甲醇价格的主要因素作出详细分析，具体回答是哪些因素、以什么样的方式和程度对甲醇价格产生影响。

一、甲醇价格历史走势情况如何？

从甲醇价格的历史回顾中，我们可以发现，甲醇的价格有两大特点：趋势性强、价格波动大。

从1991年到2010年，受货币购买力长期贬值影响，甲醇价格整体呈震荡上扬走势（见图4-1）。在需求量较大的1995年甲醇价格曾一度上涨到4350元/吨，1998年起由于大量进口甲醇，国内价格迅速下跌，最低曾跌至800~1000元/吨左右。2007年甲醇价格再次呈现"U"形走势，从年初开始一路跌至6月底的2200~2350元/吨，7月以来单边上扬，至11月最高涨至4200~4300元/吨。进入2008年第1季度，甲醇价格基本在2600~3000

元/吨的区间窄幅波动。自 2008 年 4 月上旬，甲醇价格以单边上扬的方式快速冲至 5 月下旬的 5000 元/吨，后见顶回落，2009 年年初触底至 1500 元/吨左右，后期甲醇价格一直呈震荡上升态势。2010 年 5 月，甲醇价格回升至 2500 元/吨左右，下半年由国内甲醇装置问题频发，且二甲醚、甲醇调油等需求高于预期的支撑，国内行情呈现震荡上行的趋势；11 月上旬国内甲醇市场行情再创新高，在贸易商库存低位、进口货源补充不及加之下游需求有力支撑下，华南甲醇行情迅速飙升，联动华东及内地市场再现第二波强力上涨。截至 2010 年 11 月 9 日，华南甲醇出罐均价收盘在 3890 元/吨，较当年最低价格涨幅累计 1885 元/吨（94%）；华东甲醇出罐均价收盘在 3545 元/吨，较当年最低价格涨幅累计 1590 元/吨（81.3%），创下两年来的价格新高。

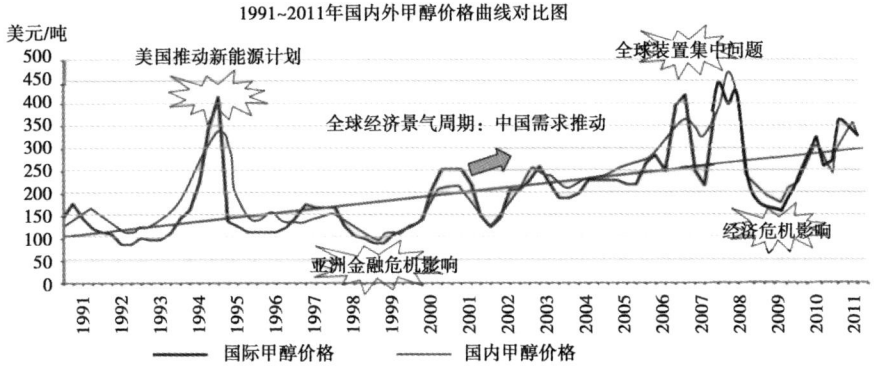

图 4-1　全球甲醇市场走势回顾

延伸阅读：如何从供需与成本两方面来分析甲醇价格？

（一）供求关系分析的逻辑

供求关系的变化对甲醇价格的走势有着直接影响。供求关系本身有三种状态：第一种是供给大于需求；第二种是供给小于需求；第三种是供给与需求基本平衡。第三种状态的价格，也被称为"均衡价格"，这个时候市场供求平衡。但实际上，市场供求不均衡是一种常态，而均衡反而是偶然的情况了。这里就需要了解影响供求变化的因素。

甲醇市场的供求情况是一个存量的数据,而供求关系的变化则是一个流量的数据。供求关系的变化有四种形式:供给增加,同时需求也增加;供给增加而需求减少;供给减少,但是需求增加;供给减少,同时需求也减少。在假定其他因素不变的情况下,通常来说,供给增加而需求减少,会导致甲醇价格下降;供给减少而需求增加,会导致甲醇价格上涨。在供求变化方向相同的情况下,需要具体分析供给和需求变动的比例。如果供给增长的比例大于需求增长的比例,甲醇价格还是会下跌的;反之,就会上涨。另外需要考虑的是,如果供给和需求是同比例同方向变化,价格变动如何确定。从理论上讲,这个时候甲醇价格不会有变化,如果产量是增加的实际上需求也比较好,甲醇价格往往会有所上涨;反之,如果产量是下降的实际上需求也比较差,价格也往往会有所下降。

同时需要指出的是,这里做的是一个静态分析,就是我们假定知道了市场的需求情况,进而预测甲醇市场价格走势。实际当中,供求关系和价格是相互影响的,是一个动态的变化。比如说,在时间 t_1,我们发现供给大于需求,这个时候市场会形成价格下跌的预期。这个时候该产品价格一般就会先期地下跌,而现货有可能没有太大变化。而到了时间点 t_2,现货市场价格下降,根据需求原理,多数商品价格下跌之后会刺激需求的增长,那么在短期供给不变的情况下,又会形成一个价格上涨的预期。在这个例子当中,我们可以看到,价格本身的变化也会影响供求关系的变动,价格和供求关系之间会发生一个系统的反馈,导致市场价格不会偏离均衡价格过大。

另外,投资者需要关注的一个问题,就是甲醇产能过剩不等于市场上实际的供给大于需求。这里面有一个开工率问题。一般而言,开工率和甲醇价格是正相关的。同时,每年也有诸如设备检修等因素造成部分生产线停车,也会使得开工率下降,进而产量也会下降,影响一定时间段内的供求关系情况,进而对甲醇价格的走势形成冲击。

1. 供给分析逻辑。通常来讲,供给量=生产量+进口量+期初库存。其中,进口量数据较好获得,期初库存也会反映在已有的价格里,因此影响未来供给变化的主要是当期生产量及潜在产量。甲醇作为工业品，最终生产量取决于相关产能规模、生产企业生产意愿以及可能打扰或加速生产进度的突发因素。根据此思路，可能影响甲醇生产量的因素主要有：甲醇企业的数量及产能、产能利用率、生产成本、生产企业对未来价格的预期、主产国对相关生产企业的产业政策、贸易政策等等。

（1）前期应该了解什么知识？——世界甲醇产能和分布状况如何？产能利用率状况如何？需求量状况如何？生产成本情况如何？

（2）短期产量有多大？——目前利润如何？目前生产积极性如何？开工率如何？进出口如何？

（3）有新的供应资源吗？——新增产能分布在哪里？项目进展如何？新供应预计何时可以进入市场？会增产多少甲醇？

2. 需求分析逻辑。在分析需求前，先要了解甲醇的主要用途及与之紧密相关的下游消费行业。中短期来讲，下游消费需求如何？国内外经济前景怎样？长期来讲，有什么新的技术进步或产业可能会用到甲醇，而以前不存在这种需要？这种新增需求会有多大？社会库存需求是在上升还是下降（去库存和再库存）？因为实际在牛市上涨期或流动性充足通胀预期高时，社会一般会提高备库水平，即增加库存需求，这些需求虽然不会实质性增加消费，但对阶段性供需会产生影响。

中短期需求关注相关下游行业数据及宏观经济指标。甲醇消费主要取决于下游行业的发展，下游消费领域主要为甲醛、二甲醚、甲醇汽油、甲醇制烯烃等行业。这些行业与宏观经济紧密相关，因此通过对各个消费行业指标（如国内外主要消费品的产量）及宏观经济指标的分析可以大致判断甲醇消费增长的变化。这些指标具体来讲主要包括：GDP 增长率、OECD 领先指标、制造业采购经理人指数 PMI、消费行业数据等。比如，制造业采购经理人指数 PMI 是较好的工业扩张与衰退的中短期指标，一般以 50 作为工业增长与衰退的临界状态；OECD 领先指标通常是用来预期领先 6 个月的工业生产变化。

另外，通过计算跟踪表观消费量可以辅助判断消费变化情况。表观消费量是相对于实际消费量的一个概念，一般是指国内产量加上净进口量。因为这其中没有考虑库存的变化，所以只能近似地作为辅助判断，期货市场通常会把同期显性库存的变化数量考虑上。那么误差就在隐性库存上，可以通过产业链库存调研数据加以推测。如果表观消费量与实际相关下游生产变化比率出现较大反差，就可以反推市场隐性库存情况。

长期需求关注消费结构的变化。消费结构方面，随着世界化学工业的发展，近年来国内外都在大力开发甲醇产品的新用途，尤其甲醇用作石油替代燃料、甲醇燃料电池以及甲醇制烯烃等技术的研究成功，为甲醇开拓出更广阔的应用市场，市场对甲醇需求增加使价格出现上涨的倾向。

（二）供需与成本如何影响甲醇价格的？

对于甲醇价格来讲，一方面由其成本的高低来决定，另一方面也受供求关系的制约。两者对甲醇价格的影响一般会有如下几种情况出现：

1. 当成本无变化时，供求关系将成为价格的主导因素，供大于求时价格会下跌；供不应求时价格会上涨。

2. 在供求关系相对稳定的情况下，成本上升时价格会上涨；成本下降时价格会下跌。

3. 当成本和供求关系同时发生变化时：

（1）当成本上升同时供应紧张，两者对价格都会产生向上的拉动力量，这时往往会有大的大涨行情出现，大涨之牛市即将来临；

（2）当成本下降同时供过于求时，两者对价格都产生向下的压力，其合力向下往往会有大跌行情出现，大跌之熊市即将来临；

（3）当成本上升而自身又供过于求或成本下降又供不应求时，两者对价格产生的是相反的作用，此时价格的发展方向要取决于合力的方向，此时合力的方向又要由成本及供求关系两者各自对价格作用的大小来决定，当合力为零时价格表现会相当稳定。

> 如果产品供过于求，上游原材料价格上涨产品成本处于上升状态时，则产品价格总方向以下跌的可能性较大，但在一定程度上会受到成本的支撑，产品价格中短期位于产品变动成本之上，宜谨慎看空。
>
> 如果产品供不应求，上游原材料价格下跌产品成本处于下降状态时，则产品价格总方向以上升的可能性较大，但因成本下降会遭遇潜在市场进入者的威胁，并以增加供应量，从而对价格会有下拉作用，宜谨慎看多。
>
> 上述几种市场结构中，第3条的（1）和（2）的情况最容易判断，也是最应把握的大趋势的形成条件。

二、影响甲醇价格变化的主要因素有哪些？

影响甲醇价格主要因素有很多，大体可以归为宏观面和基本面两大要素：宏观面要素主要指宏观经济形势，政府出台的一系列货币政策、财政政策等；基本面要素主要包括国家政策、国际能源价格、生产成本、运输成本、国内外新增产能、大型装置开工率、下游需求、进出口状况、库存状况、国内外价格联动程度、天气因素等。

对于甲醇来说，作为工业品其消费易受宏观经济环境影响，其产业链又非常长，因此影响甲醇供需的因素就非常繁杂。甲醇期货作为衍生品，其价格不仅受现货供求及金融货币因素影响，还会受其他诸如市场心理及投机资金运作等因素的影响。市场心理通常对价格主要起助涨助跌的作用。利率、汇率等货币因素因为会影响标价货币的升/贬值，从而影响商品价格的高低，但这种影响相对供需对价格的影响一般有限，除非发生恶性通货膨胀或相关货币巨幅升/贬值等小概率事件。至于市场心理因素，它对价格的影响更多表现在短期波动上。

三、宏观经济对甲醇价格有何影响？

甲醇作为重要的基础有机化工原料，在国民经济中具有广泛的应用，宏观经济的走势必然影响到市场对甲醇的需求,进而对甲醇的价格水平产生影响。例如,2003~2010年我国GDP一直保持着9%以上的增长率。随着我国经济的持续、快速、健康发展,甲醇的传统消费市场如甲醛、醋酸等随之也迅速扩大。与此同时,国内对二甲醚掺烧液化气的推动、对甲醇燃料汽油的提倡,又为甲醇开拓了广阔的新兴消费市场,为甲醇产业提供了进一步发展的良好机遇。因此,宏观经济的持续向好必然引发对甲醇需求的增加,对其价格的上涨是一种基础性的拉动。

四、国家政策对甲醇价格有何影响?

(一)产业政策

我国资源禀赋的特点是富煤、贫油、少气。随着当今世界石油资源的日益减少和甲醇生产规模大型化的实现,用甲醇作为替代能源已经成为一种趋势。甲醇替代的目标主要是:甲醇制二甲醚替代民用液化石油气和柴油,甲醇制烯烃替代化工原料用油,甲醇车用燃料代替汽油。

为了保障能源安全,国家鼓励发展替代能源,并出台了相关的鼓励政策。国家发展和改革委员会编制的《煤化工产业中长期发展规划》对煤制甲醇替代能源的发展进行了规划布局,《煤化工产业中长期发展规划》(征求意见稿)提出,到2010年、2015年和2020年,我国煤制甲醇年产量分别达到1600万吨、3800万吨和6600万吨;到2020年,煤制甲醇将占甲醇总量的94%;二甲醚年产量分别为500万吨、1200万吨和2000万吨,煤制烯烃年产量分别为140万吨、500万吨和800万吨,占烯烃总量的比例分别为3%、9%和11%。

在2006年《国家发展和改革委员会关于加强煤化工项目建设管理促进产业健康发展的通知》中,明确以民用燃料和油品市场为导向,支持有条件的地区,采用先进煤气化技术和二步法二甲醚合成技术,建设大型甲醇和二甲醚生产基地,认真做好新型民用燃料和车用燃料使用试验和示范工作。

住房和城乡建设部颁布的《城镇燃气用二甲醚》标准于2008年1月1日起正式实施,这表明二甲醚可以正式进入城镇作为替代燃料推广。国家计划在部分天然气供应紧张或尚未铺设天然气管线的地区推广二甲醚作为替代燃料。

除了上述国家重大的能源和产业发展政策外，国家有关部门出台的与甲醇及其上下游产品的相关政策也对甲醇价格产生影响。现举几例：

1. 2007年7月1日，施行新的出口退税政策，降低了甲醇乃至其下游产品的出口退税率，其出口退税率由17%降到了5%。此举抑制了甲醇的出口，对甲醇的价格是一种利空因素。

2. 2007年8月30日，国家发展和改革委员会制定的《天然气利用政策》正式颁布实施。根据统计，我国甲醇在建、拟建项目中约有500万吨的产能是以天然气为原料，占总产能的26%。根据《天然气利用政策》规定，对已建用气项目，维持供气现状。在建或已核准的用气项目，若供需双方已签署长期供用气合同，按合同执行；未落实用气来源的应在限定时间内予以落实。因此，《天然气利用政策》对于已建成的天然气制甲醇企业并没有影响，而国内通过核准的以天然气为原料的甲醇拟/在建项目大部分也已落实了气源，所以也不会受到很大影响。真正受到影响的是一些没有通过审核的甲醇拟建项目和小部分没有落实气源的企业。《天然气利用政策》的出台使得部分拥有天然气资源优势的地区不能再新建、改扩建甲醇项目，在一定程度上延缓了甲醇行业产能扩张的步伐。

3. 2007年11月10日起，根据国家发展和改革委员会《关于调整天然气价格有关问题的通知》，全国陆上各油气田供工业用户天然气的出厂基准价格每千立方米提高400元。此举将直接导致天然气制甲醇生产成本随之大幅上涨400元/吨左右。

4. 2008年6月30日，财政部和国家税务总局联合下发《关于二甲醚增值税适用税率问题的通知》。将二甲醚适用增值税税率自2008年7月1日起，按13%的增值税税率征收增值税。比原来的17%下调了4%。市场人士认为此举将引发上游原料甲醇需求的增加。

5. 为确保北京奥运会及残奥会的顺利进行，北京市政府在奥运期间将对甲醇等257种化学品实施管制。管制内容包括三点：一是在5月1日至10月17日期间，对257种化学品实施定点、许可销售制度；二是购买、运输管制化学品实行凭证管理制度；三是销售管制化学品实行实名登记制。同时，为了防治易燃易爆物品流入到北京等奥运赛区城市，公安部门将对甲醇等危险品生产与运输实行临时管制措施。2008年6月1日~10月10日，运往或者途经北京、天津、秦皇岛、上海、沈阳、青岛和香港7个奥运会赛区城市的各类危险物品将一律停止审批。

为了配合政府的管制行动，奥运会期间部分企业调整生产计划，奥运停产期间安排检修，维护设备，生产企业将减产压产，而下游用户则将提前囤积原料来保证奥运期间生产。运输上，铁路严禁租用槽车、禁止到期槽车上路，强制性停运以及部分高速路段限运，都在一定程度上影响减少了市场供应，对甲醇相关企业的正常生产经营造成一定影响，甲醇的市场价格5月创出近5000元/吨的新高。

6. 2009年11月1日，由国家标准化管理委员会公布的《车用燃料甲醇》国家标准实施。同时，《车用甲醇汽油（M85）》国家标准于12月1日开始实施。两个标准规范了车用甲醇燃油的使用，甲醇也由此"名正言顺"地成为汽车替代能源的一员。市场认为该标准出台对我国相对过剩的甲醇产量来说，或许是一个消化过剩产能的新出路。

7. 2009年12月，国务院发布《关于抑制部分行业产能过剩和重复建设引导产业健康发展若干意见的通知》（国发［2009］38号），其中对合成氨和甲醇实施上大压小、产能置换等方式，降低成本、提高竞争力，提出了抑制过剩产能的总体要求。

8. 2011年3月23日，国家发展和改革委员会发出《关于规范煤化工产业有序发展的通知》（发改产业［2011］635号），明确禁止建设年产100万吨及以下煤制甲醇项目，年产100万吨以下煤制二甲醚项目等煤化工项目。3月27日，国家发展和改革委员会公布《产业结构调整指导目录（2011版）》，将天然气制甲醇、100万吨/年以下煤制甲醇生产装置（综合利用除外）列为限制类。一系列政策的发布，将严格限制甲醇产能的无序扩张与盲目建设，对规范行业发展起到积极作用。

9. 2011年7月1日起实施的《城镇燃气二甲醚国家标准》，明确了二甲醚作为城镇燃料的使用规范，解决了流通以及消费领域的标准问题，长期看有利于促进二甲醚的消费增长，但是由于国家标准的实施和执行需要时间和过程，短期内可能对二甲醚的消费产生抑制作用。

（二）货币政策

货币政策是指中央银行为实现既定的经济目标（稳定物价，促进经济增长，实现充分就业和平衡国际收支）运用各种工具调节货币供给和利率，进而影响宏观经济的方针和措施的总和。货币政策对甲醇价格的影响，一方面体现为市场流动性的变化导致价格的变动，另一方面表现为货币政策对宏观经济的影响进而对商品价格产生的影响。

货币政策对甲醇价格走势的影响要结合货币政策实行所存在的经济环境背景。当经济处于复苏和快速膨胀状态时，宽松的货币政策会加速甲醇价格上涨；紧缩的货币政策则会抑制甲醇价格的上涨。当经济处于回落和恶化阶段时，紧缩的政策会加剧经济的恶化，导致甲醇价格快速回落；宽松的货币政策则减缓甲醇价格回落，但往往改变不了下落的趋势。

延伸阅读："十二五"甲醇行业发展政策

我国在应对资源环境问题上特别是应对全球气候变化上既面临节能减排的压力，也面临推动技术创新和新增长点的形成、以破解资源环境难题为重要突破口推动结构调整和发展方式转变的压力。

现阶段我国"低碳经济"的主要含义：一是减少或节约高碳化石能源的消耗；二是节能减排。低碳经济就是以低消耗、低能耗、低污染为基础的经济。

我国仍处于工业化的中期阶段，发展的任务仍然很重。国务院已经确定到 2020 年全国单位国内生产总值二氧化碳排放比 2005 年下降 40%～45%，作为约束性指标纳入"十二五"及其后的国民经济和社会发展中长期规划，并制定相应的国内统计、监测、考核办法加以落实。此目标也将成为我国发展低碳经济的量化考核目标。

目前我国石油和化学工业的产业结构仍以基础原材料的生产为主，高附加值、精细化的产品比重偏低，落后产能仍占有相当大的比例，高耗能的基础原材料产品的平均能耗比国际先进水平要高 20% 左右，因此，我国石油和化学工业仍有一定的节能潜力。

化学工业具有产业链长、能量利用等级多等特点，采取园区化发展我国的化工产业具有可实现隔墙供应、能量优化利用等特点，已经成为我国各地方发展化工产业的必由之路。

全行业有不同规模和所有制企业10万余家，规模以上企业2万多家，20余种主要石油化工产品的产量居世界前列。在国家公布的千家重点耗能企业中，石化企业有340家，占1/3；在环保部公布的废气、废水污染源国家重点监控企业中，石油和化工企业分别有482家和803家，占13.4%和25.8%。

第一，严格控制甲醇产能盲目发展，加快淘汰落后生产能力。"十二五"期间甲醇行业要从提高能源转化效率、优化产业布局、严格准入条件三个方面入手，加强对产业发展的引导，要严格新建项目的审批，提高准入门槛，遏制盲目建设，进一步提高行业集中度，鼓励兼并重组、强强联合。支持业内龙头企业、能源企业，通过兼并重组优化资源配置，整合生产要素，实现优势互补和资源共享，形成大型化和集约化的企业集团，提高产业集中度。

第二，全面提高甲醇现有装置的技术管理和节能降耗水平，要加强甲醇生产过程的关键和前沿技术攻关，加大核心技术装备的开发和应用。重点解决国产干煤粉气化进一步大型化和提高气化压力的技术问题、高效压缩机国产化问题、高效低压甲醇合成大型化问题以及褐煤高效洁净综合利用技术，推进煤的洁净利用，提高高灰、高硫、低热值劣质煤的综合利用水平，推广连续加压煤气化、低压法甲醇合成、精脱硫、中低压甲醇合成催化剂等先进技术，淘汰和限制落后的工艺和设备，改善企业装备状况，按照园区化、集约化模式和发展循环经济、保护生态环境的要求，进一步优化产业布局，推进产能向资源地集中的政策，支持和鼓励中西部地区依托资源优势发展的大型甲醇项目。"十二五"期间，随着技术装备水平提升和管理水平加强，甲醇行业一定要在能耗、水耗、原材料消耗和生产成本上一个大的台阶，在清洁生产方式上达到新的水平，全面提升甲醇产品的市场竞争力。

第三，加快煤制稀烃示范工程的完善、评价和成熟技术的适度推广工作。甲醇制烯烃（MTO/MTP）示范项目在"十一五"期间的先期试点已取得成果，"十二五"期间甲醇制烯烃将会适时、适度得到发展，成为甲醇下游应用的新兴方向，要加强对煤制稀烃示范工程的完善、评价和成熟技术的适度推广工作。对已开展的甲醇制烯烃、甲醇汽油、甲醇燃料等示范（试点）项目进行技术、经济、环境测评和总结工作，完善相关标准，提出明确的发展指导意见，使甲醇下游应用开发稳步、有序、健康进行。这不仅对打破甲醇的下游应用瓶颈有重要意义，对实现烯烃原料轻质化、多元化，解决替代化石能源等都具有重要的战略意义。

第四，积极推进甲醇燃料及甲醇下游技术研发，引导甲醇行业持续、稳定、健康发展。

高度重视自主创新能源体系建设，甲醇生产企业应根据自身技术优势及技术发展战略，组建技术发展方向、明确的企业技术中心、工程技术研发中心，加强技术创新。甲醇企业必须不断提高企业研发投入强度，为技术创新提供资金保障。技术研发费用应不低于销售收入的1%，并且应逐年增加。有条件的企业研发投入应达到国家对高新技术企业的要求（不低于3%）。

五、国际能源价格如何影响甲醇价格？

天然气是国际甲醇生产的主要原料，天然气价格的波动必将影响国际甲醇价格的波动。原油是与天然气、煤炭并列的基础性能源，是国际能源价格变动的风向标，而天然气、煤炭均是甲醇的重要原料，因而油价的变动及传导对甲醇价格也有着重要影响。

（一）天然气价格对甲醇价格的影响

由于世界上80%以上的甲醇基本上是用天然气作原料，因此，天然气价格的波动，必将影响国际甲醇价格的波动。例如，2008年，国际天然气价格出现了大幅上涨,以美国 HenryHub 的天然气价格为例,2007年年底为7.16美元/百万英热单位;2008年5月底的价格达到了11.31美元/百万英热单位,上涨了57.9%。受成本推动的影响,国际甲醇价格持续上涨,也带动了国内甲醇价格出现了大幅上涨。2009年,国际天然气价格在低价位徘徊。以美国 HenryHub 的天然气价格为例,2009年3~7月的天然气价格分别为3.95、3.52、3.74、3.96美元/百万英热单位。这带动了国际和国内甲醇价格大幅回落。

(二) 原油价格对甲醇价格的影响

作为与天然气并列的重要能源,国际原油价格也对甲醇的价格有重要影响。国际甲醇产业的一个主要发展方向是以甲醇作为清洁能源,取代价格日益高企的石油能源产品。所以国际原油的价格直接决定了甲醇作为替代能源的价值,进而影响甲醇的市场价格。另外,由于石油、天然气和煤炭可以在多种场合相互替代,原油价格也直接影响天然气、煤炭的价格,在甲醇生产中体现为原料成本的变化,间接影响其市场价格。2007年,国际原油价格一路高企,是推动国际甲醇价格走高的重要原因。

1998~1999年国际油价较低,因而甲醇价位也较低。从2000年起因国际油价上扬甲醇价格也随之走高,油价居高不下,且不断上扬,导致甲醇价格也难下调。而2008年国际油价大幅回调后,国际和国内甲醇价格也随之纷纷回落。近来随着油价高位盘整,甲醇价格波动也较大。

(三) 煤炭价格对甲醇价格的影响

国内甲醇生产以煤为主,煤的价格在一定程度上决定国内甲醇的生产成本,进而影响甲醇价格。

据测算,以天然气、油、煤为原料生产甲醇,其相对成本比为100:140:150。我国现有甲醇生产装置约200套,多以煤为原料,采用合成氨联醇法生产,生产能力一般在6万吨/年以下。以天然气为原料的甲醇企业仅有四川维尼纶厂、陕西榆林天然气化工公司、大庆油田甲醇厂、陕西长庆油田甲醇厂、四川江油甲醇厂等,规模多在10万吨/年左右。由于规模小,生产能力低,又大多以煤为原料,我国甲醇整体生产成本偏高。2010年,以天然气为原料的甲醇企业完全成本超过2400元/吨,以烟煤为原料的甲醇企业完全成本超过2200元/吨,以无烟煤为原料的甲醇企业完全成本超过

2500元/吨。国内甲醇生产成本的上升，也将使甲醇价格处在一个较高位置。

> **延伸阅读：甲醇不同生产工艺的成本比较**
>
> 1. 煤炭。
>
> 生产1吨甲醇所消耗的原料煤与所采用的气化工艺、煤质及企业的生产、技术管理水平都有很大的关系，表4-1显示了在不同原煤价格水平上的甲醇制造成本及完全成本。
>
> 表4-1　　　　　　　　煤制甲醇成本　　　　　　　　单位：元/吨
>
> | 原煤价格 | 150 | 250 | 350 | 450 | 500 | 600 |
> |---|---|---|---|---|---|---|
> | 甲醇制造成本 | 853.90 | 1065.90 | 1277.90 | 1489.90 | 1595.90 | 1807.90 |
> | 甲醇完全成本 | 987.31 | 1199.31 | 1411.31 | 1623.31 | 1729.31 | 1941.31 |
>
> 资料来源：根据《2008年甲醇行业工作会及甲醇及相关产品展销会论文集》中《煤制甲醇技术经济分析》一文中资料整理。
>
> 注：(1) 自建热电站满足60%用电；甲醇规模60万吨/年，固定资产投资为25.4亿元（不包括厂外工程）；
>
> 　　(2) 每吨甲醇耗原料煤1.52吨，燃料煤0.6吨；6.5MPa水煤浆气化技术；Lurgi水冷—气冷甲醇合成技术。
>
> 煤炭作为我国甲醇的重要生产原料，其价格涨跌对甲醇的价格涨跌有直接影响。图4-2显示了近年来秦皇岛大同优混（6000千卡/千克）与华东地区甲醇平均价的关系。总体而言，随着煤价的上涨，甲醇价格也随之上涨；反之亦然。
>
> 国内焦炉气综合利用制甲醇成本在1000元/吨左右，比煤制甲醇成本低，竞争能力强。但2007年国家提出限制炼焦能力扩张，关停一批小焦化企业，焦炉气制甲醇受气源制约；同时，技术上也面临着推广的问题，因而总生产能力有限，对市场影响较小。

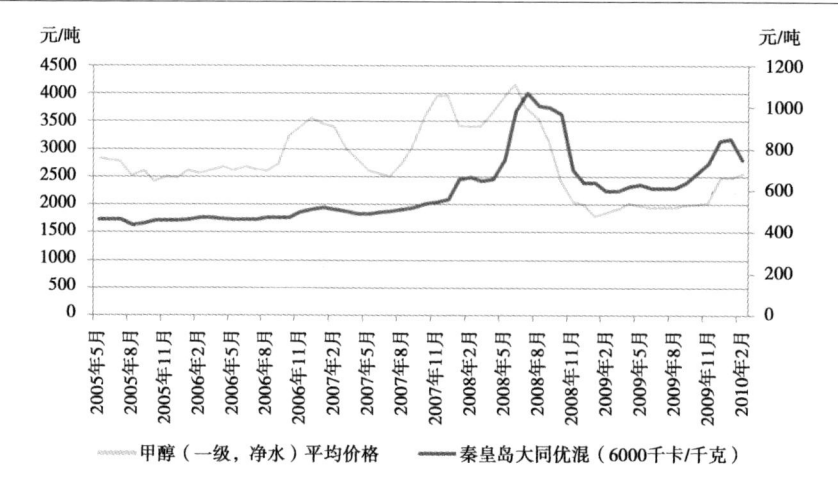

图4-2 2005年5月~2010年2月甲醇和煤的价格变化

数据来源：根据中国煤炭资源网数据整理。

2. 天然气。生产1吨甲醇所消耗的天然气与生产工艺、天然气纯度及企业的生产、技术管理水平有很大关系。表4-2显示了在不同的天然气价格水平下甲醇的制造成本及完全成本。

表4-2　　　　　　　　天然气制甲醇成本

天然气价格	元/m³	0.8	1.0	1.2	1.4	1.6
制造成本	元/吨	1371.6	1551.6	1731.6	2011.6	2291.6
完全成本	元/吨	1567.6	1764.6	1961.6	2158.6	2355.6

注：(1) 甲醇规模按60万吨/年，固定资产投资16.1亿元；

(2) 每吨甲醇天然气消耗900m³/年（CH4 95%），参考国内两套已投产20万吨/年和在建85万吨/年（天然气消耗888m³/年）估算60万吨/年消耗指标；

(3) 天然气转化采用蒸汽转化和部分氧化相结合的技术。

资料来源：根据《2008年甲醇行业工作会及甲醇及相关产品展销会论文集》中《煤制甲醇技术经济分析》一文中资料整理。

国内主要甲醇生产企业出厂价格各主要生产厂家的甲醇出厂价格实际上综合反映了生产厂家因原料、经营管理、产品质量不同，导致的价格变化。总体而言，各个生产厂家的价格走势基本保持一致，出厂价格从高到低的顺序依次是上海焦化厂、四川泸天化、山东兖矿鲁南化肥厂、河南平煤蓝天、陕西榆林甲醇厂（见图4-3）。

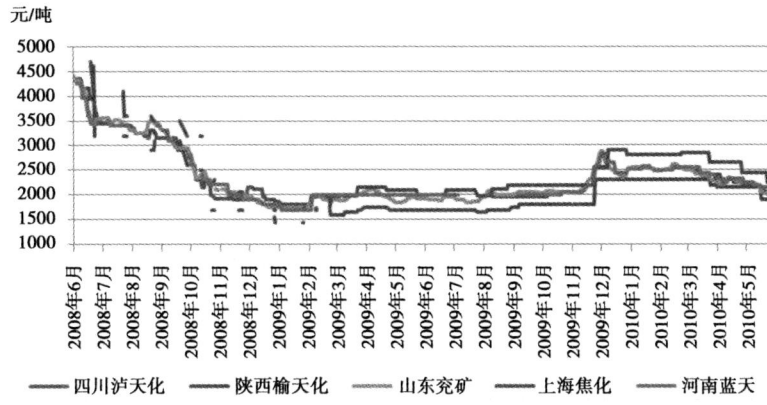

图4-3　2008年6月~2010年5月国内甲醇主要
生产企业出厂最高价对比图

数据来源：金银岛网站。

六、国内外新增产能及甲醇装置的开工状况如何影响甲醇价格？

甲醇、二甲醚燃料和甲醇制烯烃的预期消费刺激了甲醇的大规模建设，未来国际市场上的新增产能将对我国甲醇市场造成巨大的外部冲击。

2002年3月以来，国内甲醇价格呈现一种稳步上扬走势，甲醇生产利润较为可观，新增甲醇装置大量涌现，使得我国甲醇的产能大幅度增加。截至2007年年底，我国已有甲醇生产企业200多家，产能合计1697万吨/年。受甲醇下游产品需求的强劲拉动以及对甲醇燃料和甲醇制烯烃之路前景的看好，现有大量甲醇装置在建或者即将投产。"十一五"期间我国新建、拟建甲醇项目共42个，其中"十一五"期间可以投产的项目为35个，产能合计1200万吨/年。2008年，国内甲醇产能为2338多万吨；2009年，国内甲醇产能增加了 379 万吨，总产能达到 2717 万吨。2010 年国内甲醇总产能增加至 3757 万吨。我国释放的大量产能与国外巨大的甲醇产能"迎头相撞"，必将对未来甲醇价格造成广泛而深远的影响。

由于甲醇装置日趋大型化，年产百万吨级装置已投入运行，这些大型或超大型装置一旦检修或意外停车均会影响市场供应从而引起价格波动。

例如 2002 年年末，马来西亚纳闽岛（Labuan）的 66 万吨/年装置因故障处于低负荷运行，印尼 Kaltin 甲醇公司 66 万吨/年装置因天然气供应不足而以 75% 负荷运行，导致东南亚市场甲醇价上涨到 210～220 美元/吨（到岸价），国内甲醇也上涨到 2130～2200 元/吨。

再如，2006 年 8 月下旬开始，在两个月的时间里，国内甲醇市场价格上涨了 50% 左右，其主要原因是受海外装置集中停产，国际市场甲醇供应骤减，价格暴涨的影响。2006 年 7～8 月，国际上一些大的甲醇装置相继停产或检修。8 月中旬，大西洋甲醇生产公司（AMPCO）在赤道几内亚的 110 万吨/年甲醇装置，由于事故造成完全停工，而其在特立尼达的 189 万吨/年装置也在 7 月中旬进行非计划停工检修，直到 9 月初才重新开车；委内瑞拉 Super Metanol 公司 78 万吨/年甲醇装置于 7 月 29 日出现故障停车；印尼 PT Medco 公司于 8 月 22 日关闭了其一套 35 万吨/年甲醇装置，进行为期 1 个月的计划内检修；伊朗国家石化产品公司延迟了其在 Assaluyeh 的 170 万吨/年甲醇装置生产，到年底才开车。受此影响，美国甲醇现货市场价格在 2006 年 8 月底和 9 月初创下了历史最高纪录，加上欧洲本地甲醇装置正处于年度计划检修期，推动了欧洲甲醇价格的上涨。资料显示，美国市场甲醇价格从 8 月中旬开始上涨，最高达 783 美元，比年初上涨 145%；欧洲市场甲醇价格最高也达 540 美元，比年初上涨 77%。欧美甲醇市场价格的大幅上涨，拉动了国际市场整体行情的上升。8 月末，Methanex 公司甲醇对亚洲 10 月的合同价格涨至 550 美元（CFR），比 9 月上涨了 130 美元。

七、分析甲醇下游需求时应关注哪些因素？

分析甲醇下游需求时，需要重点关注下游甲醛、甲醇汽油、二甲醚、醋酸、甲醇制烯烃对甲醇的需求状况。

目前，甲醛在甲醇消费结构中占据第一位，甲醛消耗量约占甲醇总消费量的27%左右。近两年来，甲醛对甲醇的消费年均增长率超20%。房地产和木材加工业是甲醛的主要用户，约占甲醛消费总量的80%，房地产和木材加工业的发展速度将直接影响甲醛消费增长速度。

醋酸作为甲醇的另一种下游产品，2007~2008年我国醋酸工业经历了一个新建和扩建投产高峰，成为世界上最大的醋酸生产国家。2010年我国醋酸表观消费量达到了396万吨，消费量最大的领域主要是PTA、醋酸酯和醋酸乙烯/聚乙烯醇等。

至于甲醇的三大潜在市场（甲醇汽油、二甲醚、甲醇制烯烃），2010~2015是成长期，用量较快增长；2015~2020则是高速发展期，用量高速增长；2020年以后将步入稳步发展期。虽然目前我国甲醇制烯烃和二甲醚等下游新的消费领域还存在诸多不确定因素，但未来具有巨大的发展空间。

八、甲醇运输成本是如何影响甲醇价格的？

中国能源基地的分布以内陆居多，运输风险加剧。因为大部分在建拟建甲醇装置都在蒙、陕、豫、晋等西部地区，外运到主要消费地是以铁路为主；而我国现在铁路运力相当紧张，在未来相当长的时间内运力不会有根本性提高，运费也呈现上涨趋势。同时，甲醇的特性要求使用专用槽车，空返且运力浪费，使铁路运输的紧张程度进一步加剧。这种紧张状况使内地甲醇到沿海地区的稳定性、灵活性不够，不能及时根据顾客需求进行调整。近几年，随着油价的上涨，甲醇运输费用也在逐年走高。运输成本在甲醇价格中占有很大的比重（15%~30%），其变化会对甲醇价格产生较大影响。

延伸阅读：国内主要地区甲醇价格及相互比较

国内甲醇市场基本上划分为以下几个区域：华东市场（江苏、山东、安徽、浙江、福建）、华南市场（广东）、华北市场（山西、河北）、华中市场（河南、两湖）、东北市场、西北市场（新疆、陕西）、西南市场（四川、重庆）。其中，以华东市场、华南市场和华北市场为主。华东地区装置能力占全国的38%左右，居国内首位，产销量也处于全国第一。

国内分地区市场甲醇价格走势基本类似。华东地区的价格具有全国代表性，华北地区价格低，华南地区价格一般较其他区域市场高。

如果以张家港地区为基准价，则现货贸易中一般按表4-3所列标准收取地区差价：

表4-3　　　　　　　　现货贸易地区升贴水

省（市）	升贴水
江苏省	0元/吨
浙江省	50元/吨
宁波市	50元/吨
河北省	-100元/吨
河南省	-100元/吨
湖北省	-50元/吨
山东省	-300元/吨
广东省	100元/吨

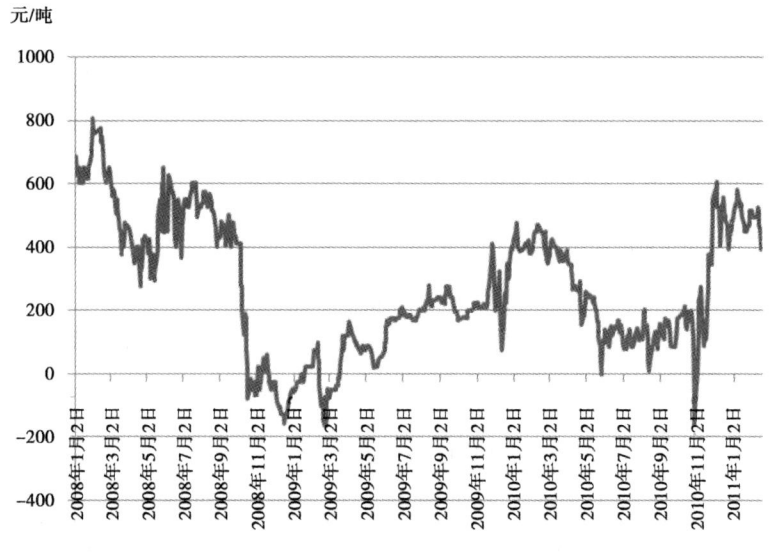

图4-4　2008年1月2日~2011年1月2日
华东与华北地区甲醇平均价格差价

如图4-4所示，在2008年1月2日~2011年1月2日的大部分时间内，华东地区甲醇价格要比华北地区高，两地区甲醇平均价差为266元/吨，最高价差超过800元/吨，不过在个别月份会出现倒挂情形。

如图4-5所示，在2008年1月2日~2011年1月2日的大部分时间里，华南地区甲醇价格高于华北地区，仅有少数时段（2008年年底至2009年年初）华北地区价格高于华南地区。两地甲醇价差均值为292元/吨，最大价差超过800元/吨。

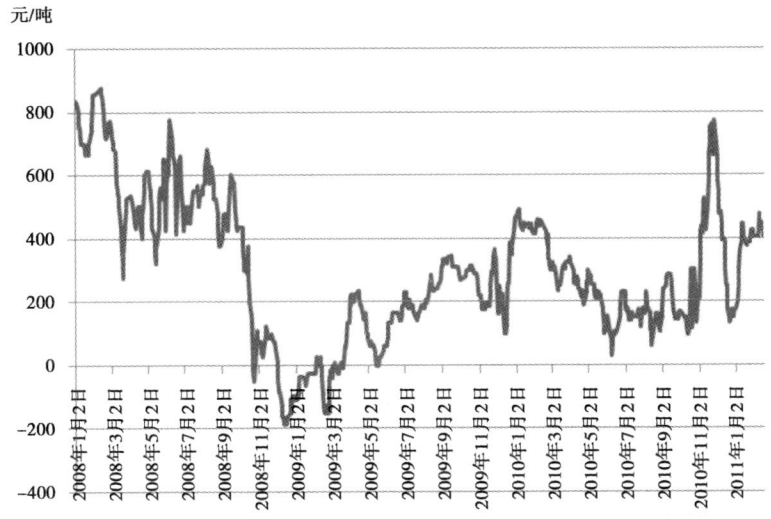

图4-5　2008年1月2日~2011年1月2日年华南与
华北地区甲醇平均价格差价图

华南与华东作为我国甲醇的两大消费区，其价差关系并不稳定。在图4-6所示的时间段内，高时，华东地区要高于华南地区300元/吨以上；低时，华东地区甚至低于华南地区400元/吨以上，反映了这两个地区甲醇价格的影响因素并不相同。华南地区受国外进口及海南建滔甲醇生产状况的影响较大，呈现出较强的区域性市场特征。这也是宁波都普特液体化工交易网在甲醇盘之外，又增挂粤甲醇盘的原因。这一情况可能会对以华东地区为基准价的甲醇期货价格的代表性以及两地之间升贴水的设置产生影响。

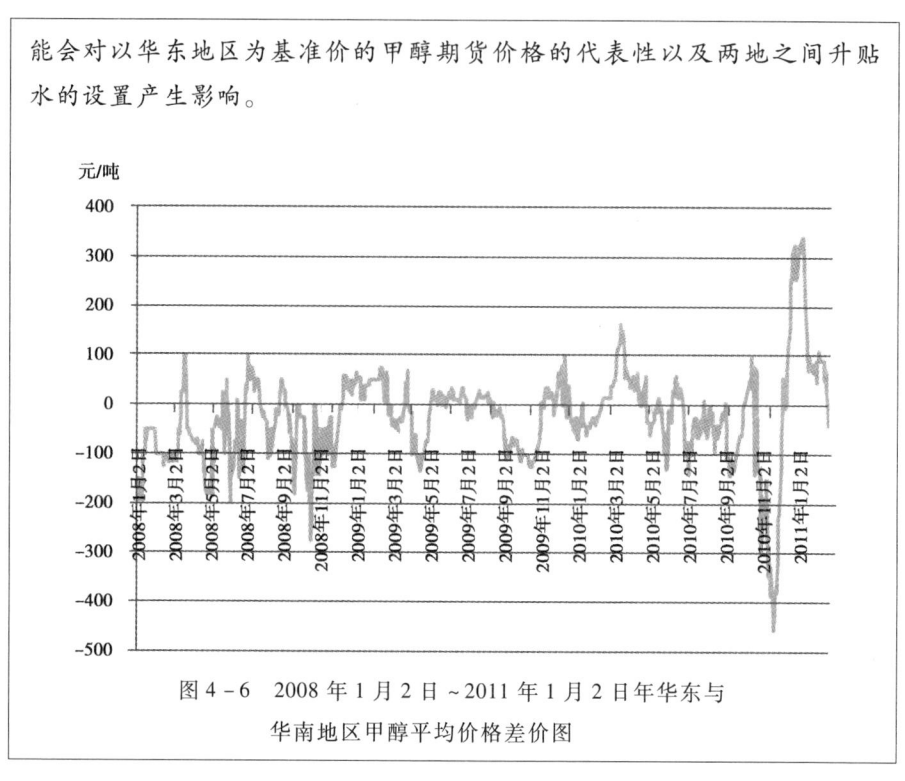

图 4-6　2008 年 1 月 2 日~2011 年 1 月 2 日年华东与华南地区甲醇平均价格差价图

九、甲醇进出口对行情有哪些影响？

我国是世界上最大的甲醇消费国之一,也是世界上甲醇消费增长速度最快的国家之一,国际上一些大的甲醇生产商和经销商都把目标对准了中国市场。2004 年之前,中国每年进口 40% 左右的甲醇。2001 年进口 152.13 万吨,占 42.5%;2002 年进口 197.96 万吨,占 46%,进口甲醇对国内市场影响极大。前些年国内价格基本以进口甲醇到岸价为基准,然后加价 30%(含关税、商检费、仓储费、短途运输费、经销商利润等)形成国内市场价格。但由于近几年来我国甲醇生产能力大幅度提高,自给能力不断增强,国产甲醇在市场中的影响力越来越大,改变了进口甲醇影响国产甲醇价格的局面,甲醇进口量保持在相对较低的水平,并未对国内甲醇市场产生明显冲击。2007 年甲醇累计进口总量为 84.50 万吨,较 2006 年减少 25.04%;累计出口总量56.27万吨，较2006年大幅增长196%。2008年，我国进口甲醇144万吨，出口36.41万吨。近两年甲醇受中东低成本天然气路线大规模投产，进口量增长较快，对我国甲醇市场冲击较大。2009年，我国进口甲醇量增至528.8万吨，出口量降至1.39万吨；2010年进口518.9万吨，出口1.24万吨。如果国内甲醇生产成本进一步上升，将继续导致国外甲醇对国内市场的冲击。

据统计，我国甲醇产能已占世界总产能的1/4，而且目前国内在建和拟建项目较多，2010年国内甲醇总生产能力达到3757万吨/年，中国的贸易角色可能将由原来的甲醇进口国向出口国转变。目前，我国甲醇价格逐渐与世界接轨，并可能产生倒挂致使进口量逐年减少，这是国内甲醇市场与国际甲醇市场之间正在发生的转变。

> **延伸阅读：库存如何影响甲醇价格？**
>
> 第一，我们来分析交易所库存与市场供求情况的关系。交易所库存增加，一般是在市场行情预期走好或者期货价格持续大于现货价格时，期现套利的一种模式，期货市场做空，同时现货市场做多。市场套保仓、期现套利仓等会出现一个持续增加的过程。这个时候，现货市场的供求关系未必是供大于求，只是预计在未来供求会紧张，价格会上涨。交易所库存减小，一般是在市场对未来一定时间内甲醇看跌、行情看淡时候出现。特别是在期货价格低于现货时候，这个时候是一个反向市场，期现套利的盈利模式是在期货市场做多，在现货市场做空。一般在这种情况下，交易所库存会出现一个持续下降的过程。
>
> 总体上来看，交易所库存的变化趋势与期价的走势关联性很强，呈现正相关的特点。交易所库存的变化更多的是反映投资者对远期一段时间内供求关系情况或者价格走势的判断，往往对当前供求关系的影响不是很大。比如当前供大于求，只要期价上升，市场预期未来价格会继续上扬，那么交易所库存也会逐步增加。这种情况下，现货市场贸易商往往会囤积惜售，社会库存的规模在增加，通过这种方式，人为制造现货市场货源紧张，以期货价格拉动现货价格上扬。

第二，产业链内库存与市场供求情况的关系。一般来说，市场供给大于需求时，产业链内库存会处于一个高位。反之，产业链内库存规模会下降。按照库存持有机构的不同，可分为：生产商库存、贸易商库存与消费者库存三种。在经济不景气时候，库存通常集中在生产商和贸易商两个环节，这个时候也常常伴随着供大于求的情况。在经济景气时候，库存通常集中在贸易商和消费者的环节。通过估算产业链内库存的规模，进而判断整体产业的供求平衡情况，对分析中长期的价格走势有着重要的意义。

甲醇的仓储需要依托专业的液体化工仓库进行，而当前我国甲醇生产与消费区域不平衡，甲醇受运输条件影响较大，甲醇在不同地区、不同时段的价格与当地库存水平存在较明显的负相关性，表现为：库存水平较高，价格走低；库存水平较低，价格走高。

显性库存与隐性库存

在甲醇的期货市场上，投资者可关注体现甲醇供求关系变化的一个指标——库存。甲醇的库存又分为报告库存和非报告库存。报告库存又称"显性库存"或"交易所库存"，是期货交易所定期公布的其指定交割仓库甲醇的库存数量；非报告库存主要是指全球范围内的生产商、贸易商和消费者手中持有的甲醇的数量。贸易商库存表征着"蓄水池"的容量大小，库存水平偏高意味着市场流通环节不畅，价格上涨乏力，呈现走软迹象；而库存偏低，则表示市场成交尚可，具备上行动力。华东与华南港口库存对我国甲醇行情有一定影响，但其只是隐性库存的一小部分。由于这些库存无专门机构进行统计和对外发布，所以这些库存又称为"隐性库存"，也称"产业链内库存"。

库存规模情况是判断甲醇市场供求关系的一个重要依据。交易所库存都会有定期的报告，而产业链内库存的判断方法主要有两种：第一种是依靠对相关企业的走访，抽样调查、行业协会对库存规模的调查等方法进行收集信息、数据进而处理得到的；第二种是依靠历史或者经验数据，进行统计学的计算，从数学关系上找到其与容易得到的相关数据的统计关系。甲醇的社会需求增加会导致甲醇的库存下降，甲醇价格可能会受影响而上涨；反之亦然。

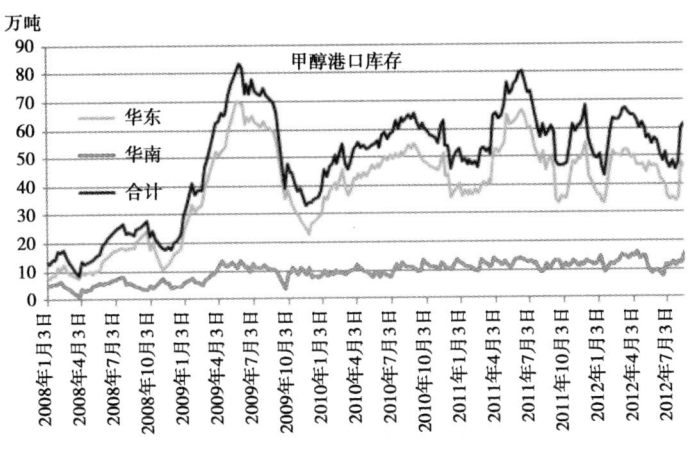

图 4-7 甲醇历年港口库存

延伸阅读：进口甲醇的成本如何计算？

进口甲醇的成本计算，也是要考虑关税、汇率、增值税等因素的，甲醇的进口关税为 5.5%、增值税 17%，如果汇率按 6.33 计算，那么计算公式应为如下形式：

甲醇成本价 = 外盘甲醇价 × 1.055 × 1.17 × 6.33（单位：元/吨）

由于进口有银行的 90 天信用证可以使用，而进口地多在中东等，一般 20 天左右可到达国内，如转手国内市场卖出或工厂直接加工，资金等于有 60 多天的占用时间，其中的融资作用，使得进口对国内现货一般亏损 100~200 元/吨，有时会亏损更多，但仍然被市场接受。

十、国内外价格联动程度对甲醇行情有什么影响？

近几年中国甲醇的进口依存度逐年提高，2007 年仅为 2.71%，2008 年达到 8.76%，2009 年猛增到 31.96%，2010 年下降至 24.73%。我国甲醇市场与国际甲醇市场紧密相连。国际甲醇市场的变化状况对我国甲醇市场有一定影响。如果国外甲醇价格过低国内甲醇价格过高，势必导致国外甲醇源源不断进入我国，这样就会拉低国内甲醇价格；反之，如果国外价格过高国内甲醇价格过低，进口甲醇就会明显减少，还会导致国内甲醇厂家纷纷想方设法出口，这样就会抬高国内甲醇价格。国际甲醇价格居于高位，不仅使得甲醇进口更为困难，而且会对国内甲醇价格产生一定的支撑作用。据海关数据统计，我国甲醇进口量在2009年、2010年猛增至500万吨以上。进口甲醇对国内甲醇企业的冲击明显。进口甲醇敲开中国市场大门的利器，是其低廉的价格。2008年国内甲醇市场销售价普遍在3000~3800元/吨，而进口甲醇的到岸报价只有1600~1700元/吨。进口甲醇主要来自中东地区。这些国家拥有丰富的天然气资源，近年来致力于向下游延伸石化产业链，不断投资建设大型石化生产装置。据不完全统计，2007~2009年伊朗、沙特阿拉伯、俄罗斯等国家已经投产和即将投产的甲醇产能就超过900万吨/年。中东地区的甲醇消费量很少，大部分以外销为主，中国是其主要的目标市场。据报道，其生产1吨甲醇大约用1000立方米天然气，按当地天然气价格，甲醇完全生产成本折合人民币只有1100~1200元/吨。相比之下，我国甲醇生产的主要原料是煤，其次是天然气和焦炉煤气。煤制甲醇约占总产能的61%。按每吨甲醇需用煤1.4~1.6吨计算，根据目前市场的煤炭价格以及其他加工成本，国内煤制甲醇的完全生产成本要在2200元/吨左右。大量低价甲醇涌入中国市场，加剧了国内甲醇市场供求矛盾，使国内甲醇价格难以随成本增加而上扬。

十一、天气因素如何影响甲醇价格？

天气因素对甲醇价格的影响主要来自两个方面：

一方面，由于天气因素导致甲醇下游产品主要是甲醛的生产发生变化，从而导致甲醇的价格变化。例如：我国南方地区6~8月，潮湿炎热的天气使得板材生产企业开工率降低，进入传统的淡季；甲醛生产商由于下游板材需求下降，也纷纷减少生产，带动甲醇的需求进入淡季。

另一方面，恶劣的天气或天灾等不可抗力常常干扰正常的交通运输，导致甲醇价格变化。

2006年7月，受强热带风暴"碧利斯"的影响，华南地区甲醇货源紧张，进口贸易商惜售心态强烈，不断抬高报价，当地行情也随之上涨，从月初的 2600 元/吨逐级攀升至 2750 元/吨。

2008 年年初南方雪灾，使得铁路运输不畅，致使产区甲醇库存压力增加，价格走跌，销区也因下游需求转淡，而使市场低迷。华东地区 1 月末，由于华东、华中等地区遭受雨雪天气，严重影响春运工作，部分道路仍存在积雪及冰冻情况，安徽、山东至江苏的汽运发货没有完全恢复。该地区甲醇企业以船运发货为主，到岸报价在 3100～3320 元/吨，主流商谈价格为 3080～3270 元/吨。高端货多来自山东，铁路运输同样受春运及雨雪天气影响，部分计划推迟。受此影响，华东港口甲醇到港货源极其稀少，但是由于汽运受阻，加之下游需求缩量，市场几乎交易停滞，部分贸易商暂停报价，另有部分贸易商出罐报价在 3300～3450 元/吨，买家提货困难，主流交易在 3200～3350 元/吨，下游部分厂家放假停车。虽然仍有部分工厂需要补货，但是港口货少价高，买家采购困难。宁波港口甲醇市场下游买家基于天气、物流状况开始备货，但由于其接货意向较低，港口交易冷清。受此影响，贸易商出罐报价在 3400～3450 元/吨，但主流出罐行情在 3250～3400 元/吨，3400 元/吨以上成交数量有限。

2009 年 11 月上旬中国北方地区普降大雪，河北、山西、河南的降雪程度为六十年一遇，局部地区甚至为百年一遇。无疑，暴风雪影响了陕西、山西、河北、山东等地的物流运输，从而影响了诸多行业的正常生产。公路、铁路运输受阻或中断，造成资源紧缺、原料紧张、运输困难，山东、河北等地区甲醇供应紧张，加之当地企业减产/检修，更加剧了甲醇供应紧张局面，企业大幅上涨出厂价格，创自 2008 年 10 月以来的新高。华东、华南沿海行情上涨至 2800～2850 元/吨，山东市场上涨至 2800～2880 元/吨，华北上涨至 2300～2800 元/吨，华中地区走高至 2600～2800 元/吨，西南、西北等其他地区的涨幅为 300～400 元/吨不等。此波行情连续上扬，涨幅之大、涨速之快大大出乎市场人士的预期，低迷 1 年的甲醇行业迎来了 2009 年最疯狂的时刻。

十二、甲醇价格有何季节性规律？

大多数商品由于生产、消费或多或少会有季节性特点，导致一年中部分季节价格走势呈现明显相对强弱不同的走势。甲醇产能过剩的季节性主要体现在需求变动方面。

年初价格承接上年年末走势,一般保持在相对高位。随着春节长假的临近,甲醇下游企业整体开工率下降,市场交易清淡。3月随着气温逐渐升高,甲醛、二甲醚需求逐步启动,迎来甲醇消费的小旺季。随后连续数月价格持续下跌或低位盘整,6月,受北方麦收、南方中稻播种农忙,加之南方地区入夏潮湿多雨,下游甲醛需求进入淡季的影响,甲醇价格多在此间探至年内最低。7~10月,国内外甲醇生产装置计划内或者意外停车检修较为集中,市场价格受到意外事件冲击较多;同时,甲醇下游产品二甲醚、甲醛等纷纷进入消费旺季,受此影响,甲醇价格往往快速攀升,多数在11月创下年内高点,随着年末市场需求的疲弱,价格见顶回落。

自 测 题

一、不定项选择题

1. 影响甲醇价格的主要因素有( )。

A. 宏观经济和国家政策

B. 国内外新增产能、大型装置的开工状况

C. 生产成本和运输成本

D. 下游需求

2. 宏观经济指标的分析可以大致判断甲醇消费增长的变化,这些指标具体来讲主要有( )。

A. GDP增长率　　　　　　　B. OECD领先指标

C. 制造业采购经理人指数PMI　C. 消费行业数据

3. 我国近年来涉及甲醇相关的调控政策主要有( )。

A.《煤化工产业中长期发展规划》　B.《车用燃料甲醇》

C.《城镇燃气用二甲醚》　　　　　D.《天然气利用政策》

4. 表观消费量是相对于实际消费量的一个概念,一般是指( )加( )。

A. 国内产量　　　　　　　　B. 港口库存

C. 交易所库存　　　　　　　　D. 净进口量

5. 中国能源基地的分布以内陆居多，大部分在建拟建甲醇装置都在（　　），而甲醇小幅市场主要在华东和华南地区，运输风险加剧。

A. 蒙　　　　　　　　　　　　B. 陕

C. 豫　　　　　　　　　　　　D. 晋

6. 甲醇的三大潜在市场有（　　）。

A. 甲醇汽油　　　　　　　　　B. 二甲醚

C. 醋酸　　　　　　　　　　　D. 甲醇制烯烃

7. 世界80%甲醇生产以（　　）为原料，在我国，（　　）的价格趋势在相当程度上决定甲醇的生产成本和价格。

A. 天然气　　　　　　　　　　B. 煤

C. 焦炭　　　　　　　　　　　D. 石油

8. 甲醇下游消费领域主要为甲醛、二甲醚、醋酸、甲醇汽油、甲醇制烯烃等行业，（　　）和（　　）是甲醛的主要用户。

A. 房地产　　　　　　　　　　B. 农药

C. 医药　　　　　　　　　　　D. 木材加工

9. 按照库存持有机构的不同，可分为（　　）、（　　）和消费者库存三种。

A. 交易所　　　　　　　　　　B. 贸易商

C. 生产商　　　　　　　　　　D. 社会库存

10. 我国进口甲醇主要来自（　　）。

A. 美国　　　　　　　　　　　B. 俄罗斯

C. 中东　　　　　　　　　　　D. 非洲

二、判断题

1. 制造业采购经理人指数 PMI 是较好的工业扩张与衰退的中短期指标，一般以 50 作为工业增长与衰退的临界状态。　　　　　　　　　　（　　）

2. 甲醇产能过剩就是市场实际的供给大于需求。　　　　　　　（　　）

3. 如果产品供不应求，上游原材料价格下跌产品成本处于下降状态时，则产品价格总方向上升的可能性较大，但因成本下降会遭遇潜在市场进入者

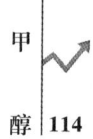

的威胁,并增加供应量,从而对价格会有下拉作用,宜谨慎看多。（ ）

4. 从甲醇需求的季节性来看,6月,南方地区入夏潮湿多雨,下游甲醛需求进入淡季的影响,甲醇价格多在此期间探至年内最低。7~10月,甲醇下游产品二甲醚、甲醛等纷纷进入消费旺季,甲醇价格往往快速攀升,多数在11月创下年内高点。随着年末市场需求的疲弱,价格见顶回落。（ ）

5. 当经济处于复苏和快速膨胀状态时,宽松的货币政策会加速甲醇价格上涨,紧缩的货币政策则会抑制甲醇价格的上涨。当经济处于回落和恶化阶段时,紧缩的政策会加剧经济的恶化,导致甲醇价格快速回落;宽松的货币政策则减缓甲醇价格回落,但往往改变不了下落的趋势。（ ）

6. 国内甲醇生产以天然气为主,煤次之。天然气的价格趋势在相当程度上决定甲醇的生产成本和价格。同时,天然气价格趋势不仅取决于国内天然气的供求等因素,还在一定程度上取决于国际天然气价格走势。（ ）

7. 由于甲醇装置日趋大型化,年产百万吨级装置已投入运行,这些大型或超大型装置一旦检修或意外停车均会影响市场供应而引起价格波动。
（ ）

8. 交易所库存增加,一般是在市场行情预期走好或者期货价格持续大于现货价格时,期现套利的一种模式,期货市场做空,同时现货市场做多。市场套保仓、期现套利仓等会出现一个持续增加的过程。这个时候,现货市场的供求关系未必是供大于求的,只是预计在未来供求会紧张,价格会上涨。
（ ）

9. 恶劣的天气或天灾等不可抗力常常干扰正常的交通运输,导致甲醇价格的变化。（ ）

10. 我国是世界上最大的甲醇生产国和消费国。（ ）

参 考 答 案

一、不定项选择

1. ABCD   2. ABCD   3. ABCD   4. AD   5. ABCD
6. ABD   7. AB   8. AD   9. BC   10. C

二、判断题

1. 对　　2. 错　　3. 对　　4. 对　　5. 对
6. 错　　7. 对　　8. 对　　9. 对　　10. 对

第五章
甲醇上游企业如何利用甲醇期货

【本章要点】

本章以案例的形式详细介绍了甲醇生产企业如何利用甲醇期货规避风险、安排和指导生产经营活动。本章内容有利于引导甲醇生产企业合理利用期货工具。

一、甲醇期货对生产企业管理经营风险有什么帮助？

甲醇生产企业在生产经营过程中面临诸多风险。按风险所处生产环节来看，其面临的主要风险有以下几种：

第一是原材料的采购环节所面临的风险。众所周知，原材料采购成本是企业生产成本的主要组成部分。因此，当煤炭价格上涨时，企业将面临成本增加的风险。

第二是产品的销售环节所面临的风险。鉴于企业生产的计划性很强，且每月的产量相对稳定，一旦市场价格步入跌势，企业很难保证未来下线的产品能够盈利，特别是对于产品价格随行就市的甲醇行业。

第三是企业库存环节所面临的风险。除尚未完成销售的甲醇需存放在仓库之外，甲醇生产企业还需维持一定数量的煤炭库存。在这种情况之下，一旦煤炭和甲醇价格持续回落，原材料库存和产品库存将面临价值大幅缩水的风险。

这种价格的不稳定性会给甲醇企业的生产经营带来极大的困难。随着全球经济一体化的推进及市场化程度的提高，价格波动将更为频繁。甲醇期货市场的存在，为企业提供了规避此类风险的场所和工具。

一般而言，甲醇生产企业采取的是卖期保值的操作方式，也就是持有现货的同时在期货市场上卖出相应的期货合约，也可以不持有现货，但是在期货市场上卖出的量是该企业在合约交割前所能生产出来的量。

延伸阅读：国内主要有哪些生产甲醇的上市公司？

与甲醇相关的 A 股上市公司如表 5-1 所示：

表 5-1　　　　　　与甲醇相关的 A 股上市公司

上市公司	代码	资料
远兴能源	000683	年产甲醇 135 万吨
云维股份	600725	年产甲醇 30 万吨，用焦炉气生产
泸天化	000912	年产甲醇 40 万吨
柳化股份	600423	年产甲醇 8 万吨
华鲁恒升	600426	年产甲醇 32 万吨
ST 黑化	600179	拥有年产 3 万吨甲醇装置，规划年产 40 万吨甲醇和 10 万吨二甲醚项目
*ST 太化	600281	具备年产 6 万吨甲醇产能，计划建设年产 20 万吨甲醇配套工程
天富热电	600509	年产甲醇 30 万吨项目在 2008 年 3 月开始动工

续表

上市公司	代码	资料
ST 香梨	600506	公司已全面完成对新疆联合化工有限责任公司的收购工作，要求新联化在 2008 年下半年建成甲醇生产线并进行试生产
山西焦化	600740	甲醇年产 30 万吨规模，投资 5.8 亿元的 20 万吨甲醇改造项目
ST 鲁北	600727	2010 年产能 100 万吨
兰花科创	600123	10 万吨二甲醚项目 2006 年动工，2010 年二甲醚产能将达 100 万吨
天茂集团	000627	投资 5.17 亿元建设 40 万吨二甲醚项目，纯规模已达 6 万吨/年
太工天成	600392	占股 40% 的山西天成大洋建设年产 40 万吨甲醇，20 万吨二甲醚基地
兖州煤业	600188	7.76 亿元控股兖州煤业榆林能源，建设 230 万吨甲醇生产基地
天科股份	600378	拥有煤和焦炉气低压合成甲醇气相催化脱水生产二甲醚装置
广汇股份	600256	投资 20 亿元增资广汇新能源，大力发展甲醇二甲醚项目
中国神华	601088	4 个项目在建，其中位于鄂尔多斯的有 2 个，一个利用自主研发技术的投资 100 亿元的 100 万吨产能项目，将在明年建成，并将在 2012 年至 2013 年扩张至 500 万吨；另一个是利用中科合成油技术的 16 万吨产能项目

二、甲醇生产企业如何参与套期保值降低库存风险？

【案例 5-1】

一、甲醇生产企业经营状况分析

（一）企业及周边概况

AAA 公司是煤制甲醇生产企业，年产能 60 万吨。公司 160 公里销售半径内有多家二甲醚、甲醛、MTBE 和 DMF 生产企业，甲醇年需求量达到 150 万吨。AAA 公司所在地与甲醇期货基本交割仓库——江苏张家港地区价差在 100 元/吨上下震荡（50~150 元/吨）。公司所在地地理优越，是不可多得的国内甲醇潜在集散地。

（二）企业风险敞口分析

1. 原料采购端——企业风险来源之一。对于企业来讲，煤炭在甲醇生产成本中的占比较高，因此企业面临的煤炭价格变化风险敞口较大。

2. 产品销售端——甲醇价格波动风险。近几年来，甲醇价格波动较大，在需求量较大的 1995 年曾一度上涨到 4350 元/吨，1998 年最低曾跌至 800~1000 元/吨，2008 年年内高点到低点跌幅曾达 60%，甲醇现货价格频繁较大波动，对甲醇生产企业实现稳健经营产生威胁。

3. 库存管理端——库存贬值风险。对于厂家来说，手头有库存或即将开工生产，虽时时刻刻担心日后价格下跌，却也只能被动地接受库存贬值的风险。此外，企业的生产计划往往会滞后于市场的变化，在甲醇销售不畅时容易产生更多的库存积压，甲醇价格的下跌又会进一步加剧库存贬值风险。

4. 总结——运用卖期保值规避销售及库存风险。从该生产企业整体的产运库销结构来看，上游、下游均处于敞口，但因企业以甲醇生产销售为主，故在此我们主要以规避产成品销售价格下跌及库存贬值风险为主，通过甲醇期货市场进行卖出套期保值（套保）操作。卖出套保有助于企业按原计划进行生产，以及执行销售计划。

二、企业参与期货套期保值战略规划

企业的生存是第一位的，故必须顺应市场，但市场是无情的，直接决定着企业的生存与发展。企业无法准确定位商品市场未来的变化，完全暴露在市场的风险之中，如何应对市场变化所带来的风险，是所有企业必须面对的。市场风险需要运用市场方法来解决，企业参与期货市场，既可增强企业对甲醇价格波动的抗风险能力，又能提高资金利用率，为顺利实现企业的长远发展规划奠定基础。

（一）明确套保目标

企业套期保值业务的主要目的是充分利用期货市场的套期保值功能，规避产成品销售价格下跌及库存贬值的风险，拓展新型的销售模式。

（二）建立套保管理机制

套保管理机制包括参与期货交易的组织结构、风险控制和财务管理。组织结构一般包括决策部门、期货交易运作部门和风险控制部门，三者适度分离。风险控制一般包括交易计划监督、交易过程监督和交易结果监督。财务管理一般包括控制公司参与期货的总资金和总规模，建立风险准备金制度和对企业利用期货市场控制风险进行财务评价。

三、企业套期保值案例

企业通过分析自身的风险来源认为，最大的风险来源即销售及库存风险。企业决定参与套期保值来规避库存贬值风险。

（一）预期套保：生产企业利用甲醇期货降低库存风险

11月初，企业积压10000吨甲醇库存，现货价格为3000元/吨，计划12月末出售，欧债与美债事件系统性风险难除，大环境偏空格局持续，下游迎来需求淡季，企业预期未来甲醇的过度供给导致现货价格回落。为避免未来销售价格下跌的风险，企业决定在郑商所进行甲醇期货预期型卖出套期保值，来对冲价格下跌的风险。

（二）操作策略

首先，企业拥有期货账户，并在期货市场对应的甲醇主力合约1203合约进行卖出操作。其次，根据现货销售情况进行适时平仓或者到期交割。风险控制方面，当期货价格上涨，企业采用到期交割的方式，利用期货平台进行甲醇销售。

（三）具体操作

1. 头寸设置。甲醇期货合约为50吨/手，针对现有10000吨现货库存进行套保，通过最优套保比率测算，企业决定以50%的保值率进行预期套保，在期货市场进行卖出100手对应期货合约。

2. 预期套保操作。企业根据现货预售时间，将套保头寸一次性卖出。在不考虑手续费等相关费用的情况下，该企业的卖出套期保值效果如表5-2所示：

表5-2　不考虑手续费相关费用情况下的卖出套期保值效果

交易日期	现货市场	期货市场
11月4日	担心销售价格下跌，现货价格为3000元/吨	卖出100手ME203合约；开仓价为3100元/吨
12月26日	按计划售出5000吨，价格为2800元/吨	买入100手ME203合约，平仓价为2700元/吨
盈亏情况	现货亏损：（3000-2800）×5000=100万元	期货盈利：（3100-2700）×100×50=200万元

注：期货市场的盈利完全弥补现货市场的亏损后仍有100万元的利润。

此方案中企业对甲醇库存提前进行了卖期保值，假设12月末甲醇价格下跌，企业如果不进行卖期保值，甲醇库存每吨亏损200元，做了套保后期货市场盈利400元/吨，弥补了全部库存贬值的损失。

什么是预期套保

传统套期保值认为，现货交易与期货交易行为要"同时"进行才能完全锁定利润或者规避风险。但是，现货企业的经营日益复杂，市场环境千变万化，企业在实际交易中很难严格做到"同时进行"。这个时候可以根据企业采购、生产和营销情况，结合市场走向预期分析，灵活确定套保的时机。

一般来说，期货的决策要与现货决策同步，或先于现货交易，因为企业经常会在对价格趋势判断的基础上调整其采购量，所以在期货保值上也应进行相应调整。如果认为价格将上行，那么企业可能需要在未来很长时间内逐步完成采购量，而如果期货价格有利时，就可以提早进行套期保值，从而在预期价格上涨过程中赚取超额利润。企业存有产品库存，预期未来过度供给将导致现货价格回落。为避免未来销售价格下跌的风险，企业可以在期货上做预期型卖出套期保值，来对冲价格下跌的风险。

如何计算净库存

无论对于生产企业、贸易企业,还是甲醇下游企业,库存控制都有着重大意义。以甲醇生产企业为例,一旦市场价格上涨,利润就会增加;而一旦市场价格急速下跌,在企业存货过多的情况下,就会使得利润大幅下降,影响企业生存和长期发展能力。

所谓净库存,是指现有存货减去积压订单。例如,一家生产企业 A 现有甲醇库存 30000 吨,在手销售订单总和为 22000 吨,那么净库存就是 8000 吨;又如,一家贸易企业 B 现有甲醇库存 3000 吨,已签订了 5000 吨的销售订单,那么净库存就是 -2000 吨。

如果未来市场价格下跌,前述生产企业 A 就面临着以更低的价格出售存货的风险,利润空间将被压缩。一旦市场价格上涨,贸易企业 B 就不得不以较高的价格进货 2000 吨,来满足销售订单的需求,如果价格涨幅过大,超过了订单签订的销售价格,那这家贸易企业不但没有通过中间贸易获利,反而是高买低卖形成亏损。所以说价格的不确定性使得企业面临很大的风险。生产企业的苦恼在于,如何确定合适的净库存。保持净库存为零是一种稳妥的方法,就是存货和订单数量相当,这样利润就大体确定下来。但是如果市场活跃,订单显著增加,或者未来一段时间价格大涨,企业却没有更多的货可卖,就会限制了企业的盈利空间。

有了甲醇期货市场后,相当于给甲醇企业提供了一个"体外库存"加一个"潜在客户"。企业可以将现货和期货市场操作结合起来,这样有两点好处:一是有效降低价格不确定性风险,比如现有库存过多,就在期货市场上开仓卖出部分产品,这样可以提前锁定部分利润,防止未来价格下跌带来较大的损失。二是保持生产和库存的范围更为灵活,企业可以根据生产能力、库容状况等灵活地安排生产和库存量。

我们把净库存的概念延伸。一起来看生产企业 A 的例子。前面说过,A 企业现有库存 30000 吨,在手订单 22000 吨,净库存 8000 吨。为了防止价格波动风险,企业可以在期货市场开仓卖出 160 手甲醇期货(1 手 = 50 吨,160 手合 8000 吨),相当于和期货市场这个"潜在客户"签了一个 8000 吨的订单。这样一来:

企业实际净库存 = 现有库存(30000 吨)- 在手订单(22000 吨)- 期货合约卖出(8000 吨)= 0

如果未来有新的客户订单,比如 6000 吨,那就在签订订单的同时在期货市场平仓买入 6000 吨。开仓到平仓这段时间,如果甲醇价格下跌了,企业新签订单的卖价会较低,但期货市场平仓获得了盈利,所以价格下跌没有给企业带来损失;如果甲醇的价格上涨了,期货市场将有亏损,但现货市场新签订的订单是以新的现货市场价格成交,两者盈亏大致相抵。期货合约的存在起到了保值的作用。在这个例子中，期货市场起到了"潜在客户"的作用，相当于作为甲醇企业产品的需求方与企业签订购销合约，只不过结算价格是以交割时的价格来计算，与传统的订单有所区别。

再看一个"体外库存"的例子。作为生产企业的"体外库存"，期货市场的特点在于，这个仓库产生的不是仓库管理费，而是期货交易佣金。所谓的库存是可以通过购买取得，不是通过企业生产获得，相当于生产企业多了一种供货渠道，当订单很多而生产能力不足以应付，企业又不想错过市场机会时，就可以通过期货市场买入合约来补充现有库存。如果期货处于超跌状态，当未来价格上涨时，企业就可以通过期货市场获取这一部分利润，避免现货不足错过了价格上涨的收益。

对于 A 企业来讲，前面例子中它的净库存是 8000 吨。假如此时企业又签了 9000 吨的订单，它的净库存就变成了 -1000 吨。此时，企业可以在期货市场开仓买入 1000 吨甲醇，作为供货及规避价格风险的保障。如果未来市场价格上涨，期货市场盈利，弥补现货市场提前签订合同错过的价格上涨部分的利润；如果未来市场价格下跌，期货市场有部分亏损，企业仍可以订单合同中先前签订的较高的价格卖出产品，相当于锁定了利润。

以上只是简化的例子。实际企业生产过程中，企业的产量、库存、订单都是在不断变化的。一个原则就是保持实际净库存为零，也即期货现货两个市场库存相抵，净值为零。

考虑更复杂一些的情况。甲醇的价格和其生产原料煤炭的价格有着很强的相关性。如企业购进 15000 吨煤炭，计划未来 3 个月生产 8000 吨甲醇。生产 1 吨甲醇大约需要消耗 1.5 吨煤炭，那么生产 8000 吨甲醇需要 12000 吨煤炭，还有 3000 吨煤炭未在生产计划中，可能会面临价格变动风险。这种情况下，企业也可以将煤炭净库存折算成甲醇，然后在甲醇期货市场开仓卖出，实现保值。3000 吨煤炭折合 2000 吨甲醇，加上计划生产 8000 吨甲醇，一共是 10000 吨。那就在期货市场卖出 200 手（50 吨/手）甲醇期货合约。未来，在现货市场卖出甲醇的同时，在期货市场买入相应的数量对冲平仓。由于两个市场变化趋势一致，一买一卖，在一个市场的亏损可以通过另一个市场的盈利来对冲相抵，企业就提前锁定了利润。

通过以上的分析可以看出，净库存是企业管理利润的一个有效方式。期货市场的存在则延伸了净库存的概念。保持现货和期货两个市场上总体净库存为零，实现完全的套期保值，可以为生产企业规避产品价格波动风险，对冲市场的大风大浪，实现平稳经营和长期健康发展。

三、甲醇生产企业如何利用期货市场拓展销售渠道、提前销售锁定预期利润？

【案例 5-2 甲醇生产企业卖出套保（锁定企业利润）】

4月初，甲醇现货价格是 2850 元/吨，某甲醇生产企业对此价格比较满意，但是甲醇 7 月才能出售。夏天，随着甲醇进入传统淡季，该企业对甲醇价格预期不好。为了避免价格下跌减少利润，企业决定利用甲醇期货做套保交易，交易情况如表 5-3 所示：

表 5-3　　　　卖出套期保值案例（锁定企业利润）

	现货市场	期货市场
4月份	甲醇价格 2850 元/吨	卖出 10000 吨（200 手）9 月甲醇期货合约，价格为 2900 元/吨
7月份	以 2650 元/吨的价格卖出 10000 吨	买入 10000 吨（200 手）9 月甲醇期货合约，价格为 2700 元/吨
结果	利润每吨减少 200 元，总利润减少 200 万元	每吨赢利 200 元，总赢利 200 万元
套保结果	净获利为 0 元，通过期货上的卖出盈利弥补了因现货市场价格下跌带来的利润减少或亏损	

从该例可以看出，通过这一套保交易，虽然现货市场出现了对该甲醇生产企业不利的价格变动，价格下跌了 200 元/吨，导致利润减少了 200 万元，但是甲醇期货市场上交易赢利了 200 万元，从而消除了价格不利变动的影响。若该甲醇企业不做套保交易，现货价格上涨可以得到高额利润，但是一旦现货市场价格下跌，该甲醇企业就必须承担由此造成的损失。相反，在期货市场上做了卖出套保，虽然失去了现货市场价格有利变动的盈利，但避免了现货价格不利变动的损失。

【案例 5-3】

某甲醇生产企业依据自身的现货生产成本，通过核算期货理论持有成本、以及企业自身的盈利目标，进而得出卖出保值成本，当期货市场价格高于卖出保值成本时，企业进行卖出保值就锁定了预期利润。

假定企业的甲醇生产成本为 2500 元/吨，期货价格为 2800 元/吨，卖出保值期货成本如表 5-4 所示：

表 5-4　　　　　　　　　卖出保值期货成本

A. 生产成本	2500 元/吨
B. 期货价格	2800 元/吨
C. 套期保值成本（1~8 项加总）	195.2 元/吨
1. 交易手续费	1.2 元/吨
2. 交割手续费	2 元/吨
3. 仓储费	30×1.5=45 元/吨
4. 出入库费	20 元/吨
5. 检验费	3 元/吨
6. 现货资金利息	54 元/吨
7. 期货资金利息	12 元/吨
8. 增值税	58 元/吨
D. 套期保值成本（A+C）	2695.2 元/吨
E. 预期利润（B-D）	104.8 元/吨

企业按照上述费用核算进行套利套保操作，11 月 18 日甲醇 ME203 合约价格为 2800 元/吨，企业参与套利套保操作可锁定 104.8 元/吨的利润，故果断入场参与卖出保值。

四、甲醇生产企业如何利用期货市场规避产品销售价格下跌风险？

【案例 5-4】

BBB 公司主要产品年生产能力为甲醇 30 万吨。生产甲醇的主要原材料为无烟煤和动力煤，企业有长期合作的原料煤供应商，按照协议每月采购一次，一月一定价，因此企业采购原料煤的成本相对固定，敞口风险较小。作

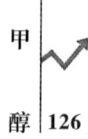

为生产型企业，BBB 公司的经营重点是甲醇现货销售，因为甲醇销售以市场定价，波动风险较大，所以企业在生产经营过程中面临着甲醇销售价格下跌的风险。自 10 月 28 日以来，山东甲醇市场现货出厂价持续下跌，截至 11 月 17 日甲醇出厂价格已跌至 2990 元/吨。由于甲醇下游产品即将进入销售淡季，企业预计 12 月份甲醇现货价格继续下跌的可能性较大；而对于来年 1、2 月份，因欧美经济低迷及国内继续执行房地产调控政策，甲醇下游产品消费难以提振，企业预计甲醇现货价格回暖的可能性较低，故选择在期货市场上进行卖出套保来规避甲醇价格下跌的经营风险。卖出套保的持有成本计算见表 5-5。

表 5-5　　　　　　　　　卖出套保的持有成本计算

交易费	20 元/手，即 0.4 元/吨（单边）
交割费	1 元/吨
检验费	入库取样及检验费用为 3500 元/批，按轮船一批 5000 吨计算，则为 3500 元/5000 吨 = 0.7 元/吨
入库费	10 元/吨（按火车入库费用计算）
仓储费	1.5 元/吨×天，时间按 4 个月算，则为 1.5×4×30 = 180 元/吨
仓单升贴水	-240 元/吨
现货资金利息	2930×6.65%×5/12 = 81.19 元/吨（6.65% 为一年期银行贷款利率，持仓期限为 5 个月）
期货资金利息	2932×10%×6.65%×5/12 = 8.12 元/吨（设定期货保证金为 10%）
持有成本合计	0.4 + 1 + 0.7 + 10 + 180 + 240 + 81.19 + 8.12 = 521.41 元/吨

对 10 月 28 日至 11 月 14 日的甲醇期货收盘价与山东地区甲醇现货价格作比较，发现期货价格贴水现货价格在 200 元/吨以上，处于反向市场（即期货价格小于现货价格）。在交割甲醇的情况下，如果市场仍处于反向市场且持仓成本较高的话，不适合生产企业进行卖出套期保值，但是存在一定期现套利的机会。在此情况下，企业通过卖出现货、买入期货的套利套保策略建立"虚拟库存"，同样可以帮助企业规避甲醇价格波动的经营风险。

五、甲醇生产企业如何利用期现套利建立"虚拟库存"?

对于生产企业来说,从期货市场上购买甲醇,听起来似乎违背常理,即生产企业只做卖期保值。其实一点都不矛盾,这要看企业当时所处的市场环境。生产企业在期货市场上做多,主要有三种情况,一是补充合约客户,二是期现倒挂,三是建立"虚拟库存"。如果企业在期货市场上买入期货合约,不仅可以节省资金费用,而且可以降低仓储成本。

【案例 5-5】

通过对历史价格的分析,我们发现,一般情况下山东地区甲醇平均价格较苏南地区甲醇价格平均低 200~300 元/吨,这主要反映了两地之间的运输费用,但近期山东、江苏两地的甲醇供给与消费情况存有差异,使得山东与江苏地区现货价差逐渐收窄,甚至还高于江苏地区甲醇现货价格,因此 BBB 公司不仅担心甲醇后市价格持续走低,也担心山东当地的甲醇价格会以更大的跌幅实现与江苏地区甲醇的平均价差。针对目前的这种情况,若企业实施反向套保即通过降低库存加大卖出现货力度,然后通过期货市场买入期货合约,到期交割后补充库存重新恢复到正常库存水平,则可以实现减少库存亏损的目的。因此,企业应当实施反向市场买入套保。

该企业在现货市场销售 1 万吨甲醇,同时在期货市场买入 1 万吨(200 手)甲醇期货合约 ME203。选择 ME203 合约,是因为该合约成交活跃、持仓量大,而且流动性好,对市场的冲击成本较小。买入套期保值的持有成本计算和现货价格下跌、走高时的情况如表 5-6、表 5-7 和表 5-8 所示:

表 5-6　　　　　　　买入套期保值的持有成本计算

交易费用	0.4 元/吨
交割费	1 元/吨
出库费	0 元/吨(汽车)
期货保证金利息成本	$2850 \times 30\% \times 6.65 \times 4/12 = 18.9$ 元/吨
合计	20.3 元/吨

表 5-7　　　　　　　　　现货价格下跌的情况

时间	现货市场	期货市场
2011 年 11 月 17 日	2950 元/吨卖出 10000 吨甲醇	买入 200 手 ME203 合约，2850 元/吨
2012 年 3 月 15 日	山东地区甲醇现货价格 2650 元/吨	期货交割价 2890 元/吨
盈亏状况	减亏 2950 - 2650 = 300 元/吨	盈利 2890 - 2850 = 40 元/吨
该企业以 2650 元/吨在山东厂库交割购入 10000 吨甲醇，补充库存		

扣除相关费用，该企业实现最终盈利：300 - 20.3 + 40 = 319.7 元/吨，共计盈利 319.7 元/吨 × 10000 吨 = 319.7 万元。

通过以上例子可以看到，当期现倒挂严重，期货价格较大偏离现货价格时，可以加大现货的销售力度，减少库存，然后在期货市场上购买合约，通过到期交割补充库存，从而在现货价格持续下跌过程中实现减亏 319.7 万元。

表 5-8　　　　　　　　　现货价格走高的情况

时间	现货市场	期货市场
2011 年 11 月 17 日	2950 元/吨卖出 10000 吨甲醇	买入 200 手 ME203 合约，2850 元/吨
2012 年 3 月 15 日	山东地区甲醇现货价格 3000 元/吨	期货交割价 3240 元/吨
盈亏状况	现货价格走高 50 元/吨	平仓盈利 3240 - 2850 = 390 元/吨
效果	该企业平仓盈利后以 3000 元/吨购入 10000 吨现货，补充库存，最终该企业实现盈利 390 - 50 = 340 元/吨	

扣除相关费用，该企业实际盈利 340 - 20.3 = 319.7 元/吨，共计盈利 319.7 元/吨 × 10000 吨 = 319.7 万元。

综上分析，我们可以看出，当期现价差出现较大偏离时，通过卖出现货，买入期货的套利套保策略，在现货价格继续走低之时，可以减少库存损失；在现货价格上涨之时，也可以实现部分盈利。

六、甲醇生产企业如何进行期货展期操作？

如果企业资金准备比较充裕，企业也可以通过展期，即移仓的方式将头寸向远期合约移仓，以避开或降低当前阶段性行情对企业利润造成的负面影响。当然这种情况一般需要企业持续动态生产，企业仍然维持一定的库存。否则，当企业终止生产或者没有库存时，套期保值就失去了存在的基础，在这种情况下进行移仓，势必是将套期保值变为投机，而这有可能给企业带来更大的危害。例如，某甲醇生产企业5000吨库存的卖出套保案例，如果企业资金准备充裕，而且企业生产是持续的，在可预见的日期内并不打算停产，当甲醇期货合约大幅拉升时，企业可以将 ME205 合约买入平仓，同时在已经转为主力合约的 ME209 合约上建仓。企业这样操作，即使库存已经销售完毕，也可以看作前期套期保值暂时退出，并对后期产品在期货市场上进行预销售。企业进行展期操作后，可以合理地避开短期的多头炒作行情，并有了更充裕的时间等待市场回归理性。最终，当企业将套保空单移仓至 ME209 后，甲醇期货多头炒作结束，而伴随着旺季的结束及金融市场转冷，甲醇价格将持续下跌，企业移仓后，有效地避免了该企业套期保值在期货市场的大幅亏损。

七、甲醇生产企业如何规避套期保值中的增值税？

在期货市场进行套期保值虽可以锁定价差，但增值税仍然存在一定的变数。其主要原因是：目前的期货交易价格是含税价，不代表单纯的商品价格，其中有一部分是商品的税款。比如1000元的货款，为含税的价格，不含增值税价格为 $1000/(1+17\%) = 854.7$ 元，价款中含的增值税部分为 $1000/(1+17\%) \times 17\% = 145.3$ 元。

期货价格波动的同时，其中所含税款也在相应波动。期货交易与实物交割存在时间差，即企业开仓建立套期保值头寸的价格与期货实物交割结算价不一致——期货交易是以交割时的结算价计算增值税，这样会导致预期增值税税额与实际增值税税额存在差异。

甲醇企业利润本来就不是特别丰厚，如价格变动造成增值税数量过大，可能导致企业无利可图。所以，通过调整套保的数量有效规避增值税有着重大的意义。

为规避增值税的风险，实现预期收益，通常的做法是在决定建立套期保值头寸时留下一定的敞口头寸。对于增值税为 17% 的商品，留下大约 15%（0.17/1.17）的敞口头寸。比如一家甲醇贸易商进行的卖出套保：贸易商以 2800 元/吨的价格在现货市场买入 1000 吨，同时以 3000 元/吨的价格在期货市场卖出 850 吨，留 15% 的敞口，待最后交易日，将剩余的 150 吨以接近交割结算价的价格在期货市场或现货市场卖出，即可规避交割项下的增值税风险。

延伸阅读：套期保值相关会计法则如何？

根据国内的会计制度，期货上的收益或亏损在投资收益科目中专门列出，现货上的收益或亏损则是合并在销售收入中。所以有时非专业人士看财务报表可能会产生错觉，简单地根据投资损益来判断套期保值的效果，认为投资收益为正就是套期保值赚钱了，投资收益为负就是套期保值亏损了，其实是不科学的。

财政部 2006 年 2 月发布《企业会计准则第 24 号——套期保值》，其中第四条列明：套期会计方法，是指在相同会计期间将套期工具和被套期项目公允价值变动的抵消结果记入当期损益的方法。所以，看一项套期保值操作是否真有效，要看期货和现货两个市场综合后的效果。

根据新会计准则规定，套期保值是指企业为规避外汇风险，利率风险、商品价格风险、信用风险等，指定一项或一项以上套保工具，使套保工具的公允价值或现金流量变动，预期抵消被套项目全部或部分公允价值或现金流量变动。套保业务可分为公允价值套保、现金流量套保和境外经营净投资套保三类。所谓公允价值套保是指对已确认资产或负债、尚未确认的确定承诺的资产或负债，尚未确认的确定承诺中可辨认部分的公允价值变动风险进行的套保。现金流量套保是指对现金流量变动风险的套保。

为防止原材料价格上涨或产品价格下跌而进行的套期保值属于现金流量套期保值的范畴。

（一）套期关系的认定

《企业会计准则第 24 号——套期保值》规定，应用套期会计方法的前提是认定套期关系。概括地说，其必要条件是：关系明确，预先指定，可计量，确实有效。在套期开始时，企业必须制定正式的文件，预先指明套期关系以及企业进行此项套期活动的风险管理目标和策略。内容至少应包括：套期工具的认定，相关的被套期项目或交易，被套期风险的性质，企业如何评价套期工具抵销被套期项目的或被套期交易的现金流量变动敞口的有效性等。

（二）套期有效性的评价

套期的有效性是可以可靠地计量的，但须在持续的基础上进行评价，以确切地确定其在整个报告期内都是有效的。根据新企业会计准则，常见的套期有效性的评价方法有三种：主要条款比较法、比率分析法、回归分析法。适用于现金流量套期的评价方法是比率分析法，即比较被套期风险引起的套期工具和被套期项目公允价值或现金流量变动比率，如果上述比率没有超过 80% 至 125% 的范围，可以认定套期是有效的。

（三）会计科目设置及主要账务处理

按照新企业会计准则的要求及实际操作的可行性，可进行如下的会计科目设置及账务处理："被套期项目"（项目账，共同类科目），按订单核算被套期项目建仓时的数量金额，反映建仓的期初信息。在建仓时贷记该科目，在平仓时借记该科目。

"套期工具"（项目账，共同类科目），按订单核算被套期项目在一个会计时点的持仓状况，反映从建仓到平仓过程中每个会计月末持仓价值。在建仓时借记该科目；在每个会计期末根据持仓盈亏情况借记或贷记该科目；在平仓时贷记该科目。

"资本公积——其他资本公积"（项目账），按订单核算持仓合约在每个会计期末的浮动盈亏，借记或贷记该科目；在平仓时从该科目转到"套期损益"。

"套期损益"（项目账，共同类科目），按订单核算平仓损益，在被套期保值材料实现现货采购时，结转到相应项目的存货成本中，作为过渡性科目，期末余额为零。

"存货"及相关科目，被套期保值材料实现现货采购时，将"套期损益"按产品项目进行对应分摊。

"存出保证金"（往来账），核算期货账户的资金进出。"财务费用——期货手续费"，核算期货建仓、平仓发生的手续费。"公允价值变动损益——期货损益"，核算套期无效时的套期盈亏。

（四）公允价值套期账务处理

公允价值套期是指对已确认资产或负债、尚未确认的确定承诺或该资产或负债、尚未确认的确定承诺中可辨认部分的公允价值变动风险进行的套期。

对于公允价值的套期，套期工具和被套项目都以公允价值计量。套期工具为衍生工具的，其公允价值变动形成的利得或损失计入当期损益；套期工具为非衍生工具的，套期工具账面价值因汇率变动形成的利得或损失计入当期损益；被套项目的账面价值应相应作出调整。这一规定也适用于被套项目是以按成本与可变现价值孰低计量的存货、按摊余成本进行后续计量的金融资产。

（五）会计期末的财务稽核

每个会计期末，在收到期货公司的月结算单（标准）后，要进行如下财务审核：

"存出保证金"科目余额应与月结单——资金清单中"今日账面资金"栏金额相等。"资本公积——其他资本公积（套期）"科目余额与月结单——资金清单中的"浮动盈亏"栏金额相等。"套期工具"科目余额与月结单——持仓盈亏单中"持仓合约的结算价"栏金额相等。"套期损益"科目当月净发生额与月结单——资金清单中"平仓盈亏"栏金额相等。"财务费用——期货手续费"科目当月发生额与月结单——资金清单中"交易费用"栏金额相等。会计期末"套期工具"科目余额与"被套期项目"科目余额之差等于"资本公积——其他资本公积（套期）"科目余额。

延伸阅读：企业可以采取什么方法防止把套保做成投机？

套期保值关键在于保值，以期货市场的盈利弥补现货市场损失，或者现货市场盈利对冲期货市场损失，两者相抵，锁定利润空间。很多企业由于没理解套期保值的真正含义，或者是受到市场的诱惑，把套期保值做成了投机，会带来很大的危害。

企业可以采取什么样的方法，防止把套保做成投机呢？

首先，要健全制度，专业操作。建立健全套保业务审批流程和风险控制制度。设立专业的部门、人员、账户和操作制度来开展甲醇套期保值业务。对于生产企业，套期保值的业务量以不超过公司每月实际产量的一定比例为宜。

其次，套期保值业务一定要遵循基本的原则，坚持保值操作。对于生产企业，做卖出套保；对于下游甲醇消费企业来说，只做买入套保。因为期货交易采用每日无负债结算制度，即使套保方向对了，还要面临可能追加保证金的压力，所以一定要谨慎坚持按原方案操作，不要看到市场行情波动就认为有利可图，冒险做投机。套期保值是为了对冲风险，如果加入非套期保值头寸，就把企业置于期货市场的巨大风险之下。

最后还要关注市场，及时止损。企业期货部门要加强对行业基本面研究和行情研判，充分了解所面临的风险。一定市场出现急涨急跌或者基差异常变化，就要及时止损，避免更大的亏损。

自 测 题

一、不定项选择题

1. 某生产企业现有甲醇净库存 500 吨，那么该企业可以通过（　　）对库存进行保值。

   A. 卖出套保　　　　　　　　B. 期现套利
   C. 跨期套利　　　　　　　　D. 买入套保

2. 假如当前甲醇现货为 3000 元/吨，而企业打算用来保值的期货合约价格为 3500 元/吨，合约为 50 吨/手，那么目前的基差为（　　）。

A. 500 元/吨
B. -500 元/吨
C. 7000 元/吨
D. -100 元/吨

3. 如果某生产企业有 1000 吨的甲醇库存，不过其中 600 吨刚刚签订了销售合同，但还没有交付，那么该企业需要做保值的库存额度为（　　）。

A. 1000 吨
B. 600 吨
C. 400 吨
D. 1600 吨

4. 做买入保值时，以下保值效果最好的是（　　）。

A. 基差走强
B. 基差走弱
C. 现货价格上涨
D. 期货价格上涨

5. 企业进行保值时，保值额度一般（　　）。

A. 与库存无关，视资金而定
B. 额度一般超过净库存
C. 额度一般低于等于净库存
D. 视企业现存库存状况而定

6. 套期保值通常可分为（　　）。

A. 买入保值
B. 投机保值
C. 卖出保值
D. 套利保值

7. 常见的套利交易有（　　）。

A. 期现套利
B. 跨期套利
C. 跨国套利
D. 跨品种套利
E. 跨市套利

8. 以下企业可以利用甲醇期货进行套期保值的是（　　）。

A. 远兴能源
B. 山东兖矿
C. 神华宁煤
D. 新奥集团

9. 某企业计算出 9 月甲醇合约的期现套利成本为 100 元/吨，如下（　　）情况下可进行期现套利操作。

A. 期货 9 月合约比现货甲醇高出 150 元/吨
B. 期货 9 月合约比现货甲醇高出 80 元/吨
C. 期货 9 月合约比现货甲醇高出 120 元/吨
D. 现货甲醇比期货 9 月合约高出 130 元/吨

10. 以下（　　）情况下，企业需要进行甲醇套期保值。

A. 某企业有 10 万吨甲醇库存，其中 5000 吨已经签订了销售合同

B. 某企业已经签订好了甲醇 5000 吨销售合同，车间正在生产这批甲醇

C. 某甲醇生产企业持续运行，但担心下个月的产品因消费旺季而价格下跌

D. 某贸易商进货 1000 吨甲醇在途，同时已经签订了 1000 吨的甲醇销售合同

二、判断题

1. 甲醇相关企业应当专注于现货，不用关注投机气氛很强的甲醇期货市场。　　　　　　　　　　　　　　　　　　　　　　　（　　）

2. 企业保值效果主要受基差变化影响。　　　　　　　　（　　）

3. 如果期货市场赚钱，现货市场亏钱，则说明套期保值有效，否则说明套期保值失败。　　　　　　　　　　　　　　　　　　（　　）

4. 企业之所以可以利用期货市场保值，是因为无论是期货市场还是现货市场都充满了投机，企业在期货市场保值，实质上就是利用熟悉现货市场的优势，增加期货市场上投机获利的概率。　　　　　　　　　（　　）

5. 企业在期货市场上进行保值主要是为了增加投资收益。（　　）

6. 相关甲醇企业保值额度并不一定要等于企业的净库存，具体额度可视企业资金与市场状况而定。　　　　　　　　　　　　　（　　）

7. 套期保值的目的主要是规避现货风险而不是投机获利。（　　）

8. 期货市场中，企业除了可以保值外，还可以参与套利。（　　）

9. 企业进行套期保值时，账户交给有关期货公司操作即可。（　　）

10. 因为套利风险很小，所以期货市场上企业应该专注于套利而不是套期保值。　　　　　　　　　　　　　　　　　　　　　　（　　）

参考答案

一、不定项选择题

1. A　　2. B　　3. C　　4. B　　5. C
6. AB　　7. ABCD　　8. ABCD　　9. AC　　10. AC

甲醇

二、判断题

1. 错　　2. 对　　3. 错　　4. 错　　5. 错
6. 对　　7. 对　　8. 对　　9. 错　　10. 错

第六章
甲醇中间贸易商如何利用期货市场

【本章要点】

> 本章主要介绍甲醇中间贸易商为什么要参与期货市场、中间贸易商如何参与期货市场，通过案例对参与甲醇期货市场的途径和方法进行介绍。

一、甲醇期货对中间贸易商管理经营风险有什么帮助？

中间贸易商是甲醇市场连接生产企业与下游需求企业的重要链条，在甲醇行业中扮演了重要的角色。

作为甲醇市场的中间贸易商，由于其敞口风险往往来自上下游市场价格波动的双向不确定性，其套保的方式也是双向的。当临近采购期时，贸易商担忧后市甲醇价格上涨导致采购成本增加，其产业链角色可以视为一个甲醇的下游需求方，应选择买入套期保值；当甲醇在库待销或合同远月交货，贸易商反而担心后市价格下跌导致利差缩小，这时其产业链角色又转变为一个甲醇的上游销售方、供应方，应该选择卖出套期保值。

简单而言，对于未来价格的预期及库存的变化是贸易企业是否套保、套保数量多少的标准。当贸易商即将采购甲醇时，就其采购量应选择买入套期保值。当贸易商甲醇存库代销，就其库存量应选择卖出套期保值。

延伸阅读：国内主要的甲醇贸易商有哪些？

2010年进、出口贸易商中，进口量最大的公司是张家港孚宝仓储有限公司，全年进口甲醇43.75万吨；其次是江阴市金桥化工有限公司，进口27.12万吨。出口量最大的公司为中海石油建滔化工有限公司，全年出口15.59万吨。2011年甲醇进口量最大的企业依然是张家港孚宝仓储有限公司，全年进口甲醇36.89万吨；其次为中国石化化工销售有限公司，全年进口甲醇27.96万吨。

2011年甲醇进口贸易商排名情况见表6-1。

2007年甲醇出口前36家贸易商排名见表6-2。

表6-1　　　　2011年我国甲醇进口前24家贸易商排名

公司名	2011年进口量（吨）
张家港孚宝仓储有限公司	368951
中国石化化工销售有限公司	279627
太仓阳鸿石化有限公司	266686
久泰能源（广州）有限公司	258267
成都欣华化工材料有限公司	253929
江苏长江石油化工有限公司	246904
江阴市金桥化工有限公司	189059
泉州市泉港区爱德利贸易有限公司	157737
上海华谊集团国际贸易有限公司	144248
广州市番禺石油化工公共保税仓有限公司	137459
山东晨曦集团有限公司	124707
上海外高桥进出口贸易有限公司	119471

续表

公司名	2011年进口量（吨）
温州华航能源有限公司	115427
宁波龙润化工进出口有限公司	106166
福州开发区闽扬实业有限公司	105450
广州诚恒化工有限公司	97032
东莞市九丰化工有限公司	92128
福建省农化经贸有限公司	86985
江阴华西化工码头有限公司	85146
南通华盛港口有限公司	83354
南通化工轻工股份有限公司	81994
广州南沙泰山石化发展有限公司	71667
镇江李长荣石化仓储有限公司	70737

资料来源：《2011年金银岛甲醇年报》。

表6-2　2007年我国甲醇出口前36家贸易商排名

序号	贸易商	数量（万吨）
1	中海石油建滔化工有限公司	15.59
2	广州市番禺南星有限公司	3.50
3	江阴市金桥化工有限公司	2.78
4	浙江日出精细化工有限公司	2.60
5	上海焦化有限公司	2.27
6	浙江远大进出口有限公司	2.22
7	宁波经济技术开发区盛隆物资公司	2.06
8	宁波市鄞州对外贸易股份有限公司	2.05
9	北京富承达信进出口贸易有限公司	1.34
10	北京丰达世纪贸易有限公司	1.27
11	上海东盐化工有限公司	1.27
12	宁波市鄞州对外贸易股份有限公司	1.15
13	中国农业生产资料集团公司	1.01

续表

序号	贸易商	数量（万吨）
14	宁波海天进出口有限公司	0.95
15	宁波太一进出口贸易有限公司	0.90
16	江阴东鹏化工有限公司	0.89
17	江苏省对外经贸股份有限公司	0.87
18	番禺市石油化工公共保税仓有限公司	0.83
19	江苏长江石油化工有限公司	0.73
20	上海医药工业有限公司	0.66
21	山东海升能源化工进出口有限公司	0.60
22	宁波巨力化工有限公司	0.59
23	上海华谊集团国际贸易有限公司	0.59
24	中国化工建设总公司	0.59
25	中国石油技术开发公司	0.51
26	上海儒仕实业有限公司	0.50
27	江阴市深腾石化贸易有限公司	0.50
28	珠海恒基达鑫国际化工仓储有限公司	0.48
29	深圳市中农贸易有限公司	0.48
30	江苏亚邦涂料股份有限公司	0.47
31	山东华鲁恒升化工股份有限公司	0.42
32	北京市物资总公司	0.35
33	苏州国信集团太仓恒祥进出口有限公司	0.31
34	兖矿鲁南化肥厂	0.30
35	新奥能源销售有限公司	0.30
36	山东省青润进出口有限公司	0.30
	全国合计	56.27

资料来源：《醇醚燃料及醇醚清洁汽车》2008年第1期。

二、贸易商如何利用期货市场管理库存风险?

【案例 6-1】

一、企业运作基本概况

HHH 公司是浙江地区较大规模的化工品贸易商,在甲醇方面,HHH 公司每年贸易量超过 10 万吨,旺季时每月都有 1 万多吨的进口,在浙江地区是颇有名气的甲醇贸易商。该企业对于现货具有较强的风险意识,专门设立了期货投资部门来对现货进行套期保值,HHH 公司已经多次通过期货规避了现货风险,企业规模不断壮大。

二、贸易商企业风险分析

一般来说,华东地区大的贸易商采取的都是从国外进口甲醇后国内再销售的方式,故对于甲醇的贸易商而言,每月进口货物不可能很快到达国内销售,所以面临货物在海上航行期间国内现货市场价格下跌的风险。同样,若国内现货价格在几个交易日内有强烈上涨可能,或者短期需求强烈,在贸易商库存有限的情况下可能会丧失进一步盈利的机会。但总体来说,贸易商还是需要规避现货价格下跌所带来的风险。企业可以通过在期货市场上卖出套期保值来规避现货价格下跌所带来的风险;同时,若短期内现货需求增大,或者未来预期有现货的趋势性上涨,则现货企业可以通过买入套期保值进行补库。

三、企业参加套保的原则

(一) 趋势套保原则

企业进行套保是通过在期货市场的对冲行为规避现货市场价格波动风险。为了更有效地利用期货市场,企业的套保行为应坚持趋势套保原则。要避免在明显的涨势(跌势)中逆势套保,国内外很多企业的教训已经无数次证明了这一点。

对 HHH 公司来说,这意味着:当甲醇行情出现比较明显的下跌趋势时,可(占总产量)较大比例在期货市场卖出套保,而当甲醇行情出现比较明显的上涨趋势时,应(占总产量)较小比例甚至不进入期货市场卖出保值,同时还可少量买入补库。

(二）品种一致原则

套期保值的原理是同时在期货市场和现货市场进行品种一致、方向相反的操作，以起到对冲保护作用。因此，企业在期货市场进行套保的品种应该和现货市场采购（销售）的品种一致或高度相关。HHH 公司产品众多，目前对应上市的期货品种是甲醇、PTA 和甲醇，以前在塑料、PTA 上已有过相关的套保经验，故此次主要对甲醇品种进行套期保值操作。

（三）方向相反原则

套期保值的目的是防范现货市场价格发生不利变动的风险，因此，在进行套期保值交易时，套期保值者必须同时在现货市场上和期货市场上采取相反的买卖行动，即进行反向操作，在两个市场上处于相反的买卖位置。因为 HHH 公司是甲醇的贸易企业，而运作模式基本为从国外进口后国内销售，所以，对所购进产品进行套保应在期货市场进行卖出操作。

（四）数量相近原则

套期保值的目的是防范现货市场可能存在的风险，因此参与套保的数量，不应超过现货市场实际需要买入（卖出）的数量。国内企业近年来爆出的套保巨亏事件，很多都是因为参与套保的数量大大超过了企业在现货市场实际需要买入（卖出）的数量。对 HHH 公司来说，进行甲醇卖出套保操作的数量不应超过同期企业的购入量。通过对华东地区甲醇现货价格波动率的测算，其现货价格变动的标准差为 0.0122，期货市场价格变动标准差为 0.0175（简单的测算值，同时结合了张家港电子盘的情况），期货与现货之间的相关性在 0.85 左右（此值为估计值，参考了其他化工品种），故最佳套保比率可得：

$$R = \rho \sigma_X / \sigma_Q = 0.85 \times 0.0122 / 0.0175 = 0.593$$

鉴于甲醇期货刚刚上市不久，同时 HHH 公司对甲醇品种套保经验较为缺乏，考虑到企业的资金情况，本次套保采取的比例为 20%~30%，同时，根据趋势套保和灵活套保原则，当后市行情上涨概率增大，市场比较乐观时，可以考虑相应减少套保数量甚至不进行卖出套保，而当后市比较悲观，价格发生大幅下挫可能性增大时，可以考虑相应增加套保数量。对于未来 3 个月甲醇而言，12 月继续寻底的可能性增大，故 12 月采用 30% 的套保额度。而在 1 月、2 月有价格回暖预期的前提下，每个月套保额度减为 20%，即每月 6000 吨的现货，12 月套保量为 1800 吨，36 手；1 月、2 月套保量为 1200 吨，24 手。

四、套保价格的选择

对卖出套期保值的介入点，我们可以从期现套利成本来分析研究。甲醇到期交割成本 = 仓储费 + 运输费用 + 入库取样以及检验费 + 手续费 + 资金成本等。

按入库一个月费用计算：

（1）郑州商品交易所规定甲醇的仓储费为 1.5 元/吨/天。按入库一个月计算，仓储费为 1.5 × 30 天 = 45 元/吨。

（2）运输费用均价 120 元/百公里。对于位于宁波的 HHH 公司来说，其进口而来的甲醇，船运也是直接运至江苏的交割仓库，故此费用可以忽略不计。

（3）入库取样以及检验费用为 3500 元/批，若按照每批 5000 吨，折合 0.7 元/吨。

（4）手续费包括交割手续费 1 元/吨，交易手续费 20 元/手（一手甲醇期货合约为 50 吨），即 0.4 元/吨，总计为 1.4 元/吨。

（5）入出库费用按轮船入库汽车出库费用计为 10 元/吨。

（6）卖方交割缴纳增值税：每吨甲醇缴纳增值税 = （估计交割结算价 − 买入价）/（1 + 17%）× 17% 约为 14.53 元/吨（增值税税率 17%）。

（7）资金成本包括保证金成本和现货资金成本。期货保证金按各期货公司平均 13% 来计算，人民币一年期贷款利率按 6.31% 计算，持仓期现为 1 个月，则保证金成本约为 2950 × 50 × 13% × 6.31%/12/50 = 2.0 元/吨。现货资金成本一个月为 2930 × 6.31%/12 = 15.41 元/吨。具体成本见表 6 − 3：

若使用自有现货和资金参与，可以忽略现货资金占用成本，则实际的交割成本为 73.63 元/吨。根据目前的现货价格 2930 元/吨，考虑到未来 3 月是甲醇的淡季，不能按照 5 个月的持仓成本去计算来年 3 月的可套利价格。按照一个月成本计算，如果期货近月合约 1203 价格在 3010 元/吨以上，就可以尝试参与套期保值。因此，我们认为 3100 元/吨是目前贸易企业做卖出套期保值比较好的一个介入点，企业可以获得比较理想的利润回报。

表 6-3　　　　　　　　　　期现套利成本

成本类别		费用（元/吨）
到期交割成本	仓储费	45
	运输费	0（对于 HHH 公司而言）
	检验费	0.7
	手续费	1.4
	入出库费	10
	增值税	14.53（估计值，按 17% 增值税计算）
资金成本	保证金成本	2.0
	现货资金成本	15.41（自有资金可另作计算）
合计		89.04

五、企业的套保流程

企业在期货市场卖出套期保值头寸后，对于现货企业来说，有两种情况：

（一）期货市场上对冲了结

如果期货市场上做卖出套期保值头寸后，期货和现货的价差逐渐缩小，可以直接采取在期货市场上对冲平仓了结，这样可节省交割成本，那企业成本就只有期货保证金本身的使用成本及交易手续费。HHH 公司在套利方式的选择上也最终倾向于该种方案，在节约成本的情况下也可以灵活操作。

（二）期货市场上做卖出套期保值后，期货和现货的价差继续拉大，则要涉及实物交割

HHH 公司对于未来如果不能顺利交割的情况也表示出忧虑，故也考虑了未来需要交割的情况。由于甲醇为低附加值工业品，其仓储费用对于现货来讲价格并不低廉。若在交割前一个月进入交割库生成仓单，相关费用如表 6-4：

表 6-4 交割前一月进入交割库生成仓单的相关费用

	成本类别	费用（元/吨）
到期交割成本	仓储费	45
	运输费	0
	检验费	0.7
	手续费	1.4
	入出库费	10
	增值税	14.53（估计值，按17%增值税计算）
资金成本	保证金成本	2.0
	现货资金成本	0
	合计	73.63

HHH 公司主要对现货进行卖出套期，鉴于可能涉及交割，在选择合约时选择了成交相对活跃的 1203 合约进行卖出套期保值，一方面，由于 1203 合约成交活跃、持仓量大，且流动性好，企业开仓平仓都较为方便，对市场的冲击成本非常小；另一方面，企业套期保值期为 2011 年 12 月及 2012 年 1、2 月共计 3 个月时间，选择 1203 合约可以避免频繁移仓等问题，降低企业的套期保值成本。

六、资金使用情况分析

假如 HHH 公司在期货市场上按照 3100 元/吨的价格卖出甲醇头寸。按照目前多数公司交易保证金的收取标准，资金占用情况如表 6-5 所示：

表 6-5 目前多数公司交易保证金收取标准下 3100 元/吨价格卖出甲醇头寸的资金占用情况

时间	保证金收取标准（%）	1800 吨甲醇资金占用（万元）	1200 吨甲醇资金占用（万元）
一般月份	13	72.54	48.36
交割月前一月上旬	13	72.54	48.36
交割月前一月中旬	20	111.6	74.4
交割月前一月下旬	30	167.4	111.6
交割月份	35	195.3	130.2

根据 HHH 公司的情况，企业将建立 3 个月的套期保值头寸。12 月份保值额度为 36 手，1 月和 2 月保值额度分别为 24 手，故总套保数量为 84 手，具体情况见表 6-6：

表 6-6　3 个月套期保值头寸保证金收取及相关合约资金占用情况

时间	保证金收取（%）	84 手 ME203 合约资金占用
建仓后至 12 月初	13	约 169.26 万元
12 月初至 12 月上旬底	13	约 145.08 万元（已平仓 12 手）
12 月上旬底至中旬底	13	约 120.9 万元（已平仓 24 手）
12 月中旬底至下旬底	13	约 96.72 万元（已平仓 36 手）
2012 年 1 月初到上旬底	13	约 80.6 万元（已平仓 44 手）
1 月上旬底至中旬底	13	约 64.48 万元（已平仓 52 手）
1 月中旬底至下旬底	13	约 48.36 万元（已平仓 60 手）
2 月初至 2 月上旬底	13	约 32.24 万元（已平仓 68 手）
2 月上旬底至中旬底	20	约 24.8 万元（已平仓 76 手）
2 月中旬底至下旬底	30	0（至 2 月末全部平仓）

需注意的是：假设月均销售均能顺利完成，如果销售因特殊情况未能及时完成，可能会在 3 月形成交割，那时资金占有量相应要产生变动，这里我们暂不考虑 3 月交割的情况。

另外，除了需要支付持仓保证金之外，HHH 公司还需要一定量的结算准备金，用以应对期货合约价格波动所带来的风险。结合当前行情，应至少准备应对 200 点波动的资金。因此还需准备约 84 万元的结算准备金。

因此，HHH 公司在期货市场进行卖出套期保值操作时，按照上述情况，最大资金占用量预计约为 253.26 万元，后来企业准备 280 万元左右的资金进入了期货市场进行卖出套保。

三、基差是什么？基差对甲醇套期保值效果有何影响？

套期保值原则上是利用期货市场来对冲现货市场的价格变动风险，那么期货市场对现货市场的保护程度如何,即影响企业保值效果的主要因素是什么呢?

影响套期保值效果的主要因素就是基差变化的方向。基差是指某一特定地点的某种商品现货价格与同种商品的某一特定期货合约价格间的价差,针对套期保值而言就是现货价格减去期货市场建立套保头寸的合约价格得到的价差。需要注意的是:基差所指的现货商品的等级要与期货合约规定的等级相同,因此甲醇基差通常是指华东市场符合标准的甲醇现货价格和某一甲醇期货合约之间的价差。不过,不同的客户期货市场建仓时机不同,现货市场销售或购买商品价格不同,因此不同的交易者的基差也往往不同。基差可以是正数也可以是负数,这主要取决于现货价格是高于还是低于期货价格。现货价格高于期货价格,则基差为正数,又称为远期贴水或现货升水;现货价格低于期货价格,则基差为负数,又称为远期升水或现货贴水。例如:某甲醇生产企业于2011年11月3日利用ME203期货合约进行卖出套保,建仓成本为3130元/吨,当时华东市场甲醇现货价格在3030元/吨,那么此时该企业套保的基差为-100元/吨。

在商品实际价格运动过程中,基差总是在不断变动,而基差的变动形态对一个套期保值者而言至关重要。基差变化是判断能否完全实现套期保值的依据。套期保值者利用基差的有利变动,不仅可以取得较好的保值效果,而且可以通过套期保值交易获得额外的盈余。一旦基差出现不利变动,套期保值的效果就会受到影响,套期保值者就会蒙受一部分损失。当现货市场商品价格涨幅大于期货市场商品涨幅或者现货市场商品价格跌幅小于期货市场跌幅时,也就是基差数值变大时,我们就称为基差走强,本质上也就是甲醇现货市场表现强于期货市场。相反,当基差变数值小时,我们就称为走弱,也就是甲醇现货市场表现弱于期货市场。例如:当甲醇基差分别从150元/吨或-500元/吨变为250元/吨或-200元/吨时,都可以称为基差走强;反之,当甲醇基差分别从300元/吨或100元/吨变为100元/吨或-100元/吨时,则称为基差走弱。当基差数值不变时,则称为基差不变。

当基差不变时,则意味着商品在期现两个市场的变化幅度相同,此时,无论是买入保值还是卖出保值,都可以利用期货市场得到完全的保护。

基差的变化与套期保值效果的关系如表6-7所示:

表6-7　　　　　　　基差的变化与套期保值效果的关系

基差变动情况	套期保值种类	套期保值效果
基差不变	卖出套期保值	两个市场盈亏完全相抵，套期保值者得到完全保护
基差不变	买入套期保值	两个市场盈亏完全相抵，套期保值者得到完全保护
基差走强（包括正向市场走强、反向市场走强、正向市场转为反向市场）	卖出套期保值	套期保值者得到完全保护，并且存在净盈利
基差走强（包括正向市场走强、反向市场走强、正向市场转为反向市场）	买入套期保值	套期保值者不能得到完全保护，存在净亏损
基差走弱（包括正向市场走弱、反向市场走弱、反向市场转为正向市场）	卖出套期保值	套期保值者不能得到完全保护，并且存在净亏损
基差走弱（包括正向市场走弱、反向市场走弱、反向市场转为正向市场）	买入套期保值	套期保值者得到完全保护，并且存在净盈利

在期货市场中，我们也可以用期现价差即期货与现货的价差来判断套期保值的效果。针对套期保值操作，可能有几种情况，如图6-1、图6-2和图6-3所示：

（一）期现价差持稳

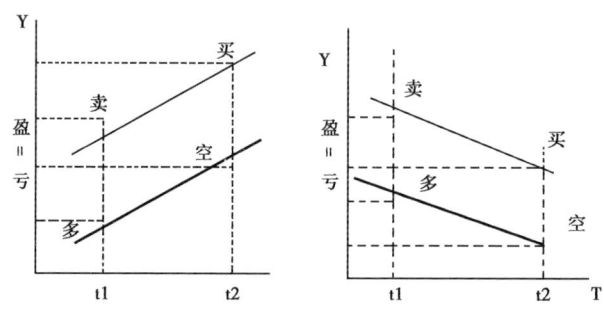

图6-2　期现价差不变的两种情况

如果后市期现价差持稳，则无论上涨或是下跌，均能有效规避价格波动风险。上涨时，期货头寸亏损而现货贸易利润上升，达到保值目的（与

HHH公司密切地沟通和合作,提高了行情预测准确度进而回避了这种情况)。在下跌过程中,期货产生盈利但现货销售利润下降,如果仅对套保的现货头寸而言,能够实现完全套保。

(二)期现价差扩大

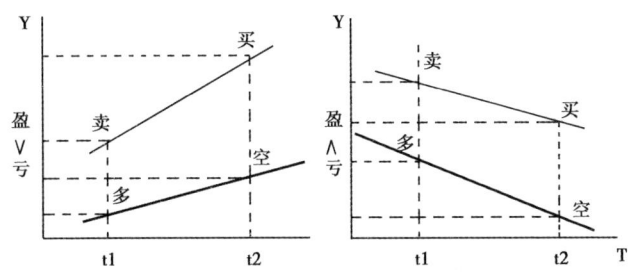

图6-3 期现价差扩大的两种情况

如果后市期现价差扩大,则仅能部分对冲价格波动风险。上涨时现货利润提升较小而期货亏损严重;下跌时现货销售利润下降明显但期货头寸盈利有限。这也是我们在"套保价位选择"段落中强调尽量选择期现价差较大时建仓的原因。只有随着后市价差不断减小,才能实现较佳的套保效果。

(三)期现价差缩小

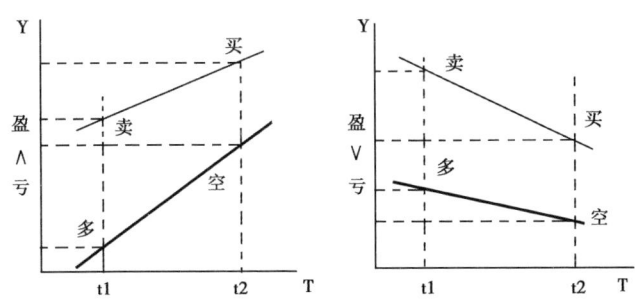

图6-4 期现价差缩小的两种情况

如果后市期现价差不断减小,则无论上涨下跌,均能实现完全套保甚至有所盈余。上涨时,期货头寸亏损有限,而现货销售利润扩大,此为最佳结果;下跌时现货销售利润降幅有限而期货则盈利较大,亦是理想的选择。

在 HHH 企业的例子中，若现货行情 12 月均价为 2950 元/吨，1 月均价为 3000 元/吨，2 月均价为 3050 元/吨，则套保效果如表 6-8 所示：

表 6-8　　　　　　　HHH 企业案例中的套保效果

时间	现货市场	期货市场	基差
11 月某日	甲醇现货 3030 元/吨	3100 元/吨开仓卖出 70 手	-70
12 月	现货 2950 元/吨	期价 2980 元/吨	-30
1 月	现货 3000 元/吨	期价 3040 元/吨	-40
2 月	现货 3050 元/吨	期价 3050 元/吨	0
结果	12 月平仓 30 手，期货市场盈利 18 万元，现货市场亏损 12 万元，总体盈利 6 万元；1 月平仓 20 手，期货市场盈利 6 万元，现货市场亏损 3 万元，总体盈利 3 万元；2 月平仓 20 手，期货市场盈利 5 万元，现货市场盈利 2 万元，总体盈利 7 万元；3 个月 1 共盈利 16 万元，套期保值效果良好		基差走强

当然，如果现货市场与期货市场基差进一步走弱，则期货市场可能出现亏损，但是现货市场上的盈利可以对冲掉相当一部分期货市场上的亏损，使企业总体处于一个较为平稳的运行状况，故期现价差较大时是卖出套期保值的入场机会。

从上述情况中，HHH 公司不仅保证了企业在现货市场上的平稳销售，在期货市场上还获得一定的盈利，这使得企业能够在剧烈波动的甲醇市场中继续壮大。从 HHH 公司卖出套保的例子可以看出，期现价差较大时建仓，严格控制套保头寸，对于企业是至关重要的条件。

四、甲醇贸易商如何利用期货市场稳定采购成本？

对贸易商而言，如何以较低的价格采购到现货是采购的关键。因此，在价格具有吸引力的时候，企业可以提前采购，建立虚拟库存。当市场价格出现上涨的时候企业可以通过期货市场的盈利来弥补现货采购成本的增加，稳定采购成本。

【案例 6-2 贸易商买入套保（稳定采购成本）】

华东地区某贸易商 8 月中旬需要甲醇 12000 吨，7 月中旬的现货价格为 2100 元/吨，该贸易商对该价格比较满意。据预测，到 8 月份甲醇价格可能上涨，因此该贸易商为了避免价格上涨带来的风险，决定在甲醇期货市场上进行甲醇套保交易。交易情况如表 6-9：

表 6-9 买入套期保值案例（稳定采购成本）

	现货市场	期货市场
7月份	甲醇价格 2100 元/吨	买入 12000 吨（240 手）9 月甲醇期货合约，价格为 2150 元/吨
8月份	买入 12000 吨甲醇价格 2750 元/吨	卖出 12000 吨（240 手）9 月甲醇期货合约，价格为 2800 元/吨
结果	成本提高了 650 元/吨，亏损 780 万元	赢利 650 元/吨，赢利 780 万元
套保结果	净获利 780 万元 -780 万元 =0。通过期货上的买入盈利弥补了现货市场因为涨价而提高的采购成本。将 8 月份的采购成本锁定在 7 月份的 2100 元/吨。	

买入套保能够回避价格上涨所带来的风险，提高了企业资金的使用效率。甲醇期货是保证金交易，因此运用少量的资金就可以控制大批货物，对需要库存的商品来说，节省了一些仓储费用、保险费用和损耗费用，能够促使贸易合同早日签订。但是买入套保者也失去了由于价格波动而可能得到的获利机会，也就是说，在回避对己不利的价格风险的同时，也放弃了因价格有利可能出现的盈利机会。

五、签订进口合同后，甲醇贸易商如何规避甲醇价格下跌的风险？

8 月 7 日，某甲醇贸易企业与中东某企业签订了一份进口 1000 吨甲醇的合同。按合同签订之日的汇率计算，相当于到港价 2800 元/吨，而同期国内甲醇现货价格为 2830 元/吨。正常情况下，该批货物将于 22 天以后到达国内港口。

尽管国内现货市场价已经出现了企稳的迹象，但产能过剩的压力依然存在。欧债危机阴霾不散,中国经济继续回落,在进口货物到达国内港口之前国内市场依然存在着价格下跌的风险。如果以目前的现货市场价格出售,可以获得满意的利润,因此企业决定利用期货工具锁定利润。

8月7日,也就是进口合同生效的当日,企业卖出了ME1301合约20手(1000吨),成交价2840元/吨,将价格锁定。到8月15日,ME1301合约破位下行,新一轮跌势形成。8月29日,货物如期到港。9月5日,价格继续下跌,且期货价格较现货贴水一度超过了160元/吨。鉴于期货价格贴水,企业将该批进口货物以2700元/吨的价格全部卖出,并将持有的ME1301合约20手全部平仓,成交价为2540元/吨。

企业利用期货市场规避产品价格下跌的套期保值效果见表6-10。

表6-10　企业利用期货市场规避产品价格下跌的套期保值效果

	现货市场	期货市场	备注
8月7日	现货价格:2830元/吨	卖出1301合约20手 价格:2840元/吨	升水10元/吨
9月5日	现货价格:2700元/吨	平仓ME1301合约20手 价格:2540元/吨	贴水160元/吨
套保效果	现货跌:130元/吨 库存价值缩水13万元	期货跌:300元/吨 期货盈利30万元	风险全部规避并获17万元收益

总结和启示:

鉴于进口货物运抵国内需要一定的时间——通常从中东运抵国内港口需20天左右——因此在货物运抵国内港口之前,企业面临甲醇价格可能下跌的风险。企业可以借助期货工具进行对冲,锁定价格。如果没有相应的对冲工具,那么一旦市场价格下跌,企业将面临亏损的局面。

六、甲醇期转现如何操作?

期货转现货(以下简称期转现)是指持有同一交割月份合约的交易双方,通过协商达成现货买卖协议,按协议价格了结各自持有的期货持仓,并完成相应数量的现货转让。简言之就是,企业将各自持有的期货头寸转为现货交易，而现货交易价格由双方协商确定。

"期转现"为企业提供了诸多便利之处，真正实惠了客户，如：

1. 期转现有利于降低交割成本。

2. 期转现使买卖双方可以灵活地选择交货地点、时间和品级等。期转现能够满足加工企业和生产经营企业对不同品级货物的要求，加工企业和生产经营企业可以灵活地选择交货地点，降低了交货成本，弥补了期货标准化过程中所失去的灵活性。

3. 期转现可以提高资金的利用效率。期转现既可以使生产、经营和加工企业回避价格风险，又可以使企业提高资金利用效率。加工企业如果在合约到期时集中交割，必须一次拿出几百万甚至几千万元购进原料，增加了库存量，一次性占用了大量资金。期转现可以使企业根据加工需要，分批分期地购回原料，减轻了资金压力，减少了库存量。生产经营企业也可以提前和分批收到资金，用于生产。

4. 期转现比"平仓后购销现货"更有优越性。期转现使买卖双方在确定现货买卖价格的同时确定了相应的期货平仓价格，由此可以保证期现市场风险同时锁定。如果买卖双方采取平仓后再购现货的方式，双方现货价格商定后，有可能因平仓时期货价格波动而给一方带来损失。

5. 期转现比远期合同交易和期货交易更有利。远期合同交易可以回避价格风险，但面临违约问题和流动性问题，面临被迫履约问题。期货交易虽没有上述问题，但在交割品级、交割时间和地点的选择上没有灵活性，而且成本较高。期转现吸收了上述交易的优点，同时解决了上述交易中存在的问题。

例如，甲醇贸易商王先生5月份在期货市场建仓备货的价位是3100元/吨，在7月下旬，甲醇期货价格已经上涨到3600元/吨，生产企业在此价位抛空。经过期货公司的公平核算，在当时甲醇期货的交割费用约100元/吨，该费用得到王先生与厂家双方的认可，于是商定将平仓价格定在3500元/吨，并报送交易所。交易所根据申请，对相应的仓位按照双方协商的交易价格予以平仓，但是该交易记录不参与当日结算价与交易量的计算，只是持仓量相应缩减，这样就不会干扰其他客户的正常交易。与此同时，由于期转现为厂家节省了运费及交割费用，厂家也对王先生采取优惠价格进行现货交付，双方商定在3450元/吨的价位成交现货。

于是，厂家实际的甲醇销售价格为：3450元/吨 +（3600元/吨 - 3500元/吨）= 3550元/吨；而如果按照标准期货交割方式，厂家的实际销售价格为：3600元/吨 - 100元/吨 = 3500元/吨，且未计算运费。所以，经过期转现，厂家的实际售价相当于提高了超过50元/吨。而对于王先生，他实际的采购价格为：3450元/吨 -（3500元/吨 - 3100元/吨）= 3050元/吨，如果采取标准的期货交割方式，王先生的采购价格为3100元/吨，而且也未包括运费，由于采用了期转现方式，王先生的采购成本节省了超过50元/吨。

这样，对于买卖双方而言，期转现可以说是互惠互利。而且期转现对于厂家的利益可能还远不止节省了运费与交割成本，实际上它还为卖方提供了一种变相提前交割、提早回笼资金的途径，所以如果从企业整体的经营运转来看，期转现还会给卖方带来更多的间接收益，于是有时候卖方也情愿在比较高的部位了结头寸以投入期转现交割。

延伸阅读：我国甲醇现货市场定价模式如何？

我国甲醇生产厂家分散，下游加工企业众多，甲醇市场是一个竞争相对充分的市场。甲醇的价格主要通过如下几种方式形成：

1. 生产厂家每天给出出厂价格，一般中小贸易商直接根据出厂价拿货，对于优质大客户生产厂家一般会在月底给出结算价。
2. 现货批发市场，主要是贸易商和中小下游消费企业交易形成。
3. 中远期电子批发市场，主要通过撮合成交形成，交易成本较高。

目前，甲醇电子批发市场主要有：宁波都普特液体化工电子交易中心（中国液体化工交易网）、张家港化工电子交易市场。

郑州商品交易所上市甲醇期货将拓宽甲醇价格形成途径，也将使甲醇价格更具权威性和公平性。目前国际上还没有甲醇期货。甲醇期货上市一年以来，由于生产企业、贸易商、加工企业以及众多投机客户积极参与，所形成的价格对现货价格具有明显的引导性和权威性，具体表现在甲醇价格相对于现货价格的领跌领涨性。据调查，目前华东、华南地区的贸易商已经形成了根据期货价格波动状况来报价的习惯。

七、甲醇的融资套现是如何进行的？

随着国内宏观调控的不断深入和货币政策从紧，以融资为目的的大宗商品进口又悄然兴起，其中的矿产、金属、化工品已经成为贸易商青睐的融资工具。贸易商选择到国外市场进口，然后在国内市场抛售兑现，以改善资金紧缺的现状。

国内期货市场上融资商介入比较普遍的上市品种是锌、铜、PTA、塑料、甲醇等产品，这些产品的价格长期内外盘倒挂，并且随着国内利率的上升，内外价差也不断扩大。我们围绕甲醇为中心进行讨论：

内外盘交割

采购国际市场的美金货物，进口到国内报关以人民币形式抛售（从采购到销售一般1个月以内），取得信用证期（一般60天）内的利用时间，取得货款在总价值的60%~70%不等的资金量，资金成本由内外价差决定。这种采购主要是船货，时间和现金流是他们最关心的问题。

总结：

早期的融资大部分是通过这个渠道进行的，大部分的进口商都是超额进口，部分自用，部分融资；主要资金占押在开证保证金、进口关税、增值税上，一般是30%~50%不等；融资商需要派专人进行产业链贸易，寻找卖家和买家，时间和成本较大。参与这种融资也有部分产业外的企业，还有部分是大贸易商联合融资商，也有后来的工贸一体化的工厂，不过随着价差的扩大，高额的资金成本令太多的人转变方向，寻找其他更佳途径。

八、境外甲醇现货贸易商如何利用甲醇期货进行溢价抛售？

随着期现货套利及现货内外盘交割套利两种手段的空间不断缩小，或者说资金成本居高不下，不少前沿的贸易商开始利用目前红火的期货市场来进行销售。由于投机资金的不断介入，期货市场的合约价格往往被炒得远高于实际的现货价格，导致采购外盘来锁定抛售远期合约变得可行。下游工厂的介入带来交割提货,一方面把市场的功能发挥出来,另一方面也使得交割仓库的周转开始进入良性轨道,期现之间物流顺畅。

基本操作是利用自己的甲醇美金货物在期货市场上连续在多个月份合约上面进行滚动抛售(大部分品种都是呈现远期升水的格局,对抛售的空头比较有利),在现货市场比例不断缩小的环境下,利用期货市场的100%信用保证和现金交易的优越性,贸易商进口远期货物,进行交割套现。

在交易上面,贸易商通过期货市场免去了接触现货产业、主动寻找买家的成本和暴露自己融资商身份的麻烦,同时可以在多个品种之间进行选择,只需要有外盘的开证额度就可以进口交割套现,在市场的抛售价格和行情把握好的情况下,不仅不会亏损,反而有融资收益。

在正向市场情况下,期货溢价抛售是现货贸易商的一个新的低成本途径。这种交易成本更低,并且隐秘性更好,对于越发艰难的贸易融资环境来说,期货不失为一个新兴的、充满潜力的融资工具。在此过程中需要把握的事情包括现货采购节奏,合约月份的合理选择(当然目前的合约月份还不是每个月份都有充分的流动性)、期现动态结合的跟踪。整个操作包括入库、制作仓单交割等流程及技巧和时间的把握,总体来说比以前的环节更简单和低成本。

自 测 题

一、不定项选择题

1. 期货市场能为贸易商提供的便利有( )。
   A. 保证金交易方式可以以小搏大 B. 利用期货提前建立库存
   C. 利用期货规避库存风险 D. 利用期货提前锁定贸易利润

2. 可以利用甲醇期货建立库存的市场参与者有( )。
   A. 甲醇生产企业 B. 甲醇国内贸易商
   C. 甲醇进口商 D. 板材生产企业

3. 进行甲醇期现套利需要计算下列( )费用。
   A. 仓储费 B. 资金占用成本
   C. 运费 D. 增值税

4. 进行甲醇期现套利，下列费用因不同的交割仓库而有所差别的是（   ）。

   A. 入库费　　　　　　　　　　B. 运费

   C. 交割手续费　　　　　　　　D. 检验费

5. 期转现交易带来的好处有（   ）。

   A. 节省交割成本　　　　　　　B. 节省交割库容

   C. 加快客户资金流动速度　　　D. 扩大期货市场参与者范围

6. 甲醇交割仓库及厂库主要分布的省份是（   ）。

   A. 河南　　　　　　　　　　　B. 江苏

   C. 浙江　　　　　　　　　　　D. 山东

7. 在套期保值方向正确的前提下，决定套期保值效果的因素是（   ）。

   A. 现货价格　　　　　　　　　B. 期货价格

   C. 基差的变化　　　　　　　　D. 期货持仓与成交情况

8. 甲醇产业链企业在现货经营过程中可能面临的风险，下列描述错误的是（   ）。

   A. 甲醇加工企业的原料已经采购或者已经确定采购价格，而产品还未销售或者还未确定销售价格，此时承受着原料价格下跌的风险

   B. 甲醇生产企业的产成品库存由于甲醇价格下跌导致库存减值

   C. 甲醇加工企业产品销售价格已经确定，而原料未采购或者还未确定采购价格，此时承受着原料价格上涨的风险

   D. 甲醇贸易企业受甲醇价格上涨的影响，导致甲醇库存减值

9. 某甲醇贸易商采购了1000吨甲醇，由于终端采购需求疲弱，甲醇价格出现下跌，同时，该贸易商对预计甲醇价将继续下跌，此时，该贸易商应该采取的措施有（   ）。

   A. 减少现货销售，保持1000吨甲醇库存

   B. 在期货市场上对1000吨甲醇进行买入套期保值

   C. 根据对现货市场以及自身经营情况的判断，在期货市场上进行一定比例的卖出套期保值

   D. 恐慌性地抛售1000吨甲醇

10. 关于企业套期保值的操作说法有误的有（   ）。

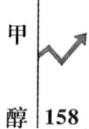

A. 根据现货经营情况，可以进行实物交割来了结期货头寸
B. 根据现货经营情况，适时地进行平仓了结或实物交割
C. 不管现货经营情况，一直持有期货仓位直到获利
D. 根据市场趋势判断，确定入场时机

二、判断题

1. 贸易商可以在期货市场进行杠杆交易以获得更大的利润。（   ）
2. 贸易商利用期货市场化解库存风险是零成本的。（   ）
3. 一般贸易商在进行期现套利时，只需要缴纳大连商品交易所规定的交易手续费即可。（   ）
4. 国际化工产品贸易商进口甲醇时如果利用期货合约进行保值，能在很大程度上化解市场价格波动的风险。（   ）
5. 我国甲醇生产地与消费地相隔较近，所以市场价格传导较快。
（   ）
6. 我国甲醇交割仓库均集中于华东地区，在江苏、山东之外的地区没有交割仓库。（   ）
7. 交易所的指定的甲醇合规检验机构是中国检验认证集团江苏有限公司。（   ）
8. 某加工商为避免甲醇现货价格风险，做买入套期保值，买入10手期货合约建仓，基差为-20元/吨，卖出平仓时的基差为-50元/吨，该加工商在套期保值中的盈亏状况是盈利3000元。（   ）
9. 期转现交割方式会给交易所带来业务费用的损失，所以交易所一般不提倡以该方式进行交割。（   ）
10. 只有在加工制造企业为了防止日后购进原料时价格上涨的情况下，才利用买入套期保值。（   ）

参 考 答 案

一、不定项选择题

1. ABCD   2. ABCD   3. ABCD   4. AB   5. ABCD

6. ABD	7. C	8. D	9. C	10. C

二、判断题

1. 对　　2. 错　　3. 错　　4. 对　　5. 错
6. 错　　7. 对　　8. 对　　9. 错　　10. 错

第七章
甲醇下游企业如何参与期货市场

【本章要点】

> 本章主要介绍了甲醇下游加工企业如何利用期货市场及参与期货市场的意义。阅读本章有助于甲醇下游企业初步掌握进入甲醇期货市场的途径和方法，为进入甲醇期货市场做好准备。

一、甲醇期货对下游企业管理经营风险有什么帮助？

甲醇期货市场是传统现货采购模式的递补和续延，在采购风险控制上，"传统现货采购＋期货市场"新型模式越来越受到企业的重视。期货市场作为风险控制的有效工具，对采购过程中的各类风险控制究竟能够发挥哪些作用呢？表7-1和表7-2进行了简单的说明。

表 7-1 期货市场——传统采购模式的递补和续延

采购模式特点分析	传统现货采购	传统现货采购 + 期货市场
采购信息	缺乏	充分
采购范围	小（单一现货市场）	大（现货与期货两个市场）
交易对手	少（仅局限于少数现货供应商）	多（现货供应商 + 众多期货供应商）
价格选择	窄（受限于现货价格）	宽（近期、中期、远期价格任选）
采购成本	固定（全额交易模式）	灵活（可采用保证金交易模式）
采购方式	固定（一手交钱一手交货）	灵活（可以通过期货对冲取消采购义务）
采购风险	不易控制	某些传统现货采购风险一定程度得到控制

表 7-2 传统现货市场与期货市场采购风险对比

采购模式风险类别	传统现货市场采购	期货市场采购
供应风险	存在	几乎不存在
质量风险	存在	几乎不存在
价格风险	存在	存在且波动剧烈
技术风险	存在	存在
信息风险	存在（主要是信息缺失）	存在（主要是信息泛滥）
信用风险	存在	几乎不存在
道德风险	存在	几乎不存在

随着经济全球一体化和金融全球化进程不断深化，国际大宗商品特别是原油等工业品价格大幅波动给相关商品价格造成不小影响，甲醇价格即受原油价格影响较大。自 2008 年 6 月全球金融危机爆发以来，浙江地区甲醇出厂价已从 4900 元/吨左右的价位急剧下跌至年底的 1600 元/吨；自 2008 年 11 月触底反弹后，到 2009 年 12 月再次恢复至 2800 元/吨位置。价格的巨幅快速波动已给甲醇下游加工企业经营造成很大不确定性，增加了企业经营风

险,使得大多企业管理层都感到在一个如此动荡的市场中搏击充满了不确定性,辛辛苦苦依靠主营业务所积累起来的企业价值有可能在一次较大幅度的波动中就损失殆尽。

现在,甲醇期货商品的设立和完善给甲醇下游加工企业带来了锁定成本、控制风险的利器。甲醇加工企业参与期货市场的必要性主要体现在如下几个方面:

1. 可规避原材料成本大幅波动的风险,例如甲醛生产企业产品主要成本即为甲醇,往往原料成本占到产品总成本的80%~90%,人工等其他费用占比较小。这样就使得甲醇价格的波动会对企业生产总成本产生较大影响,使得运用期货市场规避甲醇加工企业成本风险非常必要。

2. 成本风险得到有效控制,有利于企业经营计划的制定,方便企业管理层更准确地制定决策,便于节省精力去解决其他企业管理问题。同时,成本风险得以控制也使得利润更趋于稳定增长。

3. 优化企业资金管理。企业在经营生产过程中,常常会遇到下游订单较为稳定且原料市场行情上升趋势明显的情况,此时很有必要为日后订单储备原料库存,但现金流紧张使得企业难以购买到足够的原料。期货市场的保证金交易制度使得企业运用少量资金储备足够原料成为可能。

4. 拓展了加工企业原料来源,现货市场或许会由于商家看涨囤货而造成现货紧俏,加工企业不能以合理成本从现货市场上买到原料时,可以考虑从期货市场交割这一途径获得原料。

5. 从长远的宏观面观察,受到全球经济一体化影响,大宗商品价格波动幅度已日趋增大,地区事件或能引起某一商品的大幅上涨或下跌。企业在一个不断变化的经济环境中要想长远发展,必须学会如何规避风险,使利润稳步增长,而能善于运用期货市场的企业无疑能提高自己的生存能力,长久生存往往能带动企业价值与日俱增。

总体而言,对于生产甲醛、二甲醚等的甲醇加工企业来说,需要以相对较低的价格采购原料,降低成本,从而扩大利润,但他们往往会担心甲醇价格上涨。为了防止正式采购时价格上涨遭受损失,可在甲醇期货市场上进行买入保值,即在甲醇期货市场建立虚拟库存,等到正式采购现货时再卖出同等数量的甲醇期货进行对冲,以达到保值目的。

二、甲醇加工企业如何利用甲醇期货市场规避原料价格上涨风险？

【案例 7-1】

某甲醛生产企业于 6 月份签订一份 7 月份的 1000 吨甲醇采购合同，6 月份甲醇现货价格为 2440 元/吨，但担心需求推动甲醇价格上涨，导致采购成本增加。为避免将来价格上涨带来的风险，该甲醛生产企业决定在郑商所买入甲醇期货进行对冲。

该企业最终买入套期保值的效果（不考虑手续费等交易成本）如表 7-3 所示：

表 7-3　　　　　　　企业最终买入套期保值的效果

交易日期	现货市场	期货市场
6月5日	价格为 2440 元/吨，担心未来采购价格上涨	买入 20 手 1209 合约，开仓价为 2750 元/吨
7月5日	价格涨至 2610 元/吨，按计划购入 1000 吨	卖出 20 手 1209 合约，平仓价为 2860 元/吨
盈亏情况	亏损：(2440－2610)×1000＝－17万元	盈利：(2860－2750)×20×50＝11万元

注：期货市场 11 万元的盈利部分弥补了现货市场的亏损。

此例中，期货市场 11 万元的盈利部分弥补了现货市场的亏损，规避了较大一部分原料价格上涨带来的损失。

1. 买入套期保值能有效规避价格上涨所带来的风险。从表 7-3 可知，若忽略交易成本（如期货交易费、交割费等），企业通过期货市场进行买入套期保值，甲醇现货价格上涨期间需要多支付的风险较大一部分通过期货市场得到了弥补。但若不进行保值，在价格上涨趋势下，现货市场采购价格必然买在高点。

2. 参与套期保值能提高企业资金的使用效率。由于期货市场实行保证金交易，若以保证金 11% 计，买入 20 手价格为 2750 元/吨的期货合约仅需 30.25 万元保证金（20×50×2750×11%），而在现货市场购买，通常需要全额支付，资金占用较多。

3. 该企业也可以根据实际情况灵活选择保值实现方式,当所持部位在现货买卖部位有浮动盈利时,可直接平仓获利,并不一定要参与实物交割。

4. 对于最后进入交割的企业来说,从期市上买入甲醇节省了仓储费、保险费和损耗费。

在实际操作中,此例也可能出现另一种情况:假如终端消费不足,甲醇现货未上涨反而下跌,那么企业现货采购成本将降低,而在期货市场的操作将出现亏损。在这种情况下,也许有人会提出,在期货市场进行套期保值交易反倒赔了钱,若不进行期货套期保值而是等到9月份直接采购现货岂不更好?事实上,这种观点忽略了两个问题:第一,企业是基于成本收益核算后,对2440元/吨的现货价认可的情况下,才在期货市场上买入套期保值的,按照这个成本生产出来的产品还是有盈利的。第二,企业在作出决策的时候无法预知后市的涨跌。所以说,进行套期保值操作,无论后市价格上涨或下跌,企业都可以提前确定甲醇的采购成本,从而锁定利润、稳定生产。

总之,无论从规避价格变动风险还是从节省资金和仓储成本的角度来看,套期保值交易对甲醇加工企业现货经营来说都是经济、有效的辅助工具;对于操作熟练的企业来说,套期保值交易甚至可以成为现货经营中不可或缺的一部分。

【案例 7-2 CCC 公司甲醇下游企业规避原料价格上涨风险套期保值】

一、企业基本情况介绍

CCC 公司是一家集甲醇贸易、下游需求及仓储为一体的多元化公司,其中包含年产量在20万吨的二甲醚(DME)生产储运加工业务。该公司月均甲醇需求和贸易总量约为4.5万吨,供给端采取国际贸易和国内采购相协调的方式,2011年在国际市场上月均采购4次甲醇,每次5000吨,不足的部分在国内采购补充。

二、企业经营风险剖析

(一)生产需求

首先,该公司是一家甲醇消费企业,年产20万吨二甲醚可消耗掉28万吨甲醇,这一部分所面临的风险是价格上涨可能导致的产品利润空间下滑。因为二甲醚上游的原料比较单一，若甲醇价格大幅度上行，企业利润被压缩，甚至没有利润时，企业多选择停车。为避免后期甲醇价格上行给公司带来的成本压力，该公司可以在期货市场上建立多单，进行买入套保，以此规避风险。

（二）贸易特点

该公司参与甲醇贸易使得其套保需求复杂化。在国际市场采购的甲醇由于船期长、价格变化波动大，甲醇价格下跌会对公司产生一定的风险。结合公司甲醇需求的特点，若价格下跌，可以由贸易转为自用，风险相对较小，可以在二甲醚需求淡季选择性地卖出套期保值。

三、企业买入套保方案的制定

12月份，期货价格最低至2666元/吨，分析认为年后甲醇价格会随着下游企业需求的恢复有所上升，企业计划在期货市场上买入套期保值。该企业月需甲醇4.5万吨，生产二甲醚每个月所需甲醇约为2.3万吨，对自用部分进行完全套保。3个月的持仓计算成本如表7-4所示：

表7-4　　　　　　　　　3个月持仓成本

期货持仓成本项目（ME205期价2700元/吨）	每吨费用
建仓手续费	0.4元/吨
利息成本：半年贷款利息6.10%	9.06元/吨
平仓手续费：20元/手	0.4元/吨
总　　　计	9.86元/吨

1. 交易手续费用：各期货公司公布的交易费用均在30元/手左右，但对企业客户会有适当的优惠，按照20元/手的交易费用计算，每吨的建仓费用为0.4元/吨，平仓费用也为0.4元/吨。

2. 资金占用成本：期货保证金按照交易所8%+3%=11%计算，建仓成本按均价2700元/吨计算，每吨甲醇期货消耗的保证金成本约为2700×11%×6.10%×3/12=4.53元。由于甲醇期货为新上市品种，建议企业将仓位控制在50%以下，则保证金账户上的资金应是实际需求资金的2倍以上，每吨持仓成本至少翻倍至9.06元。

3. 根据该企业的地域情况，华南地区暂无甲醇期货交割库，不适合在期货市场交割，因此不涉及出入库费用、交割费用、增值税等。

三、甲醇加工企业如何利用期货工具锁定产品价格下跌的风险？

2012年4月，受西北装置集中检修、中国船东互保协会透露将停止为载运伊朗石油的油轮提供保险的消息提振，甲醇期货价格上涨至3100元/吨左右。但是，下游甲醛、二甲醚、醋酸等产品利润微薄是制约甲醇价格继续大幅上涨的重要因素。甲醇最主要的下游甲醛市场在房地产政策的打压之下，预期消费得不到保证，企业的接货积极性不高；另一重要下游二甲醚在3月中旬以来全国各地严查液化气掺烧的情况下，行情始终不见好转，价格徘徊在成本线附近。下游需求淡季临近，而甲醇装置检修也基本结束，5月份甲醇供应将提升，市场预期甲醇将面临产品过剩的压力。因此，5月甲醇价格或将大幅回落。同时，受原材料价格影响较大的下游产品价格也将会出现相应回落。

二甲醚生产商老张就是与大部分市场人士持相同观点的人，为了规避二甲醚价格可能下跌的风险，老张决定进入期货市场进行套期保值。于是在2012年5月2日，他卖出了ME209合约20手（1000吨），建仓均价为3150元/吨，希望借助甲醇与二甲醚之间的相关性，对冲二甲醚价格下跌所带来的风险。当时二甲醚的现货市场价格为5000元/吨。到了6月20日，ME209合约已经连续4个交易日止跌反弹，且二甲醚市场价格也出现企稳的迹象。因此，老张决定结束套期保值交易，将20手ME209合约对冲平仓，平仓均价为2750元/吨，此时二甲醚现货市场价格为4600元/吨。

表7-5 企业利用期货市场锁定产品价格下跌风险的套期保值效果

时间	现货市场	期货市场
2012年5月3日	二甲醚现货市场价：5000元/吨	卖出ME209合约20手 价格：3150元/吨
2012年6月20日	二甲醚现货市场价：4600元/吨	平仓ME209合约20手 价格：2750元/吨
盈亏情况	产品价格下跌400元/吨，利润共下降40万元	期货市场盈利400元/吨，盈利共40万元
套保效果	相当于二甲醚最终销售价格为：5000元/吨	

总结和启示：在此案例中，二甲醚企业对产品价格的未来走势作出了较为正确的判断，且充分利用了甲醇价格与二甲醚价格之间的相关性，因而有效地对冲了二甲醚价格下跌的风险。

四、甲醇加工企业如何利用期货工具解决仓储空间不足的矛盾？

企业仓储空间通常与其生产或销售能力相配套，一般情况下并不会出现仓储空间不足的问题，但当企业预期原材料价格可能大幅上涨时，生产型企业往往希望采购更多的原材料，以供未来的生产之用。在这种情况下，即使企业拥有足够的采购资金，也难以回避仓储空间不足的矛盾。

2012年1月6日，老张所在的二甲醚生产企业与二甲醚销售商签订了一份产品销售合同，交货日期为2012年2月16日，销售价格为合同签订时当地的现货价格。生产该批产品所需甲醇约1000吨。合同签订之日，甲醇现货价格为2840元/吨，且按此价格计算企业盈利处于正常范围之内。当合同签订时，企业已没有库存空间可供使用。

为了解决库存容量不足的问题，老张决定再次利用期货市场这把保护伞，于2012年1月16日买入期货ME205合约20手（1000吨），建仓均价为2820元/吨，相当于建立了1000吨虚拟库存。老张计划着待企业腾出库存空间，再购入现货，并对冲平仓期货，将虚拟库存转为实际库存。根据生产计划，2月初企业即可腾出足够的仓储空间。

2月6日，随着两批产品的出库交货，仓库紧张问题随即得到解决，并且通过分析发现买入现货材料来得更加划算，因此老张决定结束期货市场的套期保值操作。此时ME205合约价格为3020元/吨，较建仓时上涨了200元/吨。

企业利用期货市场解决仓储空间不足的套期保值效果见表7-6。

总结和启示：尽管到2月6日时，现货市场价格上涨了150元/吨，导致企业的现货采购成本增加了15万元（1000吨×150元/吨），但由于企业在期货市场上盈利了20万元（1000吨×200元/吨），企业的实际采购成本不但没有增加，反而有所降低。这不仅巧妙地解决了仓储空间不足的问题，还意外降低了原材料采购成本。这是企业参与期货套期保值交易所产生的贡献。

表 7-6　　企业利用期货市场解决仓储空间不足的套期保值效果

	现货市场	期货市场	备 注
2012 年 1 月 16 日	现货市场价格：2840 元/吨	买 ME205 合约 20 手 价格：2820 元/吨	基差 = 20
2012 年 2 月 6 日	现货市场价格：2990 元/吨 企业购买 1000 吨	卖出 ME205 合约 20 手 价格：3020 元/吨	基差 = -30
盈亏分析	亏损：1000×150 = -15 万元	盈利：1000×200 = 20 万元	盈利 5 万元

五、甲醇加工企业如何选择建立库存的时点？

在期货市场上建立虚拟库存首先需要把握建仓点，建仓时点主要由企业生产运营的实际需要决定，但必然要参考价格走势和基差状况，以便于更好地套保，甚至还能获得额外收益。

企业可先行向期货公司研发部门、其他专业甲醇市场研发部门咨询，如对甲醇市场价格判断向上趋势较为明显，有买入套保意愿的加工企业此时入场建立期货虚拟库存时机较好。另外，套保企业还应对基差变动状况有所了解。套期保值与基差的关系是：

虽然套期保值可以大体抵消现货市场价格波动风险，但不能使风险完全消失，其主要原因是存在"基差"这个因素。基差是指在某一特定时间和地点，某种商品现货价格和该品种期货合约（一般指参与套保的那个月份期货合约）价格的价差，即：基差 = 现货价格 - 期货价格。基差总是在不断变化，基差变化是判断能否完全实现套期保值的依据。理想的套期保值在整个保值过程中，基差保持不变。但是实际上这种理想状态很少发生，因为基差总是处于不断变化中，这将会导致套期保值者利润增加或减少。套期保值者利用基差的有利变动，不仅可以取得较好的套保效果，还可以通过套期保值交易获得额外的盈余。对于买入套保者而言，一般情况下，基差数为正时参与套保更有利。

套保策略首先定位于为企业服务,套保进入时点和退出时点都是配合企业甲醇需求时点。当然,买入套期保值甲醇的趋势判断非常必要,一般情况下,企业在甲醇上涨趋势或震荡趋势中可选择全额套保,在下跌趋势中,企业可选择部分套保甚至不套保。基差的走势对于套保选择点同样重要,对于买入套保企业而言在正向市场,当判断基差会扩大时,选择买入套保时点;在反向市场,当判断基差很可能缩小时,选择买入套保时点。

甲醇加工企业利用期货市场建立库存案例:

某华东地区一二甲醚中型生产企业年甲醇产能约10万吨,6月1日与下游客户签订订单,合同约定10月该甲醇生产企业需供货约1万吨。企业规划8月1日开始生产这一订单,但目前看,由于全球经济复苏迹象明显,国内政策大力刺激经济,企业管理层通过调研认为中期内甲醇上涨概率很大,需要为两个月后的生产储备原材料,但此时企业仓库已满,现金流也因为要满足其他订单生产而较为紧缺。为了规避原材料价格上涨的风险,企业管理层决定运用甲醇期货市场建立虚拟库存。

甲醇加工企业建立库存时点的选择见表7-7。

表7-7　　　　　甲醇加工企业建立库存时点的选择

日　　期	现货市场	期货市场
接到订单日	尚未采购原料	先在期货市场买入等量的期货合约
生产加工期	分批采购现货原料	同时对期货合约分批平仓/交割

六、甲醇期货价格如何作为现货采购的定价参考基准?

国内外贸易商将期货市场应用到现货贸易定价体系中,形成"现货价格=期货价格+升贴水"的定价模式。该定价模式更突出价格形成的市场力量,使买卖双方处于相对平等的地位,有利于现货生产和贸易建立起平等共赢的经营机制。"期货价格+升贴水"的定价模式既方便企业套期保值,反过来又促进期货市场的进一步发展。

将期货交易所形成的价格定为现货流通的基准价时，因产地、质量有别等因素，在交易现货时双方需要谈一个对期货价的升贴水。事实上，采用"期货价格＋升贴水"定价是国际大宗商品定价的主流模式，目前国内有色行业中运用该模式定价相对成熟。国际铜贸易、豆类等谷物贸易也往往通过"期货价格＋升贴水"的交易模式进行操作。芝加哥期货交易所、伦敦金属交易所、上海期货交易所等也因此成为大宗商品的国际和国内定价中心。

【案例 7-3】

2012 年 4 月 15 日，山东某甲醛厂向内蒙古某甲醇生产厂采购 1 万吨甲醇，双方商定 5 月的第一周通过铁路发货。但在甲醇采购价方面双方报价悬殊，经过多轮谈判沟通一直未能达成协议。如何确定让买卖双方均能接受的采购价格是决定交易能否成功的关键。最终，中介方建议以郑州商品交易所甲醇期货价格作为采购的基准价格，采取"期货价格＋升贴水"的定价模式获得购销双方的一致认可，大大降低了双方的交易成本。所以，用期货市场来定价可能最接近于这个完全竞争的市场。

第一步：确定以哪一个期货合约价格为采购基准价

买方要求 5 月的第一周发货，因此双方约定以甲醇 1205 期货合约在 5 月的第一周周五（5 月 4 日）结算价为采购基准价格，也可以第一周全周结算价的平均价为采购基准价等方式。具体定价方式可由双方商定。

选择 ME205 合约期价为基准价的理由：（1）越是临近交割的期货合约价格就越贴近于现货市场价。（2）选近月合约期价为采购基准价是因为投机成分少，价格较理性。（3）选用结算价而非收盘价等其他价格是为了防止价格受到人为操纵。

第二步：确定升贴水

（1）铁路运输费用：整车货物每吨运价＝发到基价＋运行基价×运价公里。

（2）各种税费：主要是增值税。

（3）品质：质量差异与替代品升贴水。

（4）货到买方之前的其他费用：由卖方负担。

 点价

点价是指以某月份的期货价格为计价基础,以期货价格加上或减去双方协商同意的升贴水来确定双方买卖现货商品价格的交易方式。点价交易从本质上看是一种为现货贸易定价的方式,交易双方并不需要参与期货交易。目前,在一些大宗商品贸易中,例如大豆、铜、石油等贸易,点价交易已经得到了普遍应用。

点价与非点价的区别见表7-8。

表7-8　　　　　　　　　点价与非点价的区别

	◆ 点价	◆ 非点价
方式	在签订买卖合同时,并不直接确定商品的价格,而是在约定的"点价期"内以期货交易所的期货价格作为点价的基价,加上约定的升贴水作为最终的结算价格	在签订买卖合同时,直接定好标的商品的价格,商品价格的确定取决于现货商及贸易商的谈判能力和当时的市场价格
特点	采用期货市场确定价格,期货市场是现实中最接近完全竞争的市场,产生出的价格最接近均衡价格。对于贸易流通来说,期货价格对现货交易的双方提供了权威依据,买卖双方只需要在期货价格的基础上谈判一个品质或交割地的升贴水,这大大降低了交易成本	不受期货品种的限制,也不受交易平台和地域的限制;在定价的过程中人格魅力比较重要,容易和客户培养感情,老客户不容易走

例如,在大豆的国际贸易中,通常以芝加哥期货交易所(CBOT)的大豆期货价格作为点价的基础;在铜精矿和阴极铜的贸易中通常利用伦敦金属交易所(LME)或纽约商品交易所(COMEX)的铜期货价格作为点价的基础。之所以使用期货市场的价格来为现货交易定价,主要是因为期货价格通过集中、公开竞价方式形成的价格具有公开性、连续性、预测性和权威性。使用公认的、合理的期货价格来定价可以省去交易者搜寻价格信息、讨价还价的成本,提高交易的效率。

与传统的贸易不同,在点价交易中,贸易双方并非直接确定一个价格,而是以约定的某月份期货价格为基准,在此基础上加减一个升贴水来确定。升贴水的高低,与点价所选取的期货合约月份的远近、期货交割地与现货交割地之间的运费,以及期货交割商品品质与现货交割商品品质的差异有关。在国际大宗商品贸易中,由于点价交易被普遍应用,升贴水的确定也是市场化的,有许多经纪商提供升贴水报价,交易商可以很容易

确定升贴水的水平。

根据确定具体时点的实际交易价格的权力归属划分，点价交易可分为买方叫价交易和卖方叫价交易。如果确定交易时间的权力属于买方则为买方叫价交易，若该权力属于卖方的则为卖方叫价交易。

七、甲醇加工企业如何审慎决定是否运用期货市场进行采购管理？

把期货市场作为一个风险控制的有效工具来锁定原材料成本，确保加工利润这个方法是值得倡导的。当然，企业如果在期货市场进行了买期保值，可能有两种情况：第一种情况是在期货市场买进以后，期货价格和现货价格同时上涨。此时，不管期货价格上涨幅度是大于还是小于现货价格上涨幅度，企业在期货市场做的买入保值对企业降低原材料采购成本是有帮助的，因为期货市场是盈利的。第二种情况，如果期货市场价格和现货市场价格同时下跌，不管期货价格下跌幅度是大于还是小于现货价格下跌幅度，这个时候企业可能就会后悔，觉得不该做期货，因为期货不仅没有帮助企业降低采购成本，反而还拖累企业效益。而且，如果期货价格的跌幅远远大于现货价格下降的幅度的话，那么在现货市场上节约一点点成本，不但弥补不了期货市场上的大窟窿，还可能会把企业微薄的加工利润吞食掉。

因此我们认为，做套期保值业务也是有风险的，企业一定要审慎，最关键的一点就是企业应该对将来一段时期原材料价格的走势有一个客观正确的判断。如果判断有误，就很可能出现表 7-9 中的第三种和第四种情况，从而导致期货亏损拖累企业的现实生产经营。

表 7-9　　利用期货市场锁定原料成本确保加工利润效果分析

价格波动方向	价格波幅大小	应用期货效果评估
期货价格上涨 X 元/吨	X > Y	情况一：期货市场盈利不仅弥补现货市场上增加的成本，还可以获得额外利润
现货价格上涨 Y 元/吨	X < Y	情况二：期货市场盈利不能完全弥补现货市场上增加的成本，企业还要承受部分现货成本增加的压力

续表

价格波动方向	价格波幅大小	应用期货效果评估
期货价格下跌 M 元/吨	M > N	情况三：企业在现货市场上少付出的采购成本仅部分弥补了期货市场上的亏损
现货价格下跌 N 元/吨	M < N	情况四：企业在现货市场上少付出的采购成本可以弥补期货市场上的损失

企业做套期保值价格的预测跟当时企业所处的经济运行环境有很大的关系。经济的运行是有周期性的，分为四个阶段：复苏、繁荣、衰退、萧条。对应这四个阶段的通货膨胀率就有通胀初期、通胀高位运行期、通缩初期和通缩低位运行期。

通胀初期，期货市场特征比较明显。随着甲醇期货价格不断上涨，现货价格跟随上涨。企业决策层或物资采购部门应充分地认识到在现货价格上涨前就为生产经营储备充足的生产原材料，以控制成本。一旦现货价格形成上涨趋势，在短短的几个月内是很难逆转的。但是，它在上涨的过程中会有回调，每次的回调都是购进的良机。此阶段采用期货工具采购（买入）较为适宜。

经济周期不同阶段原材料价格走趋见图 7-1 至图 7-4。

甲醇期货价格上涨到一定高位后会滞涨或在高位运行一段时间，但不会很长，如果不是急用的原材料则不宜急于采购，待价格从高位回落后再进行采购活动。此阶段就不宜采用期货工具采购（买入）。

甲醇期货价格经过一轮又一轮的上涨后，会产生泡沫，政府为了控制通货膨胀，会采取一系列收紧银根的宏观调控措施。此时甲醇期货价格将会作高台跳水式的调整。作为企业的采购部门就要把宏观政策分析透彻，结合甲醇期货价格这一先前指标，严格控制高位采购活动，规避高价购进风险。此阶段非常不适宜采用期货工具采购（买入）。

甲醇期货价格从高位回落后，现货价格也会逐渐跟随调整回落，调整到位后会很长一段时间在低位区间上下波动，作为企业的采购部门可根据生产的需用量低价购入，并可以考虑运用期货工具采购（买入），为企业未来生产锁定采购成本。

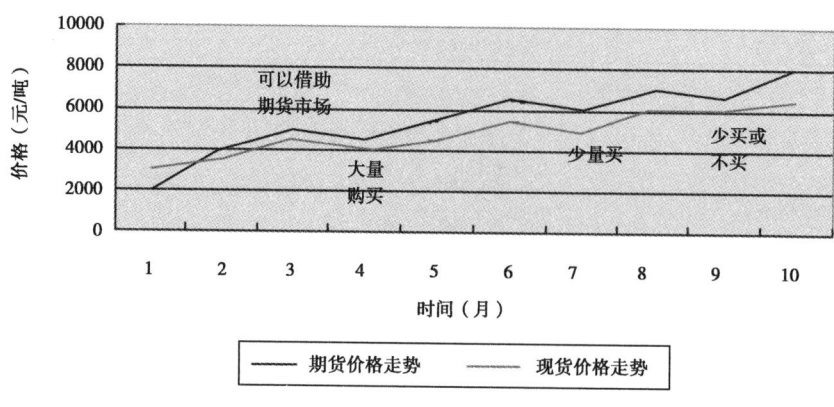

图 7-1　通胀初期原材料价格走势

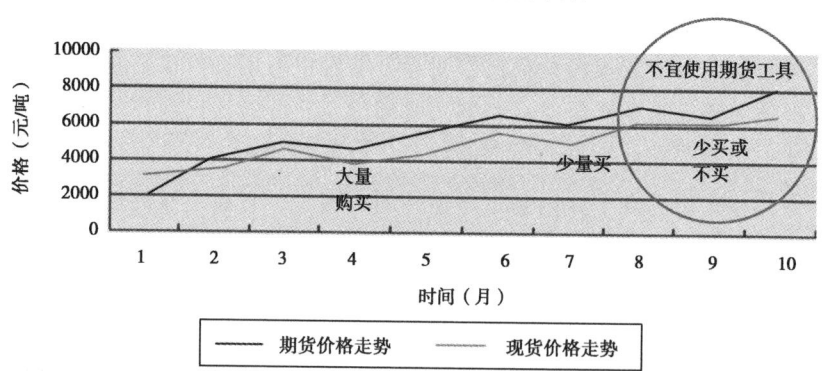

图 7-2　通胀高位运行期原材料价格走势

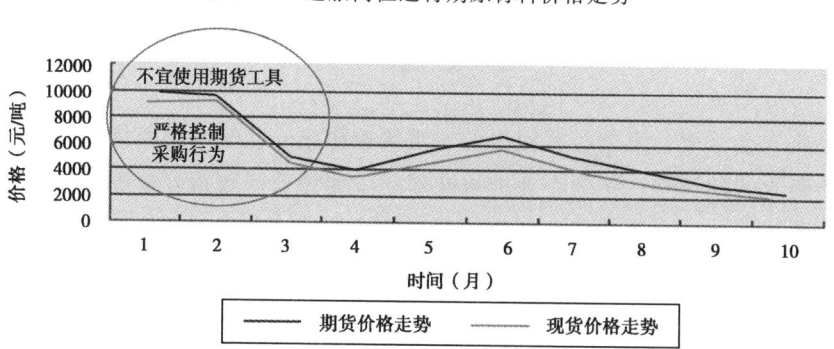

图 7-3　通缩初期原材料价格走势

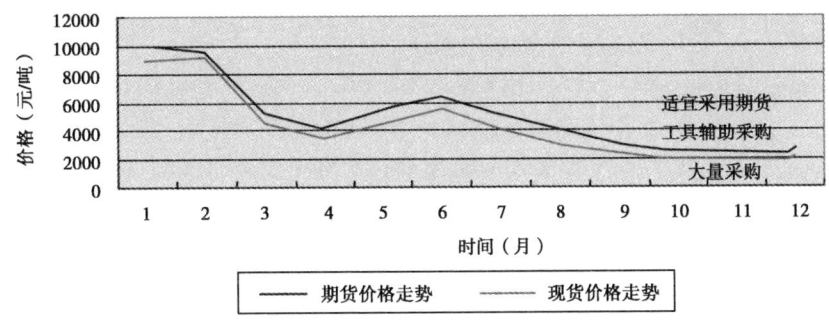

图 7-4 通缩低位运行期原材料价格走势

八、哪些甲醇加工企业原材料采购需要运用期货市场规避价格波动风险?

是不是甲醇加工企业所采购的原材料一定要在期货市场做套期保值,这也是一个值得探讨的问题。

举例来看,2010 年,国内的棉花市场价格出现了大幅度上涨,从 2009 年下半年的 14000 元/吨到 2010 年下半年的 34000 元/吨。这个涨幅是惊人的,对于棉纺企业来讲,如果不利用期货市场进行原材料采购,那么其经营将会非常艰难,有的甚至难以为继。但是,对一家生产高档服装的服装厂来讲,它有没有必要在棉花市场上做买期保值,这就要考虑企业所用的棉花占最终产品的成本比例究竟有多大。服装厂生产的西服,卖点主要是式样、品牌和做工。棉花价格上涨,导致一些棉纺织品价格的上涨,可能对西服的成本会有不利的影响。但是这一部分增加的成本相对于售价几千元的西服而言微乎其微,对于西服销售价格影响不大,因此就没有必要到棉花期货市场上做买期保值。

具体到甲醇下游企业,比如说甲醛、二甲醚企业,甲醇占其生产成本较大,就需要关注甲醇期货价格,而像农药、医药、染料等行业,甲醇占其生产成本比例较小,就没有迫切性要到甲醇期货市场做买入保值。

自 测 题

一、不定项选择题

1. 为了规避原材料价格上涨的风险，甲醇下游加工企业应该采取的交易策略是(　　)。

   A. 买入套期保值　　　　　　　　B. 卖出套期保值

   C. 投机套保　　　　　　　　　　D. 套利套保

2. 甲醇下游加工企业可以利用甲醇期货，缓解企业(　　)的矛盾。

   A. 采购资金不足　　　　　　　　B. 生产能力不足

   C. 产品库存过高　　　　　　　　D. 产品供应过剩

3. 当甲醇(　　)时，甲醇加工企业可以买入甲醇期货合约，并通过交割达到买入现货的目的。

   A. 生产能力不足　　　　　　　　B. 现货供应短缺

   C. 供应过剩　　　　　　　　　　D. 社会库存过高

4. 在进口业务活动中，为了规避进口货物价格下跌的风险，甲醇加工企业应该采取的交易策略是(　　)。

   A. 买入套期保值　　　　　　　　B. 卖出套期保值

   C. 投机套保　　　　　　　　　　D. 套利套保

5. 对于甲醇加工企业来说，甲醇期货的作用有(　　)。

   A. 锁定原材料采购成本

   B. 缓解资金不足的压力

   C. 解决仓储空间不足的矛盾

   D. 作为原材料采购的一种补充渠道

6. 某二甲醚生产企业的主要原材料是甲醇，该企业为更好地规避风险而参与期货市场进行套保，在进入市场之前，该企业应把握的原则有(　　)。

   A. 选择与现货相关的品种进行套保　　B. 专人专组负责

   C. 以盈利为主要目的　　　　　　　　D. 估算操作成本，制订预算

7. 一个甲醛生产企业，3月1日，企业甲醇库存有3万吨，按照生产计划，3月15日，企业要消耗掉甲醇2500吨；4月1日，再次出库6000吨；

5月1日，第三次出库1万吨，但同时企业也从现货市场购入了8000吨新库存。该企业自3月开始进入期货市场，采取买入主力合约进行套保。下列套保头寸正确的是（   ）。

A. 3月15日应买入甲醇期货合约550手

B. 4月1日应平掉甲醇期货合约多单120手

C. 5月1日此时应剩下390手甲醇主力合约多单

D. 5月1日此时应剩下210手甲醇主力合约多单

8. 如果预计甲醇价格（   ）或已经进入（   ）通道时，甲醛企业要做买入套期保值。

A. 上涨　　　　　　　　　　B. 下跌

C. 上升　　　　　　　　　　D. 下降

9. 运用甲醇期货，甲醇下游加工企业完全可以把期货市场作为原料采购的第三条渠道。这样可使企业在现货、合同货及期货三者中进行比较，从优选择，企业（   ）会更加有保障。

A. 原料采购　　　　　　　　B. 产品销售

C. 生产经营　　　　　　　　D. 产品质量

10. 预计甲醇上涨或已经进入上升通道时，下游二甲醚制造业可以利用甲醇期货为原料库存进行（   ）保值。

A. 上涨　　　　　　　　　　B. 下跌

C. 买入　　　　　　　　　　D. 卖出

二、判断题

1. 与上游企业相比，甲醇加工企业的规模往往较小，因而在原材料采购和产品销售过程中往往处于劣势。　　　　　　　　　　（   ）

2. 当甲醇加工企业需要采购大量原材料，而又没有足够的生产能力时，可以选择买入甲醇期货。　　　　　　　　　　　　　（   ）

3. 甲醇加工企业买入期货合约能够规避产品价格下跌的风险。（   ）

4. 甲醇加工企业卖出甲醇期货合约，能够规避库存原材料价值缩水的风险。　　　　　　　　　　　　　　　　　　　　　　　（   ）

5. 甲醇加工企业可以将期货市场作为采购甲醇现货的一种补充渠道。
( )

6. 在卖出套期保值操作过程中，当企业完成了产品销售之后，如果期货价格有利，不需要将期货头寸进行平仓了结。 ( )

7. 利用甲醇期货，甲醇加工企业既可以将即将下线的产品进行提前销售，也可以规避价格可能下跌的风险。 ( )

8. 甲醛生产企业可以利用甲醇期货规避原材料价格波动的风险。
( )

9. 原材料价格上涨和产品价格下跌是加工型企业面临的两大主要风险。
( )

10. 二甲醚企业可以有效利用期货市场建立虚拟库存，另外可有效地盘活库存资金、减缩实际库存、提高资金运转效率。 ( )

参 考 答 案

一、不定项选择题

| 1. A | 2. A | 3. B | 4. B | 5. ABCD |
| 6. ABD | 7. ABC | 8. AC | 9. C | 10. C |

二、判断题

| 1. 对 | 2. 对 | 3. 错 | 4. 对 | 5. 对 |
| 6. 错 | 7. 对 | 8. 对 | 9. 对 | 10. 对 |

第八章
甲醇期货的实物交割

【本章要点】

本章主要介绍甲醇期货交易的实物交割环节，包括实物交割的前期准备工作、交割流程、交割注意事项、仓单管理，以及交割费用等相关内容，并对投资者在交割过程中可能遇到的疑问作出解答。

一、交割过程中有哪些规定？

无论采用何种方式进行交割，交割双方都必须是法人客户，必须具备开具增值税发票的资格。自然人不允许持仓进入交割月份并参与实物交割。

交割过程中，需通过期货公司办理交割预报、转交增值税发票等流程。客户需委托会员办理交割预报。会员可以通过郑州商品交易所网站下载并填写交割预报表（一式三份），加盖会员印章后到交易所办理交割预报。交易所收到会员提交的交割预报表后，会在3个工作日内完成相应的审批工作，并将审批结果告知会员。客户需在交割预报批准日后40天内完成预报商品的入库。

此外，在交易所完成配对后，其配对结果不得变更。最后，买卖双方在办理入库出库手续时，都应到库进行监收或监发。

二、卖方入库需要注意哪些问题？

入库前，客户需要做的是：提前将客户名称、车船号、数量、到货时间告知仓库，以保证仓库及时组织入库、安排检验。如果客户没有提前告知仓库，仓库可能无法及时安排相应的装卸人手，会影响客户的入库速度。

另外，客户在入库后要进行检验、注册才能进行交割。临近交割期时有多家客户的货物集中入库，会给检验带来较大压力，上述时间也会相应延长，因此建议客户尽早完成入库。

三、买方出库需要注意什么？

1. 客户可以凭标准仓单持有凭证到交割仓库提货吗？

不可以。客户必须凭提货通知单到交割仓库办理提货手续。

2. 客户出库时应向交割仓库提供哪些证明材料？

客户提货时，必须向交割仓库提供提货通知单、提货人身份证、提货人所在单位证明等材料。

3. 客户出库时应注意哪些事项？

商品出库前，客户应检查拟出库商品的质量。

商品出库时，客户应进行现场监督。客户不到库现场监督的，则认定对交割仓库所收所发的实物重量、质量没有异议。

交易所不受理已经出库的交割商品的质量和数量的争议。

4. 客户与交割仓库对出库商品的质量发生争议，该如何处理？复检费用由谁支付？

客户应向交易所提出书面申请，由交易所指定检验机构进行复检，复检结果为解决争议的依据。

复检费用由客户先行垫付。如果复检结果与仓库的检验结果不相符，由此产生的费用和损失由交割仓库承担。如检验结果相符，费用和损失由客户承担。

5. 客户与交割仓库发生纠纷，该如何处理？

客户与交割仓库发生纠纷，首先应双方协商解决，无法达成一致意见的，应在发生纠纷后15个工作日内以书面形式提请交易所调解，逾期交易所不再受理调解申请。

交易所不受理已经出库的交割商品的质量和数量争议。

6. 客户要投诉交割仓库，如何与交易所负责仓库管理的人员取得联系？

交易所网站上公布了仓库管理人员的联系方式，客户可直接从郑州商品交易所网站中获取相关电话，向相关品种的管理人员进行咨询或投诉。

四、买方交割可以选择仓库吗？

买方客户经常会问：可不可以自己选择提货的交割仓库？可以。甲醇期货仓单属于通用标准仓单，仓单持有人可以到交易所任一甲醇交割仓库或厂库提货，当然前提是该交割仓库或厂库有货。

关于仓库库存情况，可查询郑州商品交易所网站。

五、仓单生成和注销需要注意什么问题？

标准仓单是交易所指定交割仓库或厂库按照交易所规定程序签发的符合合约规定质量的实物提货凭证。

标准仓单的生成包括交割预报、商品入库、检验、指定交割仓库签发及交易所注册等环节。标准仓单对应的期货商品转为现货，或标准仓单注册申请表提现后，客户如需在同一仓库再次生成标准仓单，仍需办理交割预报，但无需交付交割预报定金，并按照期货合约标准重新检验。

注销仓单后无论是否提货，客户都应该按交易所规定及时与交割仓库联系，通知仓库是出库还是继续存放。

六、甲醇企业如何利用和管理仓单？

标准仓单本质上也是企业资产，灵活合理地利用将有助于提高资产利用率，缓解企业短期资金紧张。标准仓单是经交易所注册生效的实物提货凭证。与一般票据相比，标准仓单具有信用度高、流通性好和价值高的特征，是一种很好的信贷品种。通常，标准仓单可用于交割、转让、提货和质押，也可用于冲抵期货交易保证金。

甲醇标准仓单质押主要做法是将注册仓单抵押给期货交易所，并获取大约相当于仓单价值80%的金额。质押得到的金额，只能用作期货交易所需保证金，不得用于支付期货交易的相关亏损、费用、货款和税金等款项。期货仓单也可用于向商业银行进行抵押贷款，银行与利用仓单质押贷款的企业及期货公司签订三方协助监管协议。相对于向交易所质押仓单，银行作为信贷出借方对借款企业的资格审查会更加严格。

七、交割违约如何处理？

交易所交割制度规定：在最后交割日，买方在闭市前必须补足全额货款，卖方必须缴齐对应的标准仓单，否则将被视为交割违约。具体处理方法如下：

卖方违约的，买方可以选择终止交割，交易所退还买方货款；或继续交割，交易所在认定卖方违约的下一交易日发布标准仓单征购公告，并在7个交易日内组织征购。征购成功，交易所支付给买方标准仓单；征购失败，卖方支付给买方违约部分（此处指征购失败部分）合约价值10%的赔偿金，交易所退还买方交割货款后终止交割。卖方承担因征购产生的一切经济损失和费用。

买方违约的，卖方可以选择终止交割，交易所退还卖方标准仓单；或继续交割，交易所在认定买方违约的下一交易日发布标准仓单竞卖公告，并在7个交易日内组织竞卖。竞卖成功，交易所支付给卖方交割货款；竞卖失败，买方支付给卖方违约部分（此处指竞卖失败部分）合约价值10%的赔偿金，交易所退还卖方标准仓单后终止交割。买方承担因竞卖产生的一切经济损失和费用。

征购价格不高于交割结算价的120%,竞卖价格不低于交割结算价的80%。

买卖双方同时违约的,交易所按终止交割处理,并对双方分别处以违约部分合约价值5%的罚款。

八、甲醇交割的相关费用有哪些?

出入库费用及仓储费如表8-1所示:

表8-1　　　　　　出入库费用及仓储费

项　目	汽车	轮船	火车
仓储费	1.5元/吨·天		
入库费用	5元/吨	10元/吨	10元/吨
出库费用	0	10元/吨	10元/吨

注:1. 仓储费中包含损耗,注册仓单时仓库不再另扣损耗。
2. 汽车出入库费用中包含作业费(库场管理、操作输油管线)、过磅费;轮船出入库费用中包含作业费(驳船与储罐间输送费用、库场管理)、过磅费等,不含港建费;火车出入库费用中包含铁路代垫费、作业费(库场管理、操作输油管线)、过磅费等。

检验费的实例如表8-2所示:

表8-2　　　　检验费(中国检验认证集团江苏有限公司)

序号	项　目	检验费(元/样)
1	色度/Hazen 单位(铂—钴色号)	100
2	密度(ρ_{20})(g/cm^3)	150
3	沸程(0℃,101.3kPa,在64.0℃~65.5℃范围内,包括64.6±0.1℃)/℃	250
4	高锰酸钾试验/min	300
5	水混溶性试验	150
6	水的质量分数%	150
7	酸的质量分数(以 HCOOH 计)%或碱的质量分数(以 NH$_3$ 计)%	200
8	羰基化合物的质量分数(以 HCHO 计)%	200
9	蒸发残渣的质量分数%	300
10	硫酸洗涤试验/Hazen 单位(铂—钴色号)	200
	1—10项全部检验的费用	2000

注:1. 委托指定质检机构扦样的,扦样费用为500元/样。
2. 委托指定质检机构检重的,费用为1000元/批(罐)。
3. 委托指定质检机构扦样或检重的,交通费为50公里以内的200/次,超过50公里的另计。

九、甲醇期货交割流程是怎样的？

按照郑州商品交易所的有关规定，甲醇交割流程如图8-1所示：

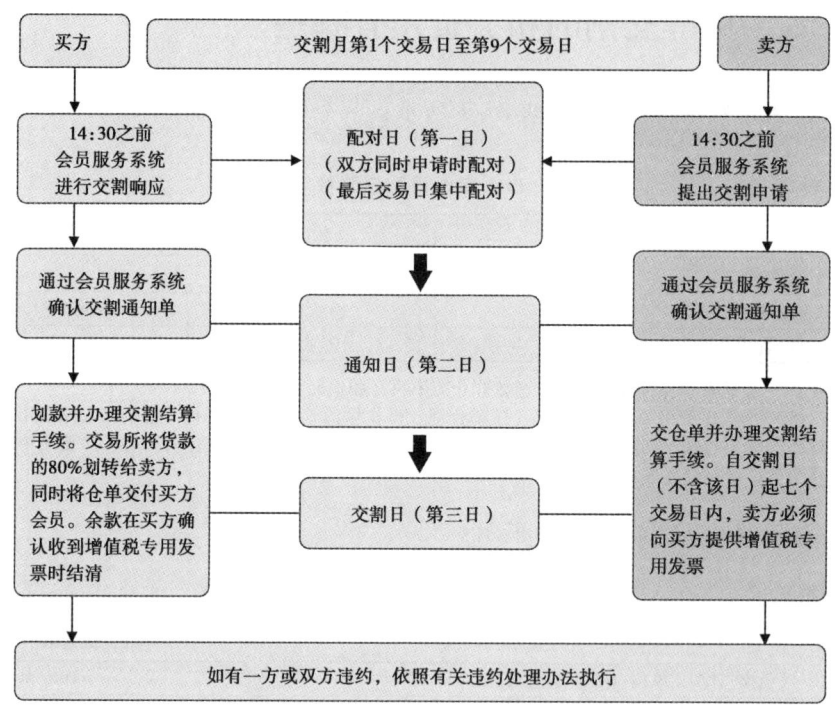

图8-1 买、卖双方交割流程图

交割流程要点说明：

（1）核实是否具有交割资格（包括具备甲醇生产、储存、使用、经营或运输相关资质）；没有相关资质的客户不得进行交割。

（2）进入交割月前，不得交割的客户应当将交割月份的相应持仓予以平仓。自进入交割月第一个交易日起，自然人和无交割资质客户不得开新仓，交易所有权对自然人和无交割资质客户的交割月份持仓予以强行平仓。

（3）不得交割的持仓被配对的，将被处以合约价值10%的违约金。

（4）进入交割月，买方要及时准备足额货款；卖方要持有可流通的标准仓单。

(5) 买方及时提供增值税发票相关信息；卖方在规定时间内开具增值税发票，否则将面临违约金的处罚。

十、怎样注册仓单及入库？

（一）仓库仓单注册流程图

仓库仓单注册流程如图 8-2 所示：

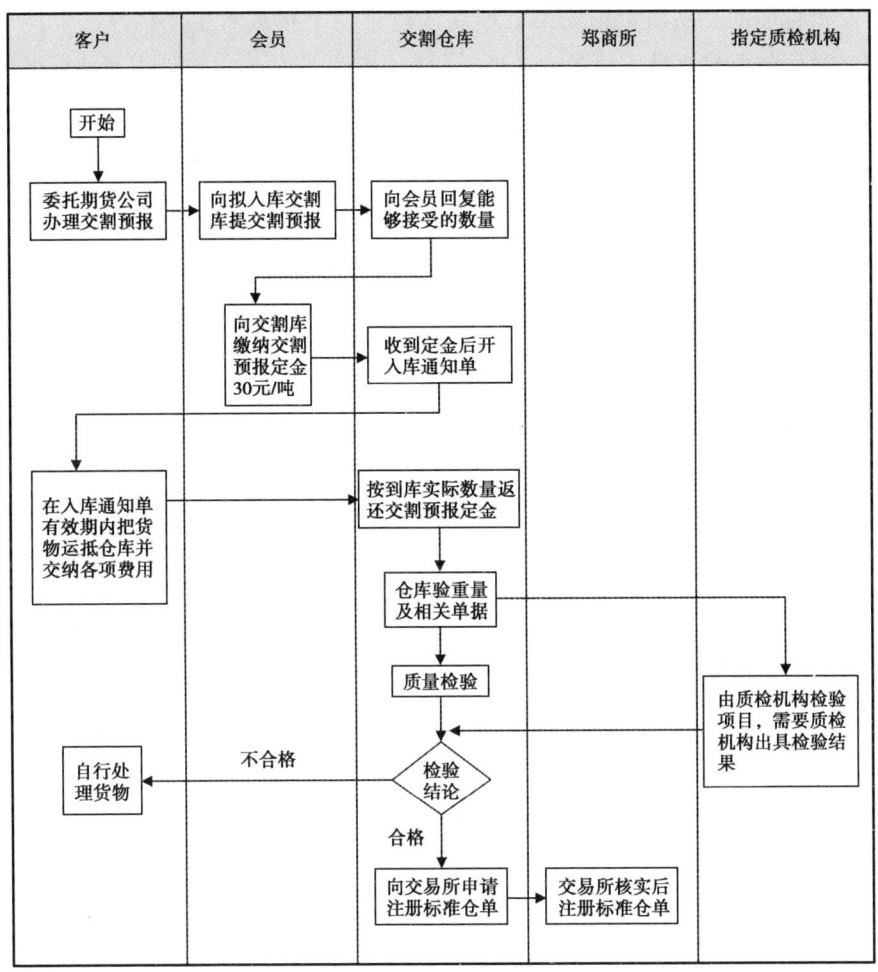

图 8-2 仓单注册流程

（二）仓库入库流程要点说明

1. 自交割月最后交易日下午 3 时起，交易所不再受理交割仓库提出的用于当月交割的标准仓单注册申请。该日下午 3 时以后的注册申请所形成的标准仓单可以参与当月标准仓单的征购及后续月份交割。

2. 入库通知单的有效期为 40 天（公历日）。

3. 入库货物单证及货主危险化学品经营资质由交割仓库负责审验。境内生产的甲醇申请入库的，应当向交割仓库提交本批甲醇生产厂家出具的符合交割标准的产品质量证明书。产品质量证明书须载有生产厂家、生产日期、适用的质量标准和该批产品的质量检验结果等信息；境外生产的甲醇申请入库的，应当向交割仓库提交本批商品的船运证明、进口货物报关单、生产厂家出具的产品质量证明书等材料的复印件、海关放行单原件。商品所有人应当对所提供的单证签署进口甲醇单证合法、真实、有效保证书。

4. 交割商品入库验收由仓库及指定质检机构实施，货主应到场监督。

重量验收：采用汽车运输的，以地磅计量为准，由交割仓库负责验重。采用火车、船舶运输的，以仓库储罐打尺计量为准。货主可以委托交易所指定质检机构或仓库验重。由此产生的费用由货主承担。经交易所批准，甲醇重量验收可以使用国家质量技术监督部门认可的其他先进衡器计量。

质量验收：入库甲醇的采样、质检由质检机构负责，仓库应予协助，由此产生的费用（不含仓库配合费用）由货主承担。已经入库的甲醇，货主能够提供质检机构出具的该货物符合期货交割标准的检验报告，经仓库认可，可以申请注册仓单。对期货、现货混罐存储的甲醇，仓库必须确保整罐货物符合期货交割标准的规定，不符合规定的，不允许混罐存储或申请注册仓单。

5. 自完成采样之日起 3 个工作日内，质检机构应当出具检验结果，并及时通知仓库，仓库自收到检验结果之日起 1 个工作日内通知货主。

6. 仓库或货主对检验结果有异议可提出复检；无异议，仓库自通知货主之日起 2 个工作日内，向交易所申请注册仓单（用于当月交割的仓库仓单最迟应在交割月最后交易日下午 3 时前完成注册）。

7. 交易所在申请之日起 7 个工作日内予以注册。

8. 客户如确定进行交割，应提前做好准备。因为存在仓库接收入库、送检、质检、交易所注册等环节，一旦中间某个环节出现差错，将会影响仓单注册，并导致违约。

（三）厂库仓单注册流程及注意事项

厂库仓单注册事项如图8-3所示：

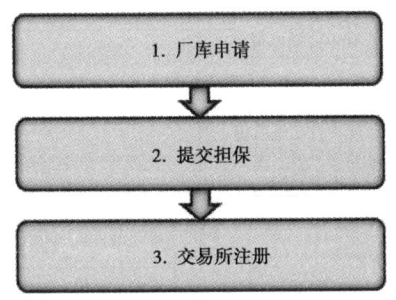

图8-3 厂库仓单注册流程

1. 厂库仓单注册不涉及商品运输、入库、重量质量检验等事项。

2. 非期货公司会员或客户与厂库结清货款等费用后，厂库通过交易所仓单注册注销系统提交仓单注册申请。

3. 厂库在向交易所提交支付保证方式时，可选择银行保函（额度为标准仓单量价值的130%）、现金（额度为标准仓单量价值的100%）或交易所认可的其他支付保证方式。当商品市值发生较大波动时，交易所可根据市场变化情况要求厂库调整银行履约保函、现金或交易所认可的其他支付保证方式的数额。

4. 厂库最迟应在合约最后交易日前3个交易日下午3时前提交仓单注册申请。

5. 交易所审核后，在3个工作日内予以注册。

6. 单个厂库允许注册仓单的最大数量由交易所确定和调整。

十一、怎样注销仓单及提货？

（一）仓库仓单注销及提货流程

仓库仓单注销及提货流程见图8-4。

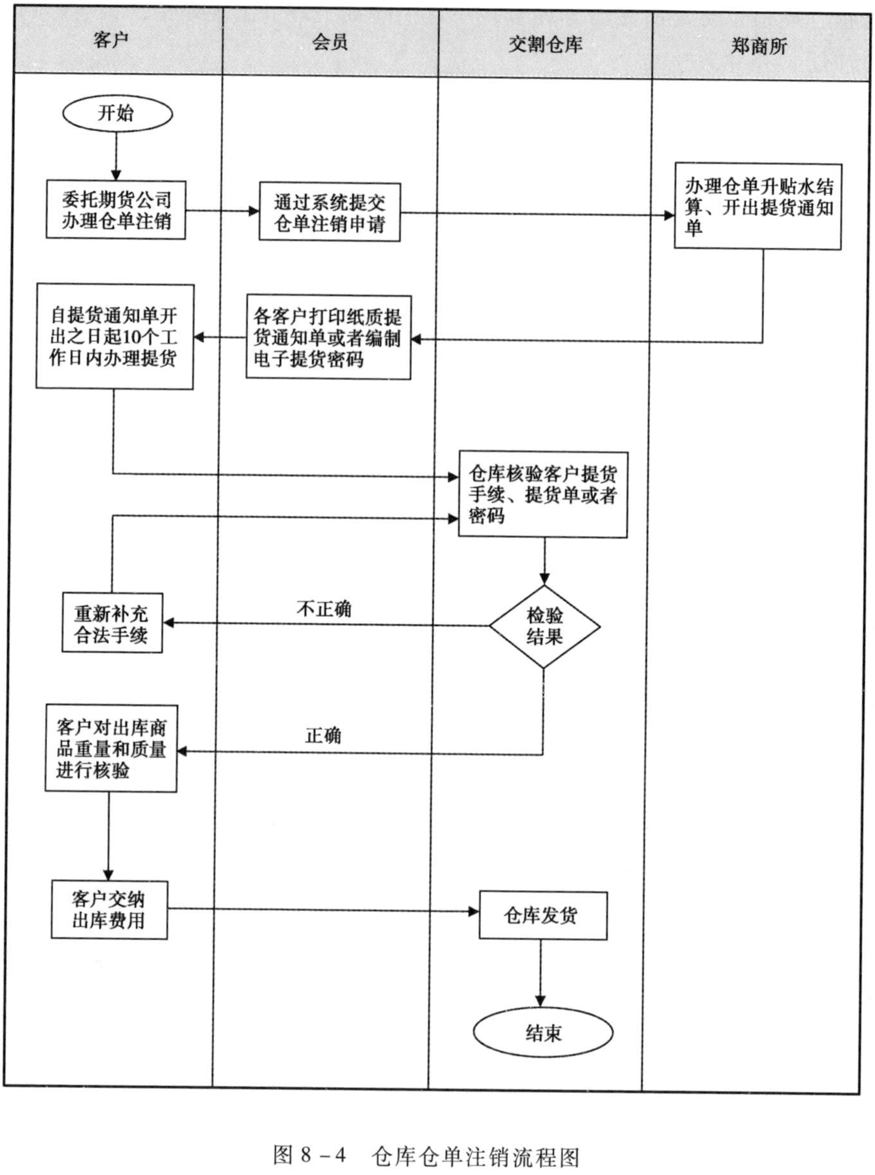

图 8-4 仓库仓单注销流程图

(二) 仓库仓单出库注意事项

1. 仓库标准仓单有效期：每年 5 月、11 月第 12 个交易日（不含该日）之前注册的甲醇标准仓单，应在当月的第 15 个交易日（含该日）之前全部注销。

2. 仓库出库时货物装到汽车板后的一切费用由买方客户承担,即出库时若采用汽车出库,则无出库费用;若采用轮船或者火车出库,则由买方承担出库费用(10元/吨)。

3. 甲醇期货仓单是通用仓单,客户可自行选择仓库或者厂库提取甲醇实物(厂库有贴水)。

4. 自提货通知单开具10个工作日内,货主应到仓库办理提货手续。逾期未办理相关手续的,按现货提货单处理,仓库不再保证全部商品质量符合规定标准,具体提货事宜由货主与厂库自行协商。

5. 自提货通知单开具之日起10个工作日内,仓单持有人对商品质量有异议的,可向交易所申请一次复检,并预交复检费用。未在规定时间内提出异议的,视为确认出库商品质量。

6. 客户在办理提货时,应对商品的数量、质量进行确认。仓库和交易所不承担已经出库甲醇的责任。

(三)厂库仓单注销流程图及注意事项

厂库仓单注销流程如图8-5所示:

图8-5 厂库仓单注销流程图

厂库仓单提货注意事项:

1. 厂库标准仓单有效期:每年5月、11月第12个交易日(不含该日)之前注册的甲醇标准仓单,应在当月的第15个交易日(含改日)之前全部注销。

2. 厂库出库时货物装到汽车板后的一切费用由买方客户承担,即出库时若采用汽车出库,则无出库费用;若采用轮船或者火车出库,则由买方承担出库费用(10元/吨)。

3. 甲醇期货仓单是通用仓单,客户可自行选择仓库或者厂库提取甲醇实物(厂库有贴水)。

4. 自提货单开具10个工作日内,应到厂库办理提货手续。逾期未办理

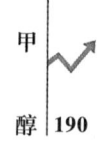

相关手续的,按现货提货单处理,厂库不再保证按期货规定承担日发货速度等责任,具体提货事宜由货主与厂库自行协商。

5. 货主对交割商品重量、质量有异议的,首先与厂库协商解决。协商不成的,可向交易所申请一次复检,并预交复检及相关费用。重量异议,应在货物出库前提出。质量异议,应在货物出库之日起 5 个工作日内提出。未在规定时间内提出异议的,视为确认出库商品的重量或质量。

十二、期转现怎样操作?

(一) 期货转现货流程

期货转现货是指持有同一交割月份合约的交易双方通过协商达成现货买卖协议后,变期货部位为现货部位的交易。在期货合约到期配对交割前,客户可以期货转现货交割。其好处是:卖方可以提前把货物交出去,得到货款,也节省了仓储费;买方可以提前拿到货物进行加工、销售。

达成期转现协议的双方共同向交易所提出申请,获得交易所批准后,分别将各自持仓按双方达成的平仓价格由交易所代为平仓(现货的买方在期货市场应当持有多头部位,现货的卖方在期货市场应当持有空头部位),同时双方按达成的现货买卖协议进行与期货合约标的物种类相同、数量相当的现货交易。

期货合约自上市之日起到该合约最后交易日期间,均可进行期转现。

期货转现货流程如图 8-6 所示。

(二) 期货转现货要点说明

1. 买卖双方可以自行协商,也可以通过交易所会员服务系统发布期转现意向。

2. 买卖双方协商,就平仓价、交货价(二者可以不相同)达成现货买卖协议。

3. 持有同一交割月份合约的买卖双方达成协议后,在每一个交易日的下午 2:30 之前向交易所提交期转现申请。

4. 交易所批准后,期转现的买卖双方持有的期货持仓,由交易所在审批日的下午闭市之后,按照买卖双方达成的平仓价格平仓。买卖双方达成的

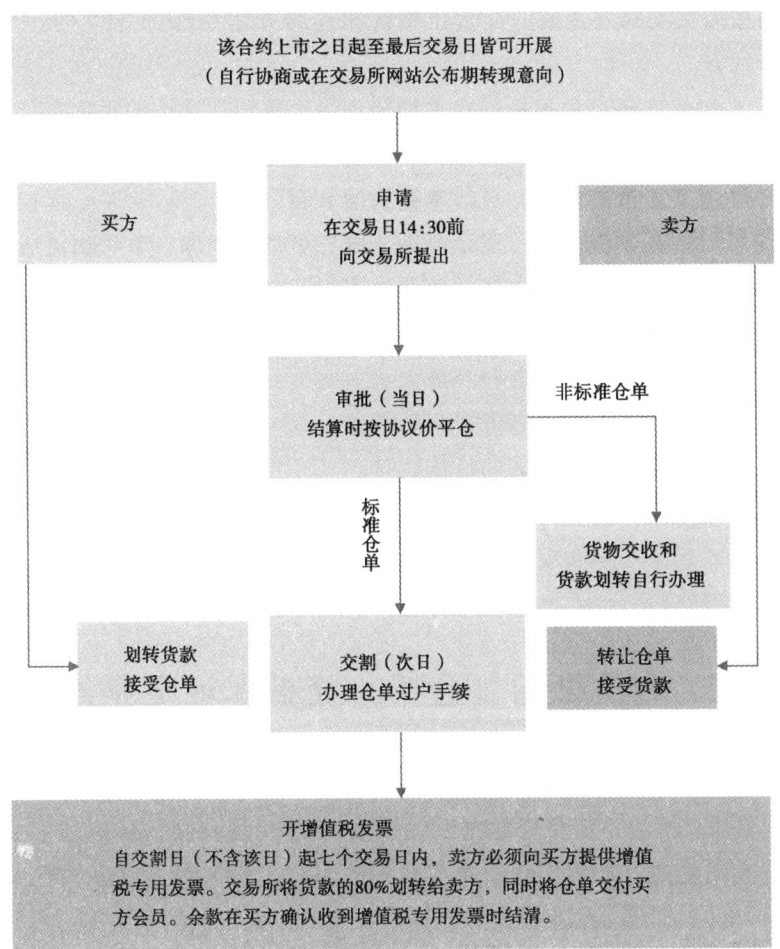

图 8-6　期货转现货流程图

平仓价格应当在审批日合约价格限制的范围内。

5. 甲醇期货仓单是标准仓单。用标准仓单进行期转现的，可由交易所进行货款划转。买方提交期转现申请前应当有 20% 以上的货款，货款不足的不予批准或不予办理；在期转现申请批准后的下一个交易日，交易所为成功的期转现买卖双方办理仓单过户；增值税专用发票由卖方客户向买方客户按照双方商定的交货价格开具；买卖双方的相应持仓平仓后，办理标准仓单过户手续时，卖方未能如数交付标准仓单或者买方未能如数解付货款的，由交易所按照买卖双方达成的交货价格代扣违约方违约部分20%的违约金支付给守约方。

6. 买卖双方各自负担标准仓单期转现中仓单转让环节的手续费。

（三）期转现的好处

1. 不受交割月的限制，灵活掌握经营节奏。
2. 可以选择物流便捷、运距最近、服务更优的仓库，节约物流成本。
3. 可以选择适合自己生产、经营的等级。
4. 灵活确定价格，进行合理避税。
5. 降低交割成本，实现利润最大化。
6. 减小资金压力，提高资金利用效率。
7. 有效避免时间所带来的行情风险。
8. 交割效率明显提高，提货更加便捷、快速。
9. 让看起来不易实现的生意轻松完成。
10. 期转现适合大、中、小企业的参与。

十三、有价证券（仓单）充抵保证金业务如何操作？

交易所接受以下有价证券充抵保证金：（1）可在交易所流通的标准仓单；（2）可流通并能够实现质押权登记的国债；（3）交易所认可的其他有价证券。以上所规定的有价证券充抵保证金的，充抵的期限不得超过有价证券的有效期，每次充抵的有价证券价值不得低于10万元（人民币）。

下面以标准仓单为例，介绍仓单充抵保证金业务。

1. 仓单冲抵业务流程

仓单冲抵业务流程如图8-7所示。

2. 仓单充抵业务流程要点

（1）仓单持有人填写有价证券充抵保证金专项授权书，向交易所提交申请。

（2）仓单充抵保证金交易所按照最近合约前一日结算价的75%额度授

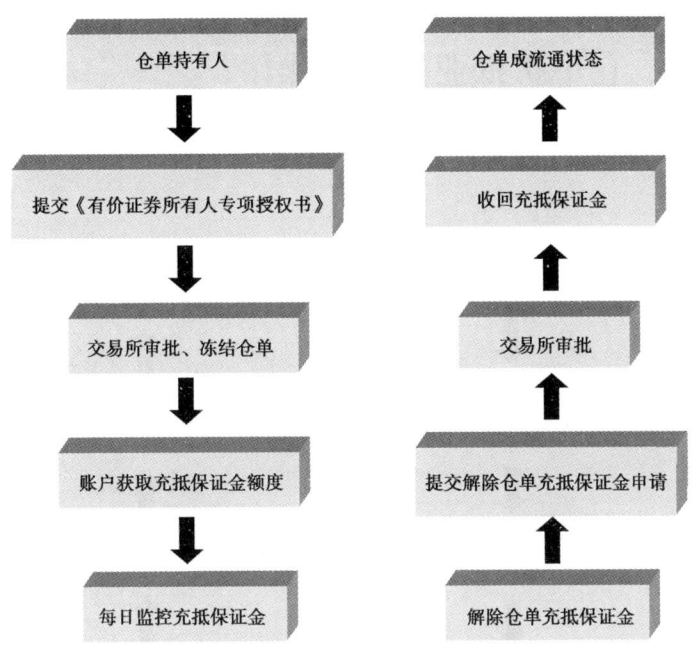

图 8-7 仓单冲抵业务流程图

予,同时充抵保证金与结算账户实有货币资金的比例不超过 4:1。

(3) 每日监控充抵保证金,充抵资金仅用于交易担保,发生的亏损、交割货款、出金、费用等款项均须以货币资金及时结清。

(4) 仓单充抵保证金业务在每个交易日交易时间的下午 2:30 之前办理。

(5) 在仓单有效期内,每次仓单充抵保证金期限一般为 6 个月。

(6) 充抵期限内,当仓单价值涨跌幅度达到 10% 及以上时,交易所对充抵资金作相应调整。

(7) 解除仓单充抵保证金是,同一批次办理的仓单充抵保证金全部解除。

(8) 仓单充抵保证金按照充抵资金的年化 1.8% 的比率收取手续费,解除充抵保证金时在账户上扣除。

(9) 仓单充抵保证金期间,仓储费照常收取。

十四、仓单折抵业务如何操作？

（一）仓单折抵业务流程

仓单折抵业务流程如图8-8所示：

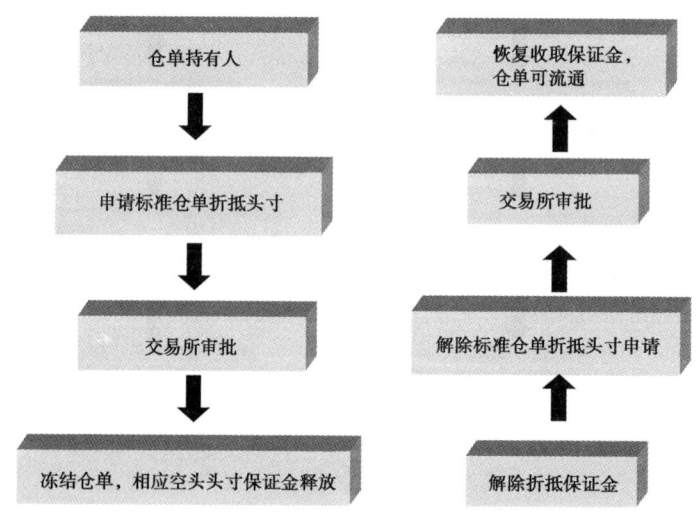

图8-8 仓单折抵业务流程图

（二）仓单折抵业务流程要点

1. 仓单折抵业务在每个交易日交易时间下午2：30之前向交易所提交申请。

2. 仓单折抵头寸只能用于折抵空头头寸的保证金。

3. 折抵资金会随着仓单持有人最近月空头合约所收取的保证金变动而变动，即相应空头头寸保证金不再收取。

4. 解除标准仓单折抵头寸时，将恢复收取相应空头头寸保证金，同时仓单从冻结状态转为流通状态。

5. 仓单折抵期间仓储费照常收取。

十五、仓单银行质押授信业务如何操作？

为促进期货市场发展，方便会员和客户与商业银行之间开展标准仓单融资业务，郑州商品交易所提供了两种基本的协助方式：一是根据部分商业银行申请，为其开通了标准仓单质权登记及质权行使通道，为出质人和质权人提供质押登记服务；二是配合没有取得质权登记及质权行使通道的商业银行依据银行、期货公司、客户等三方申请将客户仓单予以冻结。因为各家商业银行的内部管理不尽相同，所以对标准仓单质押授信的具体操作流程和要求也不完全一致。

（一）通过质权登记及质权行使通道办理标准仓单质押授信的模式之一

标准仓单质押授信操作流程之一如图 8-9 所示。

标准仓单质押授信操作流程—1 说明

1. 提交申请材料。

借款人须向当地银行（贷款行）提供以下资料：

（1）借款人营业执照（正副本）、企业法人代码证、税务登记证、公司章程、贷款（证）卡原件和复印件。

（2）借款人、保证人上年度财务报表（包括资产负债表、损益表和现金流量表）和最近一期财务报表原件。

（3）拟质押标准仓单清单与权属凭证（复印件）。

（4）借款人有权机构关于借款及同意质押的决议原件。

（5）拟质押人担保意向书。

（6）借款人法人代表身份证复印件，有权签字人的签字样本。

2. 审查、审批。贷款行受理借款人的申请资料，并根据借款人财务状况和经营规模进行客户规模的划分、认定；对认定为中小型企业的借款人，直接根据"速贷通"业务有关规定给予借款人一定的贷款额度；对中小型规模以外的客户要先进行评级和授信，然后在核定的额度内受理单笔仓单质押贷款业务。

贷款行信贷审批部门根据经营部门上报的借款人的贷款额度、期限、金额，以及借款人提供的拟质押仓单数量等证明文件进行审批。

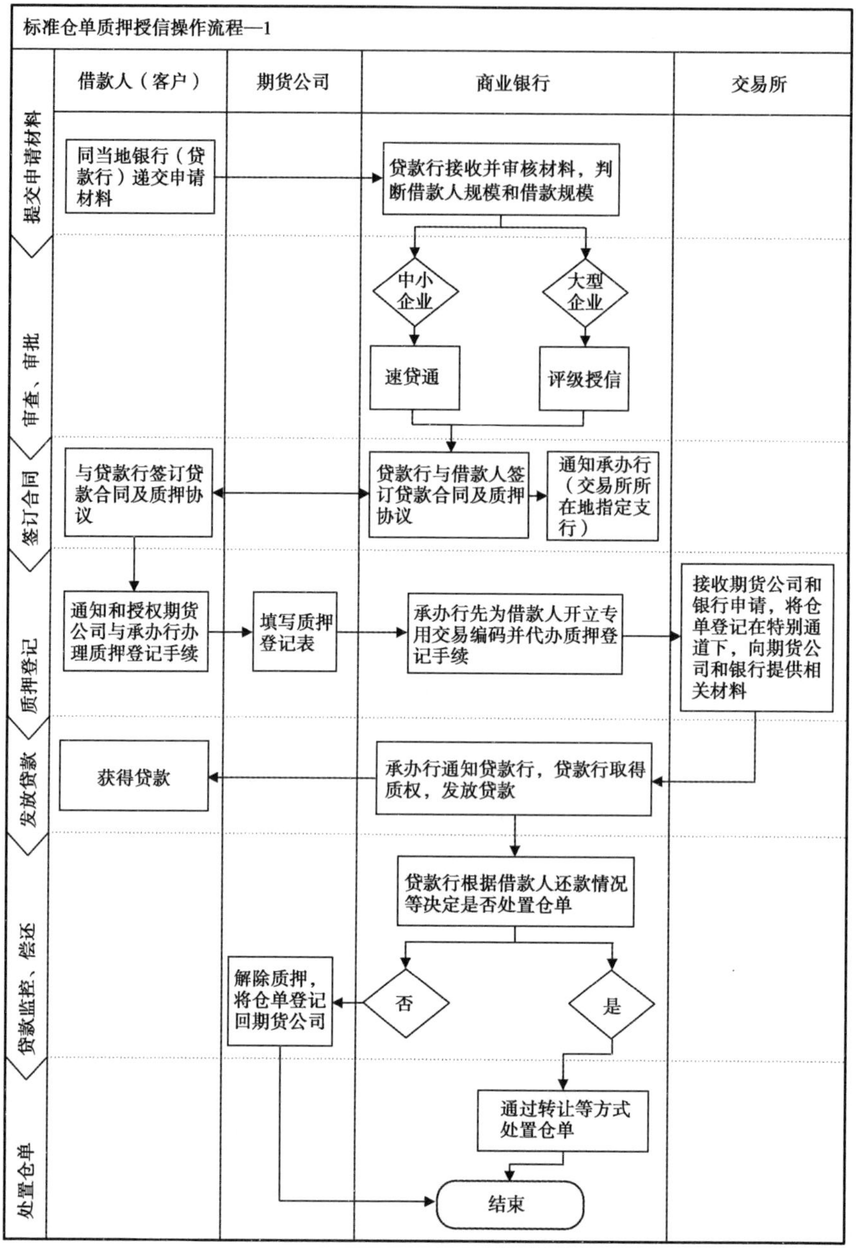

图 8-9 标准仓单质押授信操作流程—1

注：中国建设银行等采用图 8-9 的办理模式。

3. 签订合同。对审批同意的贷款项目，银行通知借款人签订标准仓单质押贷款合同和标准仓单质押合同，同时，为防止资金直接流入期市、股市进行投机交易，还要与借款人签订《资金使用监管协议》。

贷款行通知承办行（交易所所在地指定银行）关于仓单质押贷款情况，并将借款人的营业执照复印件交承办行，承办行为借款人在质权登记及质权行使通道下开立专用交易编码。

4. 质押登记。质押登记承办行与借款人、借款人所在期货经纪公司填写郑州商品交易所标准仓单质押登记表，承办行填写标准仓单质押登记业务申请表，期货公司被授权人与承办行指定专人共同到交易所办理质押登记手续。交易所将标准仓单登记到质权登记及质权行使通道。交易所办理完质押登记手续后，打印郑州商品交易所标准仓单冻结单和仓单持有凭证给承办银行。

5. 发放贷款。承办行办理完毕质押登记手续后，填写质押登记确认书，贷款行凭该确认书确定仓单质押登记已成功，为借款人办理贷款发放手续。

6. 贷款监控、偿还。为防止质押仓单价值下降造成的信贷风险，贷款行要对质押仓单品种的价值变动情况给予关注，当实际质押率超过70%或总行核定的警戒线时，要及时通知借款人采取归还部分借款或追加部分仓单等措施降低信贷风险。

借款人按时归还借款的，承办行与借款人、所在期货公司填写解除标准仓单质押协议书、郑州商品交易所标准仓单质押解除登记表，共同到交易所将质押的标准仓单解除质押，并根据借款人的要求将仓单登记到原期货经纪公司。

7. 处置仓单。借款人确认要采取仓单转让、交易等方式归还银行借款的，承办行负责协助借款人进行仓单过户。

（二）通过质权登记及质权行使通道办理标准仓单质押授信的模式之二

标准仓单质押授信操作流程的另一种模式如图8-10所示。

标准仓单质押授信操作流程—2说明

1. 提交申请材料。

借款人须向交易所所在地银行或当地银行提供以下资料：

（1）营业执照（正副本）、组织机构代码证、税务登记证、公司章程、贷款卡原件和复印件。

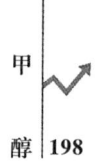

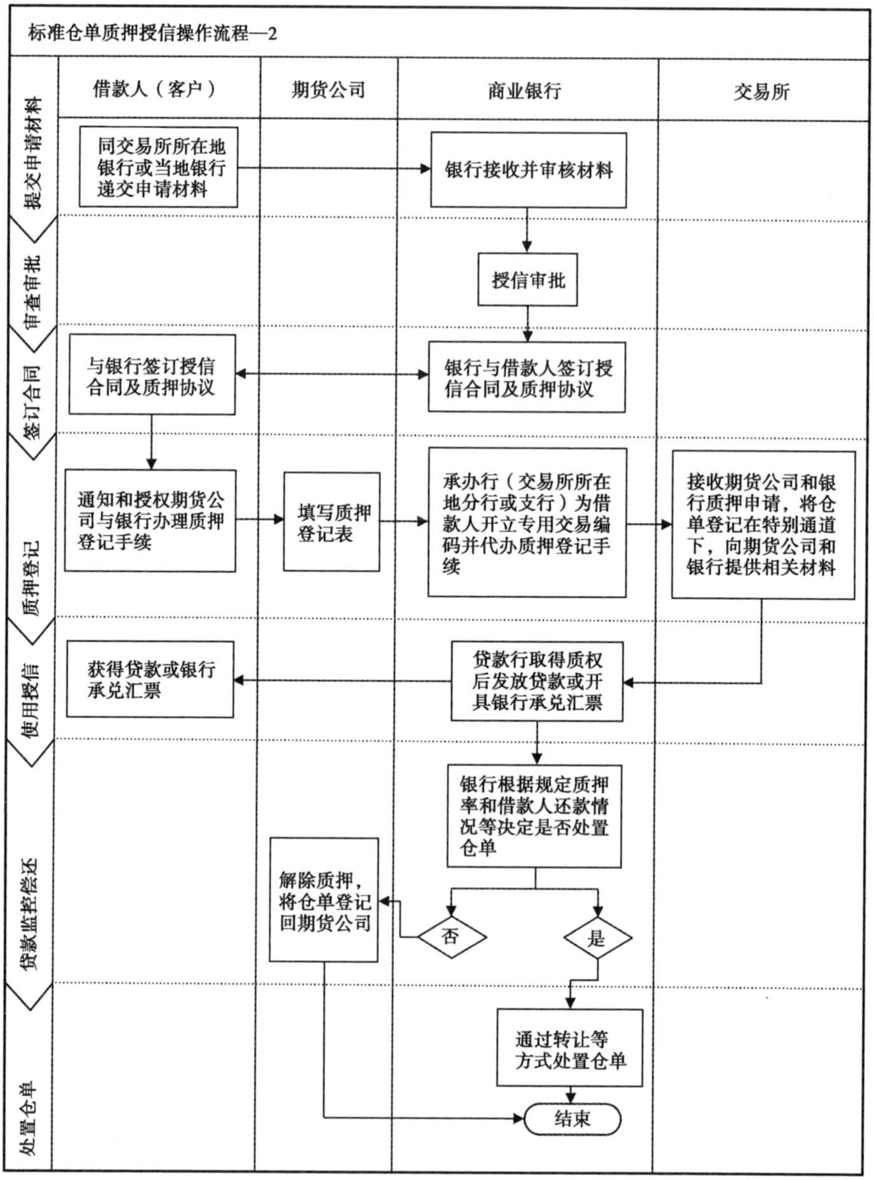

图 8-10 标准仓单质押授信操作流程图—2

注：中国光大银行等采用图 8-10 的办理模式。

（2）借款人近 3 年度的审计报告和最近月份财务报表。

（3）拟质押标准仓单清单与权属凭证（复印件）及仓单所有人同意质押的决议原件。

（4）借款人有权机构关于借款及同意质押的决议原件。

（5）借款人法人代表身份证复印件，董事会成员及授权人签字样本。

2. 审查、审批。贷款行受理借款人的申请资料，根据借款人财务状况和经营规模进行授信（不参与授信评级），然后在核定的期限和额度内受理单笔仓单质押授信业务。

贷款行信贷审批部门根据经营部门上报的借款人的授信额度、期限、金额，以及借款人提的拟质押仓单数量等证明文件进行审批。

3. 签订合同。对审批同意的授信项目，贷款行通知借款人签订标准仓单质押授信合同和《标准仓单质押协议》。承办行（交易所所在地指定银行）为借款人在质权登记及质权行使通道下开立专用交易编码。

4. 质押登记。质押登记相关事项与标准仓单质押授信操作流程—1 相同。

5. 使用授信。承办行办理完毕质押登记手续后，贷款行为借款人发放贷款或开具银行承兑汇票。

6. 贷款监控、偿还。贷款监控、偿还相关事项与标准仓单质押授信操作流程—1 相同。

7. 处置仓单。处置仓单相关事项与标准仓单质押授信操作流程—1 相同。

（三）不通过质权登记及质权行使通道办理标准仓单质押授信的模式

上述两种情况是通过质权登记及质权行使通道办理标准仓单质押授信的模式。不通过质权登记及质权行使通道办理标准仓单质押授信的模式如图 8-11 所示。

标准仓单质押授信操作流程—3 说明

1. 提交申请材料。借款人须向当地银行提供的资料同标准仓单质押授信操作流程—2。

2. 审查、审批。银行信贷审批部门根据经营部门上报的借款人的贷款额度、期限、金额，以及借款人提供的拟质押仓单数量等证明文件进行审批。

3. 签署质押合同（协议）。签署质押合同（协议）的相关事项与标准仓单质押授信操作流程—2 相同。

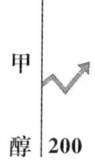

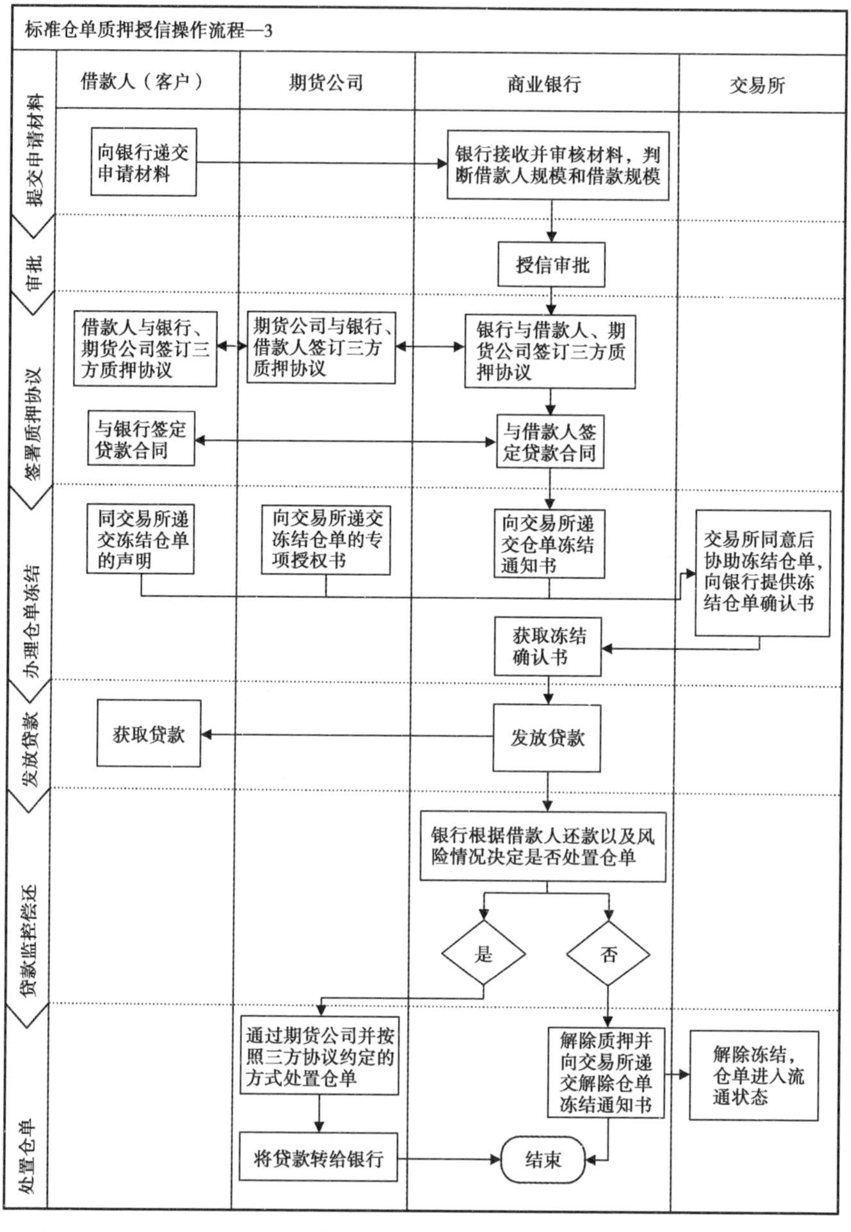

图 8-11 标准仓单质押授信操作流程—3

注:商业银行在交易所没有申请质权登记及质权行使通道,银行与借款人、借款人所在期货公司之间签署三方质押协议,期货公司配合贷款银行实现对仓单的处置。

4. 办理仓单冻结。借款人通过期货公司向交易所递交冻结仓单的声明书，期货公司向交易所递交冻结仓单的专项授权书，同时贷款行向交易所递交冻结仓单的通知书。交易所同意后，协助银行将质押部分的仓单予以冻结，并向银行出具仓单冻结确认书。

5. 发放贷款。贷款行凭该确认书确定仓单质押登记已成功，为借款人办理贷款发放手续。

6. 贷款监控、偿还。为防止质押仓单价值下降造成的信贷风险，贷款行要对质押仓单品种的价值变动情况给予关注，当实际质押率超过协议约定的质押率或总行核定的警戒线时，要及时通知借款人采取归还部分借款或追加部分仓单等措施降低信贷风险。

借款人按时归还借款的，贷款行应及时向交易所递交解除仓单冻结通知书，交易所解除仓单冻结，仓单恢复可流通状态。

7. 处置仓单。借款人不能偿还银行贷款的，银行根据三方协议约定，委托期货公司处置仓单，货款划付银行。

自 测 题

一、不定项选择题

1. 交易所分配标准仓单遵循的原则是(　　　)。
   A. 时间优先　　　　　　　　B. 数量取整
   C. 就近配对　　　　　　　　D. 统筹安排

2. 买方在第一交割日内，向交易所提交的申报意向应包括(　　　)。
   A. 交割品种　　　　　　　　B. 交割品牌号
   C. 交割数量　　　　　　　　D. 指定的交割仓库名

3. 交割过程中会发生的费用有(　　　)。
   A. 交割费　　　　　　　　　B. 仓储费
   C. 期货公司佣金　　　　　　D. 装卸费

4. 甲醇期货标准仓单质押的方式有(　　　)。
   A. 可以将仓单在交易所质押
   B. 可以将仓单做 1∶1 的头寸冲抵

C. 可以将仓单拿到银行质押

D. 可以将仓单拿到期货经纪公司质押

5. 期转现的期限为该合约上市之日（　　）起至交割月份倒数第三个交易日（含当日）。

A. 前两个月　　　　　　　　B. 前一周

C. 前两周　　　　　　　　　D. 前一个月

6. 每年（　）月、（　）月第12个交易日（不含该日）之前注册的甲醇标准仓单，应在当月的第15个交易日（含该日）之前全部注销。

A. 5　　　　　　　　　　　B. 6

C. 11　　　　　　　　　　 D. 12

7. 期转现分为(　　)。

A. 标准仓单期转现　　　　　B. 会员内部期转现

C. 非标准仓单期转现　　　　D. 会员间期转现

8. 指定交割仓库分为(　　)。

A. 基准交割仓库　　　　　　B. 非基准交割仓库

C. 升水交割仓库　　　　　　D. 贴水交割仓库

9. 标准仓单可用于(　　)。

A. 交割　　　　　　　　　　B. 转让

C. 提货　　　　　　　　　　D. 质押

E. 冲抵期货交易保证金

10. 仓库标准仓单的生成包括(　　)及交易所办理注册等环节。

A. 交割预报　　　　　　　　B. 入库验收

C. 质量检验　　　　　　　　D. 仓库申请注册

二、判断题

1. 交割过程中，标准仓单卖方与买方必须为单位法人。　　　（　　）

2. 标准仓单转让人应将已付清仓储费用的标准仓单及增值税专用发票交给期货公司。　　　　　　　　　　　　　　　　　　　　　（　　）

3. 实物交割就是用实物交收的方式来履行期货交易的责任。　（　　）

4. 客户的实物交割必须由客户自己办理，并且以会员名义在交易所进

行。 ( )

5. 期货转现货（简称期转现）是指持有同一交割月份合约的交易双方通过协商达成现货买卖协议，同时进行数量相当的货款和实物转现。

( )

6. 非标准仓单期转现的货物交收和货款支付由交易双方自行协商确定，交易所对此不承担保证责任，只收取交易手续费。 ( )

7. 一次性交割指在最后交割日，由买卖双方一次性集中完成期货合约所载商品所有权的转移，了结买卖双方到期未平仓合约的交割形式。

( )

8. 采用一次性交割方式的企业，必须具备开具增值税发票的资格。

( )

9. 采用一次性交割的买卖双方，在交易所配对后，配对结果不得变更。

( )

10. 仓单质押充抵保证金的金额只能用作期货交易所需保证金。( )

参 考 答 案

一、不定项选择题

1. ABCD　　2. ABCD　　3. ABD　　4. ABC　　5. B
6. AC　　　7. AC　　　8. AB　　　9. ABCDE　10. ABCD

二、判断题

1. 对　　2. 错　　3. 对　　4. 错　　5. 对
6. 对　　7. 错　　8. 对　　9. 对　　10. 对

第九章
甲醇期货的投资策略

【本章要点】

本章主要介绍了一般投资者参与甲醇期货市场的投资策略，包括投机的操作策略、套利的方法，帮助投资者形成适合自己的投资方式。

一、什么是甲醇的期货投机？甲醇期货投机的作用有哪些？

期货投机交易是指在期货市场上以获取价差收益为目的的期货交易行为。在甲醇的期货市场上，除了套期保值者之外，还存在投机者（包括套利者）。甲醇投机者根据自己对期货价格走势的判断，作出买进或卖出的决定，如果这种判断与市场价格走势相同，则投机者平仓出局后可获取投机利润；如果判断与价格走势相反，则投机者平仓出局后承担投机损失。因为投机的目的是赚取差价收益，所以甲醇的投机者一般只是平仓了结持有的期货合约，而不进行实物交割。

甲醇的期货投机交易不同于一般意义上的投资行为，也不同于套期保值行为，更与赌博相差甚远。其与套期保值及赌博行为的差异比较如表 9 - 1

所示：

表 9 – 1　　　　　　期货投机与套期保值、赌博的区别

项　目	甲醇期货套期保值交易	甲醇期货投机交易
交易场所	在甲醇现货和甲醇期货两个市场同时操作	只在甲醇期货市场操作，一般不做现货交易，几乎不进行实物交割
交易目的	利用甲醇期货市场为现货市场规避风险	以较少资金获取较大利润
交易方式	期现两个市场对冲	利用市场中价格波动进行买空卖空，获得价差收益
交易风险	转移或规避市场价格风险	自愿承担价格波动风险

项　目	赌　博	甲醇期货投机交易
风险机制	风险来自赌局的设立，人为制造的风险	规避或转移的风险在商品生产和经营活动中客观存在
运作机制	结果随机产生，无法预测	可以分析、判断，正确预测
经济职能	个人之间金钱的转移，所耗费的时间和资源未创造出新价值，对社会无贡献	承担市场价格风险，提高市场流动性，有助于社会经济生活正常运行

投机是一个很敏感的词，尤其是处于中国特殊的历史环境中，它一直被列为贬义词。在西方，"投机"的英语词汇是"speculation"，原意是指"预测"，是一个中性词。在中国，投机一直与投机倒把相联系，在"人勤百业兴"的传统观念中，投机有不务正业之嫌。然而，从期货市场发展以及市场经济体系完善的角度来说，投机恰恰是市场经济发展的一种自然选择。

在甲醇期货市场上，投机交易是交易中不可缺少的组成部分。它起到了增加市场流动性和承担套期保值者转嫁风险的作用，它还有利于期货交易的顺利进行和期货市场的正常运转，是期货市场套期保值功能和发现价格功能得以发挥的重要条件之一，主要表现在：

1. 甲醇期货投机者是期货市场风险的承担者，是甲醇现货商的交易对手。期货市场的套期保值交易能够为现货商的生产经营者规避风险，但它只是转移了风险，并不能消灭风险。转移出去的风险需要有相应的承担者，甲醇期货投机者在期货市场上正起着承担风险的作用。期货交易运作

的实践证明，一个期货市场中只有套期保值交易根本无法达到转移风险的目的。

如果只有甲醇的现货商进行套期保值，那么必须在买入套期保值者和卖出套期保值者交易数量完全相等时，交易才能成立。实际上，多头保值者与空头保值者的不平衡是经常的。因此，仅有现货商的市场，套期保值是很难实现的。甲醇期货投机者的参加正好能弥补这种不平衡，促使期货交易的实现。在利益动机的驱使下，甲醇期货的投机者根据自己对价格的判断，不断在期货市场上买卖甲醇期货合约，以期在价格波动中获利。在这一过程中，投机者必须承担很大的风险，一旦市场价格与投机者预测的方向相反，就会造成亏损，这种亏损正是套期保值者所力求回避的那部分风险。如果期货市场上没有投机者或没有足够的投机者参与期货市场，套期保值者就没有交易对手，甲醇现货企业的风险也就无从转嫁，甲醇期货市场为现货商服务、套期保值回避风险的功能就难以发挥。

2. 甲醇的投机交易促进市场流动性，保障了期货市场发现价格功能的实现。发现价格功能是在市场流动性较强的条件下实现的。一般说来，甲醇期货合约的市场流动性的强弱取决于投机成分的多少。如果甲醇期货市场只有套期保值者，即使集中了大量的供求信息，市场参与者也难以找到交易对手，少量的成交就可对价格产生巨大的影响。当然，如果投机过度，投机行为不仅不能减缓价格的波动，而且会人为地加剧价格波动，加大市场风险，使市场丧失正常功能。因此，遏制过度投机，打击操纵市场行为是各国证券监管机构的主要工作之一。

3. 甲醇的跨期套利和跨品种套利是一种适度的期货投机，能够缓减价格波动。甲醇期货市场的投机者不仅利用价格短期波动进行投机，而且还利用同一种商品或同类商品在不同时间、不同交易所之间的差价变动来进行套利交易。这种投机使不同品种之间和不同市场之间的价格形成一个较为合理的价格结构。

二、甲醇期货投机交易有哪些主要参与者？

投机者类型的划分，根据不同的标准而定。

(一) 按照交易量的大小，投机者可划分为大投机者与中小投机者

对大、中、小投机者的界定，一般是根据其交易量的大小和拥有资金的多少，这又和其所参与交易的市场规模有关。目前，对于甲醇期货尚未有绝对的量化标准。

(二) 按照交易头寸区分，投机者可划分为多头投机者和空头投机者

在交易中，投机者一般都依据其对未来价格变动的预测来确定其交易头寸。买入甲醇期货合约者，即拥有多头头寸，被称为多头投机者；相反，卖出甲醇期货合约者，即拥有空头头寸，被称为空头投机者。

(三) 按照投机者持仓时间长短，投机者可划分为长线交易者、短线交易者、当日交易者和抢帽子者

长线交易者通常将甲醇的合约持有几天、几周甚至几个月，待价格变至对其有利时再将合约对冲。短线交易者一般是当天下单，在一日或几日内了结。当日交易者，一般只进行当日的买卖，很少将持有的头寸拖到第二天。抢帽子者又称逐小利者，是利用微小的价格波动来赚取微小利润，他们频繁进出，但交易量很大，希望以大量微利头寸来赚取利润。

三、如何进行甲醇的期货投机？投机策略有哪些？

(一) 投机前要做的准备工作

1. 充分了解期货合约。在买入或卖出期货合约之前，应对甲醇期货合约的种类、数量和价格作全面、准确和谨慎的研究。从生产到加工再到下游消费，甲醇的产业链有其独特的地方。只有对甲醇期货合约有足够的认识，才能决定下一步准备购买的合约数量和方向。

2. 制定交易计划。一个漫不经心、毫无计划的期货投机者，最明显的特征就是缺少交易的策略计划。在充分了解甲醇期货的基础上，交易计划就是获取成功的蓝图。制定交易计划可以使交易者被迫考虑一些可能被遗漏或考虑不周或没有给予足够重视的问题；可以使交易者明确自己正处于何种市场环境，将要采取什么样的交易方向，明确自己应该在什么时候改变交易计划，以应付多变的市场环境；可以使交易者选取适合自身特点的交易方法，只有方法正确方有利可图。

3. 确定获利和亏损限度。一般情况下，个人倾向是决定可接受的最低获利水平和最大亏损限度的重要因素。通过预测甲醇期货价格可能的走势，把现实的和潜在的各种可获得的交易策略结合起来，获利的潜在可能性应大于所冒的风险。在交易前，应为自己确定一个最低获利目标和所能承受的最大亏损限度，做好交易前的心理准备。

4. 确定投入的风险资本。为了增加获利机会，要做到以下三点：

（1）分散资金投入方向，而不是集中用于某一笔交易。

（2）持仓应限定在自己可以完全控制的数量之内。

（3）为有可能出现的新的交易机会留出一定数额的资金。

（二）甲醇期货的投机建仓和平仓策略

当开始进行甲醇的期货投机交易时，需要在投机交易的不同阶段，例如减仓与平仓阶段，制定切实可行的交易策略，并掌握一些交易技巧。

1. 投机者的建仓策略。

（1）谨慎选择入市时机。首先，判断甲醇期货的市场目前是处于牛市还是熊市，一般采用基本面分析法，分析目前甲醇行业的供求情况。其次，在入市前，还需充分考虑投机者自身承担风险的能力，风险和获利机会一般而言是对等的，因此需要仔细权衡风险和获利前景，只有在获利概率较大时，才能入市。最后，采用技术分析法决定入市的具体时间。基本分析法侧重行情的长期走势，而技术分析法侧重研判相对短期的走势，因此更适合发现入市的恰当时点。

对于甲醇期货投机的建仓，投机者应该在市场趋势已经明确上涨时买入期货合约；在市场趋势已经明确下跌时卖出期货合约。如果趋势不明朗或不能判定市场发展趋势，匆忙建仓的风险会非常大。

（2）平均买低和平均卖高策略。如果建仓后甲醇期货的市场行情与预料相反，可以采取平均买低或平均卖高的策略，待行情按照自己预料的方向上涨或下跌时，及时卖出或买进甲醇期货合约平仓。具体而言，在买入甲醇期货合约后，如果价格下降则进一步买入合约，以求降低平均买入价，一旦价格反弹可在较高价格上卖出，这称为平均买低。在卖出合约后，如果价格上升则进一步卖出合约，以提高平均卖出价格，一旦价格回落可以在较低价格上买入止亏盈利，这就是平均卖高。

值得注意的一点是，在采取平均买低或平均卖高策略时，必须以对市场大势的看法不变为前提。在预计价格将上升时，价格可以下跌，但最终仍会上升。在预测价格即将下跌时，价格可以上升，但必须是短期的，最终仍要下跌。否则这种做法只会增加亏损。

（3）金字塔式买入卖出策略。如果建仓后甲醇期货市场行情与预料相同并已经使投机者获利，可以增加持仓。增仓应遵循以下两个原则：第一，只有在现有持仓已经盈利的情况下，才能增仓；第二，持仓的增加应渐次递减。

【案例 9-1】

某投资者预计未来 3 个月甲醇价格将会持续上涨，买入 5 手甲醇期货合约，成交价为 2600 元/吨。价格如预期上涨，在一周后上涨至 2700 元/吨，该投资者再买入 4 手甲醇期货合约，成交价为 2700 元/吨。价格进一步上升，这位投资者又分别在 2750 元/吨的价位买入 3 手合约，在 2780 元/吨的价位买入 2 手合约，在 3000 元/吨买入 1 手合约。这时，他一共持有 15 手合约，平均买入价格为 2707.33 元/吨。具体操作过程如表 9-2 所示：

表 9-2　　　　　　　　　投资者操作过程示意

价格（元/吨）	持仓数（手）	平均价（元/吨）
3000	×	2707.33
2780	× ×	2686.43
2750	× × ×	2670.83
2700	× × × ×	2644.44
2600	× × × × ×	2600.00

采取金字塔式买入合约时持仓的平均价虽然有所上升，但升幅小于合约市场价格的升幅，市场价格回落时，投机者可以有充足的时间卖出合约并取得预期利润。金字塔卖出策略的做法与此类似。

值得注意的一点是，建仓后虽然市况变动有利，但如果投机者在增加仓位时，每次买入或卖出的合约份数总是大于前次买入或卖出的合约份数，买入或卖出合约的平均价就会和最近的成交价相差无几,只要价格稍有下跌或上升,便会吞噬所有利润,甚至蚀本,因此倒金字塔式买入不应提倡。

为了尽可能利用市场的有利变动,可以采取一种金字塔式的变形。最初建仓时买卖少量合约,如果市况有利,分次买入或卖出甲醇期货合约,每次买入或卖出的合约份数均大于前次买卖的数量。在所持有的持仓达到一定数量后,分次逐步递减买卖合约。持仓的增加情况如图9-1所示:

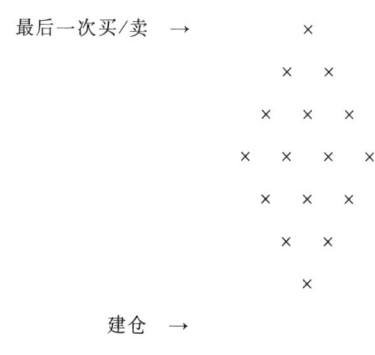

图9-1 持仓增加情况

2. 投机者的平仓策略。建仓之后,投机者应随时关注市场行情变动,适时平仓,以获取投机利润或者及时止损。

(1) 掌握限制损失、滚动利润的原则。在甲醇期货的投机中,投机者在交易出现损失,并且损失已经达到事先确定数额时,应立即对冲了结,认输离场,赌博心理只会造成更大损失。如果市场按照预测的趋势,朝有利的方向发展,投机者就可以继续持有自己买入或卖出的仓位,直到市场趋势出现逆转为止。投资经验再丰富的投机者,也不可能每次投资都会获利,出现损失并不可怕,可怕的是不能及时止损,酿成大祸。

(2) 灵活运用止损指令。止损指令是实现限制损失、滚动利润原则的有利工具。不过,需要注意的一点是,止损单中的价格不能太接近于当时的甲醇期货成交价,以免价格稍有波动就不得不平仓。但也不能离市场价格太远,否则,容易遭受不必要的损失。止损单中价格的选择可以利用技术分析法确定。

四、什么是套利交易？

套利的一般定义是，利用相关市场或相关合约之间的价差变化，在相关市场或相关合约上进行交易方向相反的交易，以期价差发生有利变化而获利的交易行为。套利交易的特点是：低风险、低收益、低成本。

在期货市场上，除了我们熟知的套期保值之外，还存在大量的套利交易。参与套利交易的投资者并不非常关心甲醇价格的涨跌，而是对期货市场上不同合约之间，或者不同市场、不同品种之间的价差变化特别关注，他们通过寻找价差偏离正常区间的机会，利用套利交易，等待价差回归正常区间，从而获取收益。

延伸阅读：什么是统计套利？

无风险套利机会可以说是很多投资者梦寐以求的，但只要这个市场是个自由的市场，那么可行的无风险套利机会难以长期存在。而且即使存在着无风险套利机会，其套利收益率也会非常微薄，并不足以使从事无风险套利成为一个值得长期持续的工作，当然，并不能否认市场有时候的确会出现一些长期存在并且利润丰厚的套利机会。既然严格的无风险套利机会少、收益率微薄，实际的执行过程中也不能完全消除风险，那么如果有一种选择，能够稍微放松100%无风险的要求，比如允许有5%的风险，但同时却能够让套利机会增加100%以上，那岂不是一个更好的选择？

统计套利是将套利建立在对历史数据进行统计分析的基础之上，估计相关变量的概率分布，并结合基本面数据进行分析用以指导套利交易。相对于无风险套利，统计套利少量增加了一些风险，但是由此可获得的套利机会将数倍于无风险套利。

统计套利的基本思路是运用统计分析工具对一组相关联的价格之间的关系的历史数据进行研究分析，研究该关系在历史上的稳定性，并估计其概率分布，确定该分布中的极端区域，即否定域，当真实市场上的价格关系进入否定域时，则认为该种价格关系不可长久维持，套利者有较高成功概率进场套利。

统计套利是只针对有稳定性的价格关系进行的，那些没有稳定性的价格关系的套利风险是很大的。价格关系是否稳定直接决定着统计套利能否成立，因此在对价格关系的历史数据进行统计分析的时候，首先要检验价格关系在历史数据中是否稳定。一组价格关系如果是稳定的，那么必定是存在着某一种均衡关系维持机制，一旦价格关系偏离均衡水平，维持机制就会起作用，将价格关系或快或慢地拉回到均衡水平。所以，要分析一组价格关系是否稳定，需要先定性分析是否存在着这样的均衡关系维持机制，然后再对历史数据进行统计分析和验证，以证实该通过定性分析得到的关系维持机制在历史上确实是在发挥作用。

优点1：统计套利是对无风险套利条件的放松，以增加少量的风险来换取更多的套利机会，最大损失远小于预期收益。毕竟对于财富的增长，风险只是起着阻碍作用，但是没有风险，财富决不会自动增长。如果稍微多承担一点风险能换来更多的盈利机会（主要看风险收益比），那么这种交换将是值得的。

优点2：相关联品种各自的价格走势受共同外因的影响，而往往品种本身的因素决定了相对价格（价差或比价）的走势，来自外界的突发性因素对价差影响不大，因此相对价格走势分析往往可以忽略外围的不确定性因素，只需要把握品种本身的供求因素即可，其品种走势较容易把握。这也是套利风险相对较小的原因。

局限1：统计套利完全依据对历史数据的统计分析来判断套利机会，会存在着一个根本性的局限，即历史数据只能反映过去，过去所发生的，在未来并不一定会发生。历史不能代表未来，但是如果不去依靠历史，我们对未来将一无所知。漫长的历史，是套利者可以用来分析未来的唯一依靠。所以，对待历史数据的正确态度，不是因为看到历史数据的局限性而弃之不用，而是在运用历史数据的同时能采取措施应对它的局限性。应在分析历史的基础上充分结合品种的基本面数据进行估计未来相对价格的走势，从而评估套利的可行性。

局限2：回归均衡关系所需要的时间跨度难以准确预知。这个跨度只能根据历史统计或季节规律性作大致估计。如果预期的目标价差提前到来，则可以提前了结套利离场，或反向进行新的套利；但如果超过估计时间段一周、两周或者更长，将会提高套利者的资金使用成本，如果时间太长才回归，那么有可能套利者等不到预期利润的实现就平仓了。这样将可能导致套利失败。

可以利用历史数据来进行统计分析，估计出价差的均衡范围，以及偏离均衡范围的时间长度的概率分布与偏离幅度的概率分布，然后再根据品种基本面信息与投资者的财务状况决定是否执行套利。事实上，只要10次套利中有8~9次成功，则所积累的套利收益将足以抵补剩余的一两次套利失败所遭受的亏损，况且每次止损带来的最大损失还远小于单次预期收益。所以，该种套利相对于单向投机来讲，风险很小，而且收益相对稳定，适合资金量大，而且追求稳健性投资的机构投资者。

五、为什么要进行甲醇期货的套利交易？套利交易何以吸引众多投资者？

甲醇期货的套利交易是投资者参与甲醇期货市场的重要方式之一，其在服务甲醇期货市场健康发展的同时，也满足了众多投资者追求稳定收益的要求。

套利交易对甲醇期货市场的健康发展起着重要的作用，主要体现在两个方面：

第一，套利有助于甲醇期现货价格或者不同甲醇合约价格之间的合理价差关系的形成。套利交易的获利来自对不合理价差的发现和利用，相应的套利行为会促使不合理的价差趋于合理。例如，在甲醇的期现套利中，如果甲醇期货合约价格远高于现货价格，那么投资者就会买入甲醇现货、卖出甲醇期货进行套利，期现货价差越大，套利的积极性越高，套利者也越多，从而促使甲醇现货市场的价格被抬高，甲醇期货价格被压低，最终使得两者的价差回归合理。

第二，套利有助于甲醇期货市场流动性的提高。套利交易在流动性上的作用有点类似做市,它的存在减弱了市场的垄断力量,增大了期货市场的交易量,提高了期货交易的活跃程度,促进了交易的流畅化和价格的理性化,总体而言,套利起到了市场润滑剂和减震剂的作用。

甲醇期货的套利交易之所以能够吸引众多投资者的参与,主要原因在于,对于甲醇期货市场上不拥有甲醇现货商背景的众多投资者而言,套期保值的交易方式并不适用,投机的风险又相对较大,而套利的风险承担则相对较小。具体而言,甲醇期货的套利交易主要有如下几大优点:

第一,套利交易的风险水平较低。对于风险承受能力较小的投资者而言,套利是一个较理想的投资工具。套利本身是涉及方向相反的配对交易,对于单个分支品种的价格波动风险可以通过另外一个分支品种进行对冲,而投资者所要承担的只是两个分支相对价格变化的风险。一般而言,价差的波动比单个分支价格波动要小得多。此外,由于套利行为的存在及套利者之间的竞争选择,甲醇相关投资对象之间的价格偏差会得到纠正,考虑到套利的交易成本,价差会维持在一个合理范围内,所以价差超过该范围的情况是不多的。这意味着投资者可以根据价差的历史统计,在历史的高位或低位区域建立套利头寸,同时也可以估算出所要承担的有限的风险水平。

第二,收益较稳定。相较单边头寸,套利头寸可以提供一个更有吸引力的收益与风险比率。尽管套利交易的收益相对不是很高,但其拥有低风险的优点,从而使得投资者获利的几率更大,也更适宜大资金的运作。打个比方,套利者就像一个渔翁,在茫茫"期海"中,"鹬蚌相争,渔翁得利",持有单边头寸的多空双方激烈争夺过程中,套利者往往可以择机介入,轻松获利。

六、甲醇期货的套利交易与套期保值、投机交易的区别在哪里?

甲醇期货的套利交易既区别于甲醇期货的套期保值,也区别于投机交易。

首先,套利交易与套期保值的区别主要体现在:

第一,两者的目的不同。套利交易的主要目的是在承担较小风险的同时获得较为稳定的利润。而套期保值的目的是转移市场风险,并不以盈利为目的。在很多套期保值的成功案例中,期货部位往往是亏损的,但只要期货与现货两个市场的盈亏基本相抵，就达到了套期保值锁定风险的目的。

第二，两者的基础不同。套期保值者一般是在现货市场上持有头寸，或者预期将持有现货头寸，因而在期货市场上建立反向的期货头寸以管理现货风险，也就是说，如果没有现货市场的交易需求，就不会持有期货部位。而套利则不同，其所持有的多头部位、空头部位，以及现货部位都是套利交易的一部分，套利者从这些头寸的相对价格差异中获得利润。

第三，两者涉及的市场范围不同。套期保值只涉及现货和期货两个市场。而在套利交易中，交易者既可在期货和现货市场同时操作进行期现套利，也可仅在期货市场进行套利，或在同一品种不同交割月之间进行跨期套利，或在不同品种同一交割月之间进行跨品种套利，或在不同的期货市场之间进行跨市场套利。

第四，两者的依据不同。套期保值依据的是期货市场和现货市场价格变动的一致性，并且变动的趋势、幅度越一致，套期保值的效果越好；而套利交易者利用期货与现货之间，或者期货合约之间的价格出现的不合理偏差来获取套利利润，并且这种不合理的价差越大，套利交易的利润就越大。

其次，套利交易与投机交易的区别主要体现在：

第一，甲醇期货投机交易侧重关注单一期货合约价格的涨跌，形式上类似于股票交易；套利交易则强调甲醇相关市场或甲醇相关投资对象之间的价差变化情况。

第二，甲醇期货投机交易者在一段时间内自愿承担做多或者做空的风险，他们一般在建仓的时候只涉及单向的买或卖；套利交易则是在同一时间在甲醇相关市场或投资对象上进行反向交易，既买又卖，同时扮演多头和空头的双重角色。

第三，甲醇期货套利交易从价差变动中赚取收益，因为甲醇相关市场或相关投资对象的价格趋势大体一致（实际上这也是套利的前提条件），价差的变动幅度有限，所以承担的风险也小。而甲醇投机交易赚取的是单一期货合约价格发生有利变动时的收益，与价差的变化相比，单一价格变化幅度要大，因而承担的风险也较大。

第四，甲醇套利交易的成本要低于投机交易。在国外，交易所为了鼓励套利交易，一般规定套利交易的佣金支出比一个单盘交易的佣金费用要高，但要低于一个回合单盘交易的两倍的规定。同时，由于套利的风险较小，在保证金的收取上也小于投机交易，这大大节省了资金的占用。

七、甲醇期货套利交易有哪些类型？

一般而言，甲醇期货套利交易的类型包括期现套利、跨期套利、跨市套利和跨品种套利四类。

期现套利，是指利用甲醇期货与甲醇现货之间的价差进行的套利行为。理论上，期货价格是未来的甲醇价，现货价格是当前的甲醇价，两者的价差，即"基差"（基差＝现货价格－期货价格）应该等于该商品的持有成本。一旦基差与持有成本偏离较大，就出现了期现套利的机会。

跨期套利，是指在同一市场（即同一交易所）同时买入、卖出不同月份的甲醇期货合约，以期在合约间的正常价格差距出现异常变化时进行对冲获利。该套利类型是甲醇套利交易中最普遍的一种，又可分为牛市套利、熊市套利和蝶式套利三种形式。在正向市场中，甲醇套利交易往往被用来寻找甲醇期货合约间价差高于持仓成本的市场机会；在反向市场中，则被用来捕捉价差低于持仓成本的机会，但此时需注意的是反向市场套利收益可能有限，但风险无限。

跨市套利，是指在某个交易所买入（或卖出）某一月份甲醇期货合约的同时，在另一个交易所卖出（或买入）同一月份的甲醇期货合约，以期在有利时机分别在两个交易所同时对冲在手的合约获利。目前，郑商所甲醇期货和张家港电子盘，当两个市场间价差超出正常范围时，就为投资者的跨市套利提供了机会。例如，当甲醇期货价格低于电子盘甲醇价格时，套利者可以在买入甲醇期货合约的同时卖出甲醇电子盘合约，待两个市场价格关系恢复正常时再将买卖合约对冲平仓并从中获利，反之亦然。在做跨市套利时，应关注导致市场间价差产生的影响因素，如运费、仓储费等。

跨品种套利，是指利用甲醇与其他和甲醇相关的期货品种之间的价差进行套利，其他品种与甲醇应具有相互替代性或受同一供求因素制约，一般是原材料和产成品的套利，或者是替代性较强的品种间套利。在甲醇市场成熟后，甲醇与焦炭之间、甲醇与原油之间都可以进行套利交易。此外，也出现了较为新型的跨品种交易方式,例如甲醇制造商的股票与甲醇期货进行套利交易。

八、如何利用合约之间的不合理差价盈利?

在商品期货市场中,合约价格之间的关系变化往往会为投资者提供一些操作依据。我们把针对不同月份合约之间不合理价差的交易称作跨期套利。按所买卖的合约月份及买卖方向的不同,跨期套利可以分为牛市套利、熊市套利和蝶式套利。无论采取哪种操作模式,其本质都是针对不同月份合约同时进行买低卖高,即买入价值被低估月份的合约而卖出价值被高估月份的合约。正向套利的原理是:当前远月合约和近月合约的价差大于持仓成本时,就可进行套利。到期交割时,超过持仓成本的差价部分即是套利交易的收益。我们首先重点介绍如何捕捉正向套利机会。

一般来说,近月合约价格高于远月合约,代表现货供应相对紧张或供应趋于紧张。因为在供应紧张的情况之下,投资者往往更加愿意持有现货,其结果会进一步推高现货和近月合约价格,形成近高远低的排列态势。在这种情况之下,持有多头头寸除了可以获得价格上涨的收益之外,在合约到期前移仓(平仓近月合约,买入远月合约)还能获得一定的移仓收益。因为在牛市环境下,随着时间的推移,期货价格有向现货价格靠拢的倾向。

尽管牛市环境下近月合约与远月合约的价差将会拉大,但价差不会一直朝一个方向运行,达到一定程度必然会有峰回路转之时。套利就是把握价差的转折。

如何确定跨期套利的合理区间

确定跨期套利的合理区间通常存在两种模式:一是传统的持有成本理论模式,二是统计套利模式。持有成本理论模式是在考虑了时间价值等因素的基础上,用持有成本模型测算出两个合约之间的理论价差,然后加上(或减去)期货交易成本,从而确定两个合约之间的无套利区间。一旦价差超出边界一定数量,则认为存在套利机会。

统计套利模式是基于对合约价差的观测，进而确定价差合理区间的一种方法，也是目前国外投资机构普遍采用的一种方法。其优点在于，可根据投资者的风险偏好设置相应的套利区间，且交易机会较持有成本理论模式多，也是各国专业资产管理机构或投行广泛采用的方法。

> **延伸阅读：正向套利有风险吗？**
>
> 正向套利具有不仅通过对冲平仓获利，而且可以最终交割获利的套利特点，常常被称为低风险甚至无风险套利。但事实上，这种买近卖远的套利交易同样是有风险的。当远近月价差出现套利机会，投资者在进行了买近卖远的套利操作后，如果价差缩小，当然可以实现双向对冲，获利出局。但如果二者价格差继续扩大，不得不通过交割完成套利操作时，就会有风险了。如果进行交割，远近月合约间的费用大致包括几个方面：资金利息、交易手续费、仓储费、交割费用、增值税等。上述几项费用中，不确定的主要是交易保证金占用资金利息和增值税。特别是增值税，在近月完成交割后，如果远月继续大幅上涨，则增值税的支出将可能持续增加，将很快使不多的预期利润消失，甚至出现亏损。
>
> 值得一提的是，在实际交易中，正向套利的"无风险"套利机会很少见，预期利润也比较低，很容易随着交易保证金的资金利息占用和增值税的增加而消失。如果投资者发现并抓住了不多的正向套利机会，在近月合约交割后，就应该时刻关注远月的牛市是不是在继续深化。如果远期价格暴涨，增值税等费用支出可能会远大于预期获利，在盘面上平掉远月合约空单，并将近月所接仓单流向现货市场是较好的选择。
>
> 最后，在跨期套利中，不论是依据价差的历史水平，还是依据资金青睐远月的经验，或是依据个人对行情的牛熊判断，跨期套利决定往往是在认为"市场不合理"情况下作出的。所以，止损往往难以设定。因为如果价差继续向不利于我们的方向发展，我们主观上会认为"更加不合理"，而拒绝采取行动。其实，历史不一定重演、经验不一定可靠、判断不一定准确，随时依据市场新的变化，与"市"俱进才是正确的操作思路。

九、甲醇的跨期套利有哪几种类型？

根据所买卖的交割月份及买卖方向的差异，甲醇的跨期套利可以分为牛市套利、熊市套利、蝶式套利三种。

（一）牛市套利

当甲醇市场出现预期供给不足或者需求相对旺盛的时候，较近月份的甲醇期货合约价格上涨幅度会大于较远期合约的上涨幅度，或者较近月份的合约价格下降幅度低于较远期交割月的合约下跌幅度。无论是正向市场还是反向市场，在这种情况下，买入较近月份的甲醇期货合约同时卖出远期月份的合约进行套利盈利的可能性比较大。简而言之，因预期近强远弱，故做牛市套利。

【案例 9－2】

假设某年 6 月 20 日，当年 9 月甲醇期货合约价格为 2940 元/吨，当年 12 月合约价格为 3035 元/吨，两者价差为 95 元/吨。交易者预计甲醇价格将上涨，9 月与 12 月的期货合约的价差将有可能缩小。于是，交易者买入 10 手 9 月份甲醇合约的同时卖出 10 手 12 月份甲醇合约。7 月 20 日，9 月和 12 月合约的价格分别上涨为 3300 元/吨和 3280 元/吨，两者价差缩小为 20 元/吨。交易者同时将两种期货合约平仓，从而完成套利交易，交易结果如表 9－3 所示：

表 9－3　　　　　　　　甲醇期货牛市套利实例

6 月 20 日	买入 10 手 9 月份甲醇期货合约，价格为 2940 元/吨	卖出 10 手 12 月份甲醇期货合约，价格为 3035 元/吨	价差 -95 元/吨
7 月 20 日	卖出 10 手 9 月份甲醇期货合约，价格为 3300 元/吨	买入 10 手 12 月份甲醇期货合约，价格为 3280 元/吨	价差 20 元/吨
双边盈亏状况	盈利 360 元/吨	亏损 245 元/吨	价差缩小 115 元/吨
最终结果	盈利 115 元/吨，总盈利为 115 元/吨 × 10 手 × 50 吨/手 = 57500 元		

但是如果一个月后价格并没有出现预计的上涨行情,而是出现了一定程度的下跌,交易者的情况如表9-4所示:

表9-4　　　　　　　　甲醇期货牛市套利实例

6月20日	买入10手9月份甲醇期货合约,价格为2940元/吨	卖出10手12月份甲醇期货合约,价格为3035元/吨	价差95元/吨
7月20日	卖出10手9月份甲醇期货合约,价格为2840元/吨	买入10手12月份甲醇期货合约,价格为2900元/吨	价差60元/吨
双边盈亏状况	亏损100元/吨	盈利135元/吨	价差缩小35元/吨
最终结果	盈利35元/吨,总盈利为35元/吨×10手×50吨/手=17500元		

该例中,虽然价格不涨反跌,与预期方向相反,但是最终交易结果仍是获得了17500元的收益。

在以上例子中,我们发现只要两月份合约的价差趋于缩小,交易者就可以实现盈利,而与甲醇的价格涨跌无关。

在进行牛市套利的时候,在正向市场的情况下,套利性质为卖出套利,是价差收敛性交易。在反向市场的情况下,套利性质则为买进套利,是价差发散性交易。在正向市场上价差不能随便变大,因为会受到持仓成本的制约。如果牛市牛气冲天,则有可能正向市场变化为反向市场,那时候会使得牛市套利者获利巨大。

(二) 熊市套利

当甲醇期货价格到达顶部,市场预期甲醇现货供给充足,需求不旺,则会导致近期月份甲醇合约价格的下跌幅度大于远期月份合约,或者近期月份合约价格的上升幅度小于远期月份合约。简而言之,因预期近弱远强,故做熊市套利。在进行熊市套利的时候,在正向市场的情况下,套利性质为买进套利,是价差发散性交易。在反向市场的情况下,套利性质为卖出套利,是价差收敛性交易。

【案例9-3】

假设某年6月20日,当年9月甲醇期货合约价格为3035元/吨,当年

12 月合约价格为 3050 元/吨，两者价差为 15 元/吨。交易者预计甲醇价格将下跌，9 月与 12 月的期货合约的价差将有可能扩大。于是，交易者卖出 10 手 9 月份甲醇合约的同时买入 10 手 12 月份甲醇合约。7 月 20 日，9 月和 12 月合约的价格分别下跌为 2900 元/吨和 3000 元/吨，两者价差扩大为 100 元/吨。交易者同时将两种期货合约平仓，从而完成套利交易，交易结果如表 9 – 5 所示：

表 9 – 5　　　　　　　　　甲醇期货熊市套利实例

6 月 20 日	卖出 10 手 9 月份甲醇期货合约，价格为 3035 元/吨	买入 10 手 12 月份甲醇期货合约，价格为 3050 元/吨	价差 15 元/吨
7 月 20 日	买入 10 手 9 月份甲醇期货合约，价格为 2900 元/吨	卖出 10 手 12 月份甲醇期货合约，价格为 3000 元/吨	价差 100 元/吨
双边盈亏状况	盈利 135 元/吨	亏损 50 元/吨	价差扩大 85 元/吨
最终结果	盈利 85 元/吨，总盈利为 85 元/吨 × 10 手 × 50 吨/手 = 42500 元		

如果一个月后价格并没有出现预计的下跌行情，而是出现了一定程度的上涨，交易者的情况如表 9 – 6 所示：

表 9 – 6　　　　　　　　　甲醇期货熊市套利实例

6 月 20 日	卖出 10 手 9 月份甲醇期货合约，价格为 3035 元/吨	买入 10 手 12 月份甲醇期货合约，价格为 3050 元/吨	价差 15 元/吨
7 月 20 日	买入 10 手 9 月份甲醇期货合约，价格为 3135 元/吨	卖出 10 手 12 月份甲醇期货合约，价格为 3185 元/吨	价差 50 元/吨
双边盈亏状况	亏损 100 元/吨	盈利 135 元/吨	价差扩大 35 元/吨
最终结果	盈利 35 元/吨，总盈利为 35 元/吨 × 10 手 × 50 吨/手 = 17500 元		

该例中，虽然价格不跌反涨，与预期方向相反，但是最终交易结果仍是获得了 17500 元的收益。

在以上例子中，我们发现只要两月份合约的价差趋于扩大，交易者就可以实现盈利，而与甲醇的价格涨跌无关。

(三)蝶式套利

蝶式套利是由两个方向相反、共享居中交割月份合约的跨期套利组成的。套利者认为,当中间交割月份的甲醇期货合约价格与两旁交割月份的合约价格之间出现异变,可以入场进行相关套利。

蝶式套利的具体操作方式是:买入(或卖出)一份近期交割月甲醇合约,同时卖出(或买入)双份居中交割月甲醇合约,并买入(或卖出)一份远期交割月甲醇合约。

【案例 9 – 4】

假设某年 6 月 20 日,8 月份、10 月份、12 月份的甲醇期货合约价格分别为 3020 元/吨、3150 元/吨、3160 元/吨,交易者认为 8 月与 10 月合约价差过大,而 10 月和 12 月价差又过小,预计 8 月与 10 月合约价差会缩小,而 10 月和 12 月价差会扩大,于是该交易者以该价格同时买入 40 手 8 月合约、卖出 100 手 10 月合约、买入 60 手 12 月份合约。到了 7 月 8 日,3 个合约均出现不同程度下跌,8 月、10 月、12 月合约价格分别为 2950 元/吨、3000 元/吨、3080 元/吨,于是该交易者同时将 3 个合约平仓。该跌势套利的盈亏状况如表 9 – 7 所示:

表 9 – 7 甲醇期货蝶式套利盈亏分析

	8 月合约	10 月合约	12 月合约
6 月 20 日	买入 40 手,3020 元/吨	卖出 100 手,3150 元/吨	买入 60 手,3160 元/吨
7 月 8 日	卖出 40 手,2950 元/吨	买入 100 手,3000 元/吨	卖出 60 手,3080 元/吨
各合约盈亏状况	亏损 70 元/吨,总亏损为 70×40×50 = 140000 元	盈利 150 元/吨,总盈利为 150×100×50 = 750000 元	亏损 80 元/吨,总亏损为 80×60×50 = 240000 元
净盈亏	净盈利 = 750000 – 140000 – 240000 = 370000 元		

可以看出,蝶式套利基本是牛市、熊市两个跨期套利的互补平衡的组合,可以说是"套利的套利"。蝶式套利与普通的跨期套利相比,从理论上看风险和利润都较小。

十、什么是期货合约之间的反向跨期套利？

反向套利是在买入远月合约的同时卖出近月合约的一种交易方式。其中，买卖的合约月份不同，但数量相等。一般来说，当现货市场供应充足，且未来供应可能减少时，投资者可以进行反向套利。反向套利的结果是：在正向市场（近月合约价格低于远月合约）上，远月合约与近月合约之间的价差就会扩大；在反向市场（近月合约价格高于远月合约）上，近月合约与远月合约之间的价差就会缩小。反向套利具有一定的风险，因为当现货市场价格的涨幅超过远期价格的涨幅，或现货市场价格的跌幅小于远期合约价格的跌幅时，投资者无法转嫁风险（即没有现货可供交割）。

> **延伸阅读：反向套利的风险和困惑**
>
> 　　同正向跨期套利不同，因为反向跨期套利无法向现货渠道转嫁风险，也很难通过移仓等策略寻找后路，所以反向套利具有一定的风险。而且，由于行情变化，对反向套利机会的判断容易产生失误。
>
> 　　通常，反向套利在同一个生产消费周期内，某种商品近月与远月的正常价差应该是持有近月合约到远月期间的所有费用，即近月合约价格＋期间持仓费用＝远月合约价格。所以，反向套利交易者认为，当远月合约价格小于近月合约价格与持仓费用之和时，则可能是远月价格被低估，而近月合约被高估。但事实上，这种想法并不总是正确的。我们知道，不论是期货市场还是现货市场，都有牛市和熊市之分。在牛市里，市场价格是持续上涨的，而在熊市里，市场价格是持续下跌的。远月价格由于牛市的延续而获得了额外的升水。由于有额外的利润存在，现货企业才愿意囤货，并待价而沽。而在熊市，商品价格是逐期下跌的，商品远月价格相对近月贴水。因此，在不同的市场环境中，远月价格高于或低于近月商品价格与持仓费用之和都有可能是正常的。
>
> 　　因此，我们分析反向套利不能生搬硬套"近月合约价格＋期间持仓费用＝远月合约价格"公式，要结合大势，事实重于理论。

十一、商品期货间的跨品种套利是如何进行的？

跨品种套利，指的是通过买卖两种不同但相互关联的商品进行套利的一种交易方式，即在买入（卖出）某一商品某一月份的期货合约的同时，卖出（买入）另一种与之关联商品的相同月份的期货合约，当两者的差价收缩或扩大至一定程度时平仓了结的交易方式。一般来说，跨品种套利所选择的商品大都是具有某种替代性或受同一供求因素制约的商品。跨品种套利可分为两种情况，一是相关商品间的套利，二是原料与成品间的套利。在目前的国内商品期货市场上，我们重点介绍相关商品间的跨品种套利。

跨品种套利需要具备两个基本条件：一是两种商品之间具有关联性或相互替代性，二是交易受相同因素制约。

根据跨品种套利含义，跨品种套利操作步骤为：

第一步，根据两种商品期货合约价差是否偏离理论价差或者统计价差，判断是否存在套利机会，而采取相应跨品种套利策略。若实际价差低于理论价差或者统计价差，则采取买入跨品种套利交易；若实际价差高于理论价差或者统计价差，则采取卖出跨品种套利交易。

第二步，如果两种商品期货合约价差合理回归至理论价差或者统计价差，那么采取反向策略获利平仓，了结跨品种套利交易。

【案例 9-5　买入跨品种套利（LLDPE 与 PVC）】

蔬菜出口订单增多，菜农对塑料薄膜需求增加。某套利交易化工企业在 5 月份预计，大连商品交易所 LLDPE11 月合约期货价格上涨幅度可能超过 PVC11 月合约期货价格上涨幅度，即：大连商品交易所 LLDPE11 月合约和 PVC11 月合约之间价差将会放大。

5 月 31 日，LLDPE11 月合约期货价格为 9000 元/吨，PVC11 月合约期货价格为 7000 元/吨，LLDPE11 月合约和 PVC11 月合约之间 2000 元/吨价差低于理论价差（统计价差）。于是，该套利交易化工企业使用大连商品交易所 LLDPE11 月合约和 PVC11 月合约买开仓跨品种套利交易指令，以 2000 元/吨的价差建立了 1 手买跨品种套利持仓，即：以 9000 元/吨的价格在 LL-

DPE 11 月合约上买开仓 1 手，同时以 7000 元/吨的价格在 PVC11 月合约上卖开仓 1 手。

10 月 31 日，LLDPE11 月合约期货价格上涨至 11900 元/吨，PVC11 月合约期货价格上涨至 8900 元/吨，LLDPE11 月合约和 PVC11 月合约之间价差放大至 3000 元/吨，回归至理论价差（或者统计价差）附近。于是，该套利交易化工企业使用大连商品交易所 LLDPE11 月合约和 PVC11 月合约卖平仓跨品种套利交易指令，以 3000 元/吨的价差将 1 手跨品种套利持仓卖出平仓，即：以 11900 元/吨的价格将 LLDPE11 月合约 1 手买持仓卖平仓，同时以 8900 元/吨的价格将 PVC11 月份合约 1 手卖持仓买平仓。

该套利交易化工企业在 LLDPE11 月合约和 PVC11 月合约上，买入跨品种套利交易盈利为：卖出平仓价差 3000 元/吨 - 买入开仓价差 2000 元/吨 = 1000 元/吨。买入跨品种套利交易盈亏情况见表 9 - 8。

表 9 - 8　　　　　　　买入跨品种套利交易盈亏

	价差	LLDPE	PVC
5 月 31 日（第一步）	以 2000 元/吨建立 1 手买跨品种套利持仓	以 9000 元/吨买入 1 手 LLDPE11 月合约	以 7000 元/吨卖出 1 手 PVC11 月合约
10 月 31 日（第二步）	以 3000 元/吨将 1 手买跨品种套利持仓卖出平仓	以 11900 元/吨将 LLDPE11 月合约 1 手买持仓卖平仓	以 8900 元/吨将 PVC11 月合约 1 手卖持仓买入平仓
盈亏	卖出平仓价 3000 元/吨 - 买入开仓价 2000 元/吨 = 1000 元/吨	卖出平仓价 11900 元/吨 - 买入开仓价 9000 元/吨 = 2900 元/吨	卖出开仓价 7000 元/吨 - 买入开仓价 8900 元/吨 = -1900 元/吨

【案例 9 - 6　卖出跨品种套利（豆油与菜籽油）】

春节后市场对食用油需求减少，但油菜籽产量将比往年大幅增加。某套利交易粮油贸易商在 3 月份预计，郑州商品交易所菜籽油 9 月合约期货价格下跌幅度可能超过大连商品交易所豆油 9 月合约期货价格下跌幅度，即：郑州商品交易所菜籽油 9 月合约和大连商品交易所豆油 9 月合约之间价差将会缩小。

3 月 31 日，菜籽油 9 月合约期货价格为 13900 元/吨，豆油 9 月合约期货价格为 12900 元/吨，菜籽油 9 月合约和豆油 9 月合约之间 1000 元/吨的价差高于理论价差（或者统计价差）。于是，该套利交易粮油贸易商以 13900 元/吨的价格在菜籽油 9 月合约上卖开仓 1 手，同时以 12900 元/吨的价格在豆油 9 月合约上买开仓 1 手。

8 月 31 日，菜籽油 9 月合约期货价格下跌至 10000 元/吨，豆油 9 月合约期货价格下跌至 9800 元/吨，菜籽油 9 月合约和豆油 9 月合约之间价差缩小至 200 元/吨，回归至理论价差（或者统计价差）附近。于是，该套利交易粮油贸易商以 10000 元/吨的价格将菜籽油 9 月合约 1 手卖持仓买平仓，同时以 9800 元/吨的价格将豆油 9 月份合约 1 手买持仓卖平仓。

该套利交易粮油贸易商在菜籽油 9 月合约和豆油 9 月合约上，卖出跨品种套利交易盈利为：卖出开仓价差 1000 元/吨 - 买入平仓价差 200 元/吨 = 800 元/吨。卖出跨品种套利交易盈亏情况见表 9 - 9。

表 9 - 9　　　　　　　　卖出跨品种套利交易盈亏

	菜籽油	豆油	价差
3 月 31 日（第一步）	以 13900 元/吨卖出 1 手菜籽油 9 月合约	以 12900 元/吨买入 1 手豆油 9 月合约	以 1000 元/吨建立 1 手卖跨品种套利持仓
8 月 31 日（第二步）	以 10000 元/吨将菜籽油 9 月合约 1 手卖持仓买入平仓	以 9800 元/吨将豆油 9 月合约 1 手买持仓卖出平仓	以 200 元/吨将 1 手卖跨品种套利持仓买入平仓
盈　亏	卖出开仓价 13900 元/吨 - 买入平仓价 10000 元/吨 = 3900 元/吨	卖出平仓价 9800 元/吨 - 买入开仓价 12900 元/吨 = - 3100 元/吨	卖出开仓价差 1000 元/吨 - 买入平仓价差 200 元/吨 = 800 元/吨

从跨品种套利操作策略来讲，若第一个品种合约期货价格下跌幅度小于第二个品种合约期货价格下跌幅度，也可采用买入跨品种套利；若第一个品种合约期货价格上涨幅度小于第二个品种合约期货价格上涨幅度，也可采用卖出跨品种套利。

跨品种套利交易的品种期货价格关联性很大，但影响品种期货价格的因素却存在个体差异性，跨品种套利交易的风险通常比跨期套利交易、蝶式套利交易和鹰式套利交易的风险要高，跨品种套利交易更应注意风险防范。

回到甲醇期货品种上来，由于焦炭本身可以成为甲醇生产的原材料之一，一般焦化厂都配套建立甲醇生产厂，这既可以回收利用焦炭生产过程中产生的焦炉煤气，也符合国家环保要求。作为两种重要的煤化工产品，从产业链角度讲，甲醇与焦炭之间存在着较强的关联性，两者价格的影响因子也有一定的重合。因此，我们考察了甲醇期货与焦炭期货的交易数据，发现2011年11月28日至2012年8月16日，两者走势的相关系数约为0.515，相关性并不算高。其原因除了两个品种间的产供销等影响因素有所差异外，还有一个可能的因素，即两个品种成为期货品种的时间都还比较短，走向成熟还需一定时间。但从长期来看，原油、焦煤、焦炭等已上市或拟上市的期货品种都有可能与甲醇期货搭配，形成跨品种套利组合。

十二、如何在期货市场与现货市场间盈利？

甲醇期货上市后，经过了近一年的市场培育，期货价格的权威性逐渐为现货企业所接受，开始成为贸易商判断价格的重要依据。许多企业开始根据期货价格拟定经营计划，决定库存水平，指导现货交易。有越来越多的生产经营企业意识到了将期货与现货两市结合起来的重要性。所以，甲醇期货越来越受到投资者的青睐。

所谓期现套利是当期货市场和现货市场出现不合理价差时，投资者进行买低卖高的一种交易方式。理论上说，只要期货合约价格与现货价格之间的价差超过持有成本，买入现货并卖出期货的套利交易就能获取稳健的无风险收益。持有成本＝仓储费＋保险费＋资金占用利息＋增值税＋人工成本＋包装费＋其他费用（包括交易手续费、交割手续费、入库费用、检验费等）。期现套利已被证明是行之有效的获取稳定收益的投资方法，尤其适合于拥有现货购销渠道的投资者。在投机资金的推动下，期货与现货价差异常偏离、出现套利机会的情况时有发生。

需要注意的是，甲醇的期现套利需要关注季节性波动，在消费旺季来临前期货价格往往会领先于现货价格启动行情，并且涨幅往往更猛烈。11月份通常是季节性消费高峰，所以在无外部利空因素时，从成本和市场操作心理上讲，甲醇期货受到双重推涨，拉大了期现价差。同时，期现套利也需要密切关注经济走向带来的影响，尤其是大宗商品价格走势。如在2008年下半年的大熊市中，期现价差往往随着价格的下跌逐渐拉大，又随着悲观经济形势的缓和及商品价格的企稳而逐步缩小。

另外，对期现套利的主体也有要求。首先，个人投资者由于没有现货资源，虽然看着收益可观，但实施难度大。其次，对于甲醇加工企业，做空现货是逆向操作，如果行情向不利方面发展，将对其生产经营造成影响。所以，期现反套一定要慎重。

十三、套利交易有哪些需要注意的地方？

相对于单边交易来说，套利交易显然属于一种低风险交易方式，但这并不意味着毫无风险。例如，流动性不足就是投资者必须关注的一种潜在风险，可能会影响套利"同进同出"原则的贯彻。在我国目前的甲醇期货市场上，通常只有一个月份的合约比较活跃。当投资者试图进行跨期套利时，如果近月和远月合约的流动性不对称，则可能导致交易量较小、流动性较差的合约难以按计划价格成交。

事实上，流动性不足不仅影响能否成功建仓，还对能否成功离场产生严重影响。特别是在套利数量较大的情况下，其建仓和平仓成本都将有所增加，并导致利润下降。在极端情况下，甚至可能出现亏损。

跨期套利多以差值或比值作为判断标准，较少涉及交割因素，但我们不得不考虑时间因素，因为只要所持合约临近交割月份，套利风险通常都较难把握。而在我国的期货市场上，交割月份合约有时会受到挤压，导致价差关系严重失衡。此外，临近交割期，持仓保证金也会相应提高，进而影响套利效果。

自 测 题

一、不定项选择题

1. 建立期货市场和进行期货交易的根本目的是要在市场经济条件下为商品的生产者、经营者和加工者创造一个规避价格波动风险的机制，这就是期货市场上的(　　)。

  A. 期货投机　　　　　　　　B. 套期保值
  C. 套利交易　　　　　　　　D. 期权期货

2. 当远期月份合约的价格（　　）近期月份合约的价格时，市场处于正向市场。

A. 等于　　　　　　　　　　B. 大于

C. 低于　　　　　　　　　　D. 接近于

3. 某投机者决定做甲醇期货合约的投机交易，3200元/吨买入1手合约。成交后立即下达一份止损单，价格定于3180元/吨，此后价格上升到3220元/吨，投机者决定下达一份新的到价止损指令，价格定于3210元/吨，若市价回落可以保证该投机者（　　）。

A. 获得10元/吨的利润　　　B. 损失10元/吨

C. 获得15元/吨的利润　　　D. 损失15元/吨

4. 在买入合约后，如果价格下降则进一步买入合约，以求降低平均买入价，一旦价格反弹可在较低价格上卖出止亏盈利，这称为（　　）。

A. 平均卖高　　　　　　　　B. 买低卖高

C. 平均买低　　　　　　　　D. 卖高买低

5. 下列属于期现套利风险的是（　　）。

A. 时间风险　　　　　　　　B. 利率风险

C. 天气风险　　　　　　　　D. 增值税风险

6. 卖出套利的潜在风险（　　），潜在收益（　　）。

A. 无穷小　无穷大　　　　　B. 固定　无穷大

C. 固定　固定　　　　　　　D. 无穷大　固定

7. 根据交易者在市场中所建立的交易部位不同，跨期套利一般分为（　　）。

A. 近月套利　　　　　　　　B. 牛市套利

C. 熊市套利　　　　　　　　D. 远月套利

8. 正向市场牛市套利的市场特征有（　　）。

A. 供给过旺，需求不足

B. 近期合约价格高于远期合约价格

C. 近期月份合约价格上升幅度大于远期月份和约

D. 近期月份合约价格下降幅度小于远期月份和约

9. 以下对蝶式套利原理和主要特征的描述正确的是（　　）。

A. 实质上是同种商品跨交割月份的套利活动

B. 由两个方向相反共享居中交割月份合约的跨期套利组成

C. 蝶式套利必须同时下达三个买空、卖空、买空的指令

D. 风险和利润都很大

10. 某年7月10日,在正向市场中,某交易者采取熊市套利策略,在不考虑其他因素影响的情况下,下列选项中使其获利的有(　　)。

A. 近期月份合约的价格下降,远期月份合约的价格上涨

B. 近期月份合约的价格下降,远期月份合约的价格上涨,但后者涨幅低于前者降幅

C. 近期月份合约的价格上涨,远期月份合约的价格下降

D. 近期月份合约的价格上涨,远期月份合约的价格下降,但后者降幅低于前者涨幅

二、判断题

1. 期货市场的价格发现机制正是投机者对未来市场价格走向预测的反映。　　　　　　　　　　　　　　　　　　　　　　　　　(　　)

2. 买进期货合约投机者,拥有多头头寸,被称为多头投机者。(　　)

3. 期货交易是否成功,在很大程度上取决于市场流动性的大小,这一点主要取决于投机者。　　　　　　　　　　　　　　　　　(　　)

4. 投机者所冒的风险是人为制造的风险。　　　　　　　(　　)

5. 如果建仓后市场行情与预料的相反,可以采取买低卖高或卖高买低的政策。　　　　　　　　　　　　　　　　　　　　　　　(　　)

6. 当远期月份合约的价格大于近期月份合约的价格时,市场处于反向市场。　　　　　　　　　　　　　　　　　　　　　　　　　(　　)

7. 投机者一般不做现货交易,几乎不进行实物交割。　(　　)

8. 期货市场具有一种把价格风险从保值者转移给投机者的机制。
　　　　　　　　　　　　　　　　　　　　　　　　　(　　)

9. 在卖出合约后,如果价格上升则进一步卖出合约,以提高平均卖出价格,一旦价格回落可以在较高价格上买入止亏盈利,这就是平均买低。
　　　　　　　　　　　　　　　　　　　　　　　　　(　　)

10. 任何单个市场上的最大总亏损金额必须限制在总资本的 10% 以内。
( )

参 考 答 案

一、不定项选择题

1. B   2. B   3. A   4. C   5. ABD
6. D   7. BC   8. CD   9. ABC 10. AB

二、判断题

1. 错   2. 对   3. 对   4. 错   5. 错
6. 错   7. 对   8. 对   9. 错   10. 错

第十章
甲醇期货交易的风险管理

【本章要点】

本章主要介绍了参与甲醇期货交易存在的风险,并对如何管理这些风险进行了阐述。

一、甲醇期货交易的主要风险有哪些?

就甲醇期货交易而言,从风险来源来看,可将甲醇期货交易的主要风险分为市场风险、操作风险、流动性风险、法律风险和信用风险。

(一)市场风险

市场风险是甲醇价格波动导致的所持甲醇期货合约价值发生变化的风险。这是甲醇期货交易中最常见,也是最需注意的一种风险。导致这一风险的因素一般可分为自然环境因素、社会环境因素、政治法律因素、技术因素、心理因素等。甲醇期货市场的市场风险又可分为利率风险、汇率风险、权益风险、商品风险等。

(二)操作风险

操作风险是指在甲醇期货交易过程中,期货公司或投资者因为内部控制缺陷或信息系统故障等而导致意外损失的可能性。操作风险包括以下几方面：期货公司或投资者在交易过程中没能按规定的流程操作造成的风险；交易操作人员指令处理错误所造成的风险，不完善的内部制度与处理步骤等因负责风险管理的计算机系统出现差错，导致不能正确地把握甲醇期货的市场风险；因计算机操作错误而破坏数据的风险；因工作责任不明确或工作程序不恰当，不能进行准确结算或发生作弊行为的风险；存储交易数据的计算机因灾害或操作错误而引起损失的风险等。

(三) 流动性风险

甲醇期货交易中的流动性风险可分为流通量风险和资金量风险两种。流通量风险是无法及时以合理价格建立或了结头寸的风险，即在交易时缺乏交易对手方而使交易无法达成。资金量风险是因投资者的资金不能达到保证金要求而面临的强制平仓的风险。

(四) 法律风险

法律风险是指在甲醇期货交易中，由于交易对象、签订合同、税收处理等相关行为与相应的法律法规发生冲突致使无法获得预期收益甚至蒙受损失的风险。如投资者与不具有期货代理资格的机构签订紧急代理合同不受法律保护，如果投资者通过这些机构进行甲醇期货交易就会有法律风险。

(五) 信用风险

信用风险是指在甲醇期货交易过程中，交易对手不履行履约责任而给自己带来损失的风险。现代期货交易的风险分担机制使得信用风险发生的概率很小，但在发生重大风险事件或相关风险控制制度不完善时也会产生信用风险。

二、个人投资者如何进行风险管理？

个人投资者在参与甲醇期货交易的过程中，为维护自身权益，保障自身财务安全，可采取如下防范措施：

1. 学习甲醇期货市场知识，充分了解甲醇期货交易特点。个人投资者在参与甲醇期货交易之前，必须事先对甲醇期货市场有足够的了解和认识，包括学习期货市场的基本理论和结构、了解甲醇期货合约、掌握交易流程和交易方法及学习基本的分析技巧。这些知识是个人投资者进行甲醇期货投资的基础条件，投资者可以通过书籍、网络、参加研讨会等不断积累。同时，对于初入期市的投资者，建议先进行甲醇期货的模拟交易。

  2. 慎重选择期货公司，避免代理风险。投资者在开户前要认真了解期货公司的相关情况，包括资信情况、交易业绩、代理业务的范围和资格，以及有关的规则和制度等。选择安全可靠的经纪公司可以降低代理风险，减少不必要的法律纠纷和经济损失。

  3. 制定正确的投资战略，将风险降至可以承受的程度。投资者入市前要对甲醇期货交易风险有充分的认识，正确估量自身财力，分析甲醇期货价格变动规律，制定正确而又符合自己风险承受能力的交易策略，以降低交易风险。一般来说，投资者应避免将自己的非闲置资金投入期市，因为投资者生活中的资金支取需求很可能会要求投资者在亏损的状态下平仓，造成资金的损失。

  4. 规范交易行为，提高风险意识和心理承受能力。投资者进入甲醇期货市场进行交易必须严格遵守有关法规，严禁违法交易。违法交易所得获利不仅不受法律保护，还将受到监管部门严厉处罚。另外，良好的心理承受能力也是进行甲醇期货交易的必要保障。面对风云变幻的市场行情，投资者必须保持清醒的头脑，否则很容易因价格的波动而改变原本正确而理性的判断。可先进行模拟交易，待对期货市场及甲醇品种有一定了解和把握后再入场实战操作。

延伸阅读：期货专家交易失手，风险管理是取胜的先决条件

  我们故事的主人翁是——史惠加（Jack D. Schwager），多本金融畅销书的作者。让我们从他的亲身经历入手，体会风险管理的重要意义。

  史惠加是出名的期货资料研究专家，大学毕业后就加盟期货公司，担任资料研究员，致力于基本因素分析。入行初年，受到期货买卖的吸引，他断断续续地参与期货交易。为什么说他是断断续续从事期货交易呢？一是公司规定，职员不准炒作期货，要偷偷摸摸地在其他公司开户。二是资金不足，得向亲属借贷，始能得尝黄金梦。三是学艺不精，每次均以全军覆没收场。经过多次失败，史惠加终于大彻大悟，找出失败的原因。

  首先，基本分析不足以克敌致胜，图表分析可以提高入市时间的准确性，二者应该相辅相成。其次，风险管理尤其重要，可以说是取胜的先决条件。决不可犯孤注一掷的错误。修正买卖的态度之后,史惠加开始尝到成功的滋味,几年之内,账户资金不断增多,一度超过10万美元。不过,随着资金增加,他在作投资决定的时候又犯了轻率的毛病,盈利水平随之下降,几日之内令资金缩水25%。痛定思痛,史惠加四处访问知名投资者,誓将制胜秘诀公布于众。史惠加提出的问题包括:第一,投资制胜的重要条件。第二,入市的方法及态度。第三,买卖的戒条。第四,初入行时的经验。第五,对投资买卖的忠告。从表面看,这些问题平淡无奇,但的确是决定入市是否成功的关键。成功与失败关键往往在于投资者入市时的态度和纪律。史惠加的访问轻描淡写透露玄机,值得体会。他以成功人士的经验教训写出的《投资智慧》和《华尔街点金人》两本书(MarketWizards, New Market Wizards),都成为畅销书,影响着整整一代投资人,对强化投资者风险意识,杜绝盲目交易起到了很好的作用。

简评

作为资深研究人士,史惠加在投资的道路上也经历过重大损失,最终悟出:风险管理尤其重要,是取胜的先决条件。从他早年多次赔掉所有,到后来经验成熟后在几日之内资金急跌25%,都提醒我们防范风险的重要。对资深研究专家都是如此,我们这些即将参与甲醇期货的投资者更应将风险管理放在首位。

三、机构投资者如何进行风险管理?

对机构投资者而言,其主要是通过加强内部风险控制来管理甲醇期货交易中的风险。

(一)建立完善的风险管理体系

机构投资者应建立由董事会、高层管理部门,以及风险管理部门组成的风险管理体系。高层管理部门制定风险管理的控制程序,并报董事会同意;董事会要定期考核机构风险暴露状况,并对风险控制程序进行评估与改进。风险管理部门是联系董事会、高层管理部门和业务部门的纽带,必须独立于业务部门。

（二）制定合理的风险管理程序

合理的风险管理程序包括：风险衡量系统、风险限制系统、管理资讯系统。风险衡量是风险管理的基础，风险衡量系统要对机构在交易中面临的风险进行全面、准确和及时的衡量；风险限制系统要为各类风险设置界限，保证风险暴露超过设定界限时及时报告给管理层；管理资讯系统是风险管理部门将所衡量的风险及时向管理部门和董事会报告的流程。

（三）建立前、中、后台相互制约的内部监控机制

前台负责具体的交易操作。在这一过程中，前台必须严格遵守各项操作规定。同时，还要按规定和权限调拨、管理交易资金，且详细记载每天的交易活动，并向中台和后台报告交易情况。

后台主要负责以下流程的控制：对每笔甲醇期货交易进行复核、对账，并确认买卖委托；进行各类财务处理；跟踪近期甲醇期货的交易情况；按规定独立监管前台交易和完成后续结算；协助前台交易人员准备盈亏报告，评估交易风险和分析市场信用。

中台负责监控前台与后台的一切操作。为保证会计记录的准确性，中台要核对持有头寸限额是否正确，要比较前后台计算出的损益是否一致等；同时，中台还要监督交易质量、财务信息管理和回报率的质量，分析交易情况并对交易误差作出正确解释和内部稽核，最终负责公布监控结果。

（四）加强高层管理人员对内部风险的监控力度

高层管理人员对内部风险控制的高度重视是风险控制的重要保障，高层管理人员在协同有关部门进行内部风险监控时，应采用总量控制和交易程序化的方式，以实现在甲醇期货交易中降低风险获取盈利的目的。

延伸阅读：套期保值交易要注意资金风险

德国金属原油套期保值交易失利

1993年晚些时候，德国金属公司在原油套期保值交易过程中失利，一度给市场带来巨大的影响。财务风险是这一套期保值失败的原因所在。在企业进行套期保值时，要根据采购数量或产品销售数量计算最优套期保值头寸，当生产经营规模较大时，期货保值头寸数量也较大，而

且由于生产经营具有连续性，头寸持有的时间也相对较长，即使套期保值方向正确，也容易产生财务风险。在某些情况下，需要追加保证金或者套期保值头寸出现较大亏损，面临股东的压力，企业往往被迫对期货头寸平仓。

1993年，德国金属公司的原油买入套期保值是对其与客户长达5年至10年的合同进行保值，但在价格下跌的过程中相应期货头寸出现亏损，需要追加保证金。然而，德国的会计惯例采取的是保守稳健的会计和信息披露制度，对按逐日盯市规则计算出来的浮动盈利不能计作公司的利润，对潜在亏损却要披露出来。在股东们反对追加保证金的情况下，德国金属美国子公司被迫砍仓，清仓结束后，原油期价就涨过了原来的套期保值多单的建仓价位，如果资金能够追加到位，套期保值交易不一定会出现亏损。结果是虽然美国子公司做对了套期保值方向，却出现13亿美元的巨额亏损。在德国金属公司的原油套期保值中，其买入保值头寸庞大，保值时间要长达数年，而当期活跃的合约月份也就一两个，使得大量保值头寸必须在不同月份间频繁移仓，增大了交易成本和移仓损失。这也是导致其股东反对后续追加资金的重要原因所在。

简评

套期保值交易中一定要重视资金风险。期货市场价格出现不利变动可能对短期资金流动带来持续性影响，要提前做好相应的计划及应对策略，并且一定要从自己的实际财务情况出发确定套期保值的总体规模。这也提醒我们，在从事甲醇期货套期保值的过程中一定要量力而行，结合自己的资金实力，建立合理套期保值头寸。要高度重视期货市场部位不利时可能带来的现实资金压力。

四、长假休市期间是否具有某种风险？

还有一种风险源于国内外期货市场交易时间上的不同步。每遇国内长假，国内期货市场休市，但国际期货市场往往照常交易。这种交易时间上的不同步,很容易给投资者带来风险。因为,当国内期货市场恢复交易时,国际期货市场上相同或相关品种的价格已经大幅上扬或回落。国内期货市场一开盘便可能遭遇大幅跳空高开或低开的局面,甚至直接封在涨跌停板价位上。在极端的情况下,还有可能出现连续数日封在涨跌停板价位上的情况,甚至造成某些投资者穿仓的严重后果。这种内外盘交易时间上的不同步无疑会使国内投资者处于较为尴尬的境地。这就是所谓的"休市风险"或"长假风险"。

正是由于存在这种特殊风险,交易所通常会在长假之前相应提高保证金收取标准,以降低风险水平。投资者应该学会根据各个品种的风险特点和假期的时间长短,相应降低持仓水平,将风险控制在自己能够承受的范围之内。

五、涨跌停板限制可能带来什么风险?

另外一种风险类型源于期货市场的涨跌停板限制。进行涨跌停板限制的初衷是将风险控制在投资者可以承受的范围之内。通常,期货公司的保证金都会在交易所的标准金基础上提高 3~5 个百分点。这就意味着,即使出现一个涨跌停板,投资者也不会穿仓。从这个角度上看,涨停板限制属于风险控制的范畴。然而,市场情况错综复杂,连续出现涨跌停板的情况屡见不鲜。在极端情况下,投资者的平仓(止损)指令往往无法成交(没有对手单)。此时,如果不能及时追加保证金,则必然导致穿仓,后果极为严重。

六、如何通过资金管理降低期货投资风险?

做好资金管理,就可以说是在期货市场上已经成功了一半。正如美国一位成功的期货投资者所说:期货投资的困难之处并非制订期货投资的市场策略方案,因为确定入市、出市的方式并无大的不同,真正的困难在于对资金管理的重要性体验。

(一)资金账户的总体风险测算

投资者在从事期货投资时，要先根据自己的资金实力和心理承受能力确定在期货投资中能用的资金和能承受的最大亏损额度，对散户来说，每次的交易现金都不要过半，对中户和大户而言，多次交易动用的现金不应超过总资金量的 10%~15%。

（二）测算报偿与风险的比例

在期货市场上，交易者希望的就是：确保获利交易的盈利大于亏损交易的损失额。为达到这个目的，报偿与风险比例的测算是必要的。在实际操作中，对每笔计划中的交易我们都应确定其盈利目标（报偿），以及在操作失败的情况下可能损失的金额（风险）。我们把利润目标与潜在风险加以权衡，得出报偿与风险的比例，这一比例的通用标准是 3:1，根据这一比例，我们在考虑交易时，其获利潜力就至少需要 3 倍于可能的亏损，才可以付诸实施。

（三）合理搭配投资组合

在期货交易中，进行投资组合搭配的目的是分散风险。投资组合的搭配是一门学问，我们不能孤注一掷，那样风险太大，但也不能平均用力，将投资平均分散到多个项目上，因为平均用力往往会"劳民伤财"。所谓"打得准才能打得狠"的交易者往往都有几个重点的投资目标，并将它们作为自己盈利的最大可能点，然后再设几个点分散投资，以防范风险。我们还可以采取复合头寸交易的方法。复合头寸分为跟势头寸和交易头寸，跟势头寸用于谋划长期目标，也就需要对其设置较远的止损指令，为交易的巩固、调整留有充分的余地。

（四）保护性止损指令的设置

止损指令可用来开立新头寸，也可用来限制已有的亏损，或保护已有头寸的账面利润。止损指令指明了有关交易指令的执行价格，交易者必须为自己的持仓头寸设置保护性止损指令，通过反向的限价（平仓）指令来完成。

延伸阅读：预测准确却未能获利，操作策略和资金管理相当重要

投资者在开发出良好的技术交易系统之后，需要采取哪些行动？投资家克罗的看法是，你需要可行的市场操作策略和战术，加上良好的资金管理。克罗是畅销书《期货交易策略》和《克罗谈投资策略》的作者，也是一位优秀的投资人。下面来详细看看克罗谈到的关于可可交易的一个故事，从中我们也能够得到新的启发。

克罗曾经有一次和几位专业操作者交流投资策略，希望在未来几个月中从市场获得较好的利润。为此他们认真研究当时的各个市场的情况，选择了可可市场。当时可可的价格在 12.00，大家分析后认为价格有上涨至 20.00 的潜力，于是大家开始了可可的操作。行情预测真的对了，几个月内，可可果真涨到 22.00。这次操作，克罗本人赚了一些钱，但就所做分析的准确性来说，实在应该可以多赚一些的。但是，其他的专业操作者，结局就不同了。在前后近 6 个月的交易过程中，他们一共赔了约 20 万美元。怎会有这种事？他们是在 12.00 美元开始买进，价格果如所料地涨到 20.00 出头，他们都在这个价位出清最后一笔合约。那又是什么地方出了差错？原来他们一开始显得很谨慎，价格从 12.00 涨到 15.00 途中，慢慢提高加码金额，但是很不幸，他们的头寸像是个倒金字塔，价格越高反而买得越多，谨慎的风险管理让位于对盈利的过分渴求。结果遇到第一次价格回调，他们的账户就出现很大的亏损。

追加保证金的局面也出现了，这引发了他们的恐慌，赶紧把整个多头头寸完全清掉。如果这还不算糊涂的话，接下来他们更犯了典型的大忌。多头头寸清掉之后，他们推断，可以利用眼前的一波下跌走势，把刚发生的庞大亏损捞一些回来，于是反而放起空来。就这样，一批认为可可价格要大涨的专业投资者因为操作节奏把握不当，反而选择了违背自己预测及交易计划的做空交易。结果当然不理想，价格恢复上涨后，他们又慌忙跑出空单，然后再开始追多。这样几次反复下来。等到尘埃落定，大家全都在 22.00 美元价位出清最后一笔多头合约时，克罗获得了一些收益，他们却发生了约 20 万美元的操作损失。这笔钱拱手让给了不见得比他们聪明，但更能严守纪律，入市策略上也更为谨慎的其他投资者。

显然他们的策略和战术是进出市场不正确的绝佳反面教材。在他们仍该谨慎买进的时候却选择过量买进，让贪婪主导自己，过度做起倒金字塔交易。其后，个人情绪就完全被市场的短期波动和账户的盈亏所主导了。价格调整中账户亏损增加又使得恐惧心理占了上风，慌忙平出多头部位，甚至反手放空，这都是没有遵守纪律，没有严格执行交易计划的结果。

简评

对于参与期货市场交易而言，行情预测只是第一步的工作，后期还要做好市场策略和资金管理工作。可可投资交易过程中，那些失败者的教训就是交易策略不清晰、资金管理不当。可见，这两个工作的重要性不容忽视。在未来甲醇期货的交易过程中，我们要做好分析及预测工作，也要落实具体的交易策略，制订好交易计划，并结合相应的资金管理，达到理性投资的目的。

七、如何通过制定应对策略降低交易风险？

"应对策略"指的是当价格变动与预期的方向相反时，投资者应该采取的"应急对策"。一般来说，投资者在投资决策的过程中应该完成以下工作：对未来走势作出判断（包括趋势方向、持续时间和价格高度）、确定入场时机、制定应对策略（包括止损和止盈），并将应对策略纳入交易方案之中。

事实上，制定应对策略的主要目的是避免当行情向不利于投资者的方向变化时投资者出现较大亏损。因此，应对策略的主要内容就是止损，或确定止损条件。一般来说，止损的方法有两类：一类是根据投资者能够或愿意承担的亏损额进行止损；另一类则需根据对行情走势的判断，决定是否止损。前者属于有限亏损止损法，亏损金额与每次动用的资金比例有关（如3%或5%），是普通投资者常用的方法。后者则需判断行情是否已经逆转，进而决定是否止损。一般来说，除非基本面发生变化，或此前作出判断的依据基础消失，或重要技术指标已经发出了止损信号，否则不作任何反应。这种方法通常适用于企业客户，特别是套期保值客户。

延伸阅读：下跌趋势中学会做空，避免局限于买进思维而带来损失

作为拥有数十年交易经历的优秀投资者，克罗对投资者常见的一些行为有较多认识。他举出的案例之一就是介绍投资者偏向于做多，而忽视了空头市场交易机会的故事。

1985年几乎一整年，谷物市场一路跌个不停——玉米从4月的2.85跌到九月的2.20，小麦从3月的3.60跌到7月的2.75——相当于每手4250美元。最后是黄豆，黄豆的价格让芝加哥注意其动向的人大跌眼镜，因为它几乎是从1984年6月就开始节节下滑，没有停过。事实上，有些精明的系统操作者在1984年6月11日下午就注意到十分清楚的卖出信号，因为放空黄豆，可坐收12000美元的未平仓利润（每手）。到了1985年12月16日终于平仓出场时，利润是10500美元。

1984年年中，黄豆在9.00处反弹失败后，就一直处于大空头市场。你能想象竟然有位操作员说1985年的市场根本没有趋势吗？它就跟你见过的所有典型的下跌走势完全一样。精明的操作者在明显的空头市场中一定会放空，从而赚到很多的利润。

你是不是注意过，一般操作者说某市场"不错"时，其实他的意思是说市场上涨，而他也正好做了多？当他说市场"很糟"时，其实他的意思是说市场下跌，而他正好不幸做多。似乎不管市场走势如何，反正他就是做多，可是在明眼人都知道的空头市场里，他却套牢在赔钱的部位里，欲哭无泪。克罗认为，可能人的天性总是希望见到价格节节高攀，而不是一路下滑。第二次世界大战结束以后，全球经济中通货膨胀一直顽固且稳步上扬，即使在20世纪80年代末明显减慢步伐，物价还是在上涨。我们可能以为不论对整个经济还是对个人来说，通货膨胀都是件很健康而且很好的事情。毕竟，谁愿意今年赚得比去年少？谁愿意自己的房子、财产、事业今年的价值不如去年？如果有人想从价格或经济价值下跌的情势中大捞一笔，可能会被人骂为大逆不道。

姑且不论政治或经济，千古不易的一个真理是：市场确实有一定的时间是在下跌，而且"滑得比飞得还快"。有经验和成功的操作者知道，下跌走势的市场要比上涨的市场来得更猛。一般投资者要抓住显著的下跌走势，一个重大的障碍就是他对任何市场天生就有一种看多的心理——他的"营业员"可能也是这样。即使趋势是很明显地下跌，很多投资者还是固执地寄望价格终会反弹，或者讲明些，他们以为自己能够抓住反弹机会，大赚一笔。

这种投资方式以前是很昂贵的做法，将来依然一样昂贵。想要有所成就的投资者不应该有这种主观和一厢情愿的想法，而应该运用客观和可行的方式去操作，不要让个人的偏见影响了对市场的冷静分析。记忆所及，最长的空头"秀"当属1978年到1985年的外币跌势（美元的多头市场）：瑞士法郎从69.00跌到35.00，德国马克从58.00跌到29.00，英镑从2.40跌到1.05左右。虽然有为期这么长的空头市场，我们却见到不断有人抓底部，固执的投资客一直在追逐一个"大奖"——强势美元走势反转。这7年时间内，全世界密切注意和等候外币见底的操作者人数可能比其他任何种类期货都要多。

以上面所有外币长达7年的空头市场来说，只要市场继续在一个宽广、连续的区间内下滑，也就是说，这个区间内一个高点比一个高点低、一个低点比一个低点低。那我们就要十分小心谨慎，避免去试探底部。我们找不到合乎逻辑的方式，提出强有力的论点，去预测市场的反弹点。一些过分急切的操作者，一直想这么做，多年下来都徒劳无功。

1978年底瑞士法郎在69.00左右做头反转，1985年上半年以前，一直处在大空头趋势里面。大部分投资大众不管市场趋势，执意做多，这7年的空头市场几乎是一场浩劫。1985年年中，趋势反转向上，大多数的投资者错过了列车。不管是在感情上，还是在财力上，他们都已经筋疲力尽：过去几年，他们死抱赔钱的多头仓，已经无力跟市场战斗。可是在这段期间内，许多公共商品基金因放空外币得到了可观的利润。

> **简评**
>
> 在甲醇期货投资市场上,有上涨趋势的阶段,也会有下跌趋势的阶段。甲醇期货交易的一个优势就在于可以在下跌趋势中做空。投资者也要充分了解甲醇期货的功效,在典型的下跌趋势中,也学会利用在甲醇期货市场上做空来回避系统性风险。

止损的常见种类

1. 资金额度止损

资金额度止损的操作要点是,设立进场部位资金或总资金最大亏损额度。一般为所占用资金的 5%~20%(或总资金的 1%~10% 等);也可以是所占用资金的绝对数额,如每手 100 元。一旦达到亏损额度,无论是何价位立即止损离场。

2. 时间止损

时间止损是根据交易周期而设计的止损技术。譬如,您若对某个合约的交易周期预计为 5 天,买入后价格在买价一线徘徊超过 5 天,或者 5 天后上涨没达到一定幅度,那么其后第二天应坚决出仓。当然在真正出现亏损时更要立即出局。

3. 跟踪止损

跟踪止损,在某种意义上讲就是止赢,就是当价格朝着对自己有利的方向行进时,根据已经变化了的价格,逐渐调整止损位,也即逐步调整出局位置,目的是防止利润回吐。

4. 心态止损

当操作连续多次亏损或心态不稳时,立即停止操作,或进行反思或休息。不要强迫自己进行交易,更不要和市场赌气。

5. 技术止损

技术止损是经常用到的技巧,常见的有趋势止损、指标止损、K 线止损、关键价位止损、密集成交止损等。

(1)趋势止损:是指在趋势运行过程中出现了趋势停顿或趋势转折时的出局行为,其依据一是移动均线,二是趋势线。趋势线止损主要是支撑压力止损。

(2)指标止损:是根据技术指标所发出的买卖信号进出,当你所利用的指标发出出局信号时,即便资金亏损也要离场。

(3) K 线止损：包括 K 线组合止损和 K 线形态止损。例如：在上涨做多操作的趋势中，出现两阴夹一阳、一阴断三线的断头铡刀、黄昏之星、穿头破脚、射击之星、双飞乌鸦等典型见顶 K 线组合时，就需要交易者考虑做减仓或出局动作。

(4) 关键价位：止损就是注意一些关键价位的支撑或阻力，比如回调或反弹的斐波那契位置、黄金分割位置、重要的整数关口，以及历史最高、最低价等重要位置。

(5) 密集成交止损。其依据就是横盘区域或近期巨量大单的位置会对价格的升降起到较强的支撑或压力作用。

(6) 形态止损法，包括期价击破头肩顶、M 头、圆弧顶等头部形态的颈线位，期价出现向下跳空突破缺口，等等。

自　测　题

一、不定项选择题

1. 期货交易的风险有（　　）。
   A. 市场风险　　　　　　　　　B. 操作风险
   C. 流动性风险　　　　　　　　D. 法律风险

2. （　　）是因价格变化使期货合约的价值发生变化的风险，是期货交易中最常见、最需要重视的一种风险。
   A. 市场风险　　　　　　　　　B. 信用风险
   C. 流动性风险　　　　　　　　D. 法律风险

3. （　　）是指当投资者的资金无法满足保证金要求时，其持有的头寸面临强制平仓的风险。
   A. 流通量风险　　　　　　　　B. 成交量风险
   C. 资金量风险　　　　　　　　D. 持仓量风险

4. （　　）是指期货公司或投资者在交易过程中因操作不当或内部控制制度的缺陷或信息系统故障而导致意外损失的可能性。
   A. 法律风险　　　　　　　　　B. 信用风险
   C. 流动性风险　　　　　　　　D. 操作风险

5. 在期货交易中，由于相关行为与相应法律法规发生冲突致使无法获得当初所期待的经济效果甚至蒙受损失的风险属于（　　）风险。

A. 法律 B. 信用
C. 市场 D. 操作

6. 为了控制风险水平，甲醇期货交易实行相关的交易制度，其中（   ）是对交易制度杠杆作用的体现。

A. 交易保证金制度 B. 对冲机制
C. 双向交易机制 D. 每日结算制度

7. 机构投资者需要（   ）来管理期货交易的风险。

A. 建立完善的风险管理体系
B. 制定合理的风险管理程序
C. 建立前、中、后台相互制约的内部监控机制
D. 加强高层管理人员对内部风险的监控力度

8. （   ）意味着"新的多头换出旧的多头"。

A. 多开 B. 多换
C. 双开 D. 空换

9. 在目前的甲醇期货交易中，交易单位为（   ）吨/手。

A. 5 B. 10
C. 50 D. 100

10. 大户报告制度是指当会员或客户某品种持仓合约的投机头寸达到交易所对其规定的头寸持仓限量（   ）以上（含本数）时，会员或客户应向交易所报告其资金情况、头寸情况等，客户须通过经纪会员报告。

A. 60% B. 70%
C. 80% D. 85%

二、判断题

1. 风险存在具有客观性。（   ）

2. 对参与期货交易的双方来说，期货风险可能带来的损失都是客观的、均等的。（   ）

3. 期货市场的风险是客观存在的，它有不确定性，所以是无法防范的。（   ）

4. 法律风险是由于交易对手不履行履约责任而给自己带来损失的风险。
（　）

5. 客户投资期货市场必须事先对甲醇期货交易有足够的了解和认识。
（　）

6. 一般来说，除非基本面发生变化，或此前作出判断的依据基础消失，或重要技术指标已经发出了止损信号，否则不作任何反应。这种方法适用于企业客户，特别是套期保值客户。（　）

7. 利用计算机软件程序制定交易策略并实行自动下单的交易行为属于程序化交易。（　）

8. 机构投资者主要通过加强内部风险控制的方法来管理风险。（　）

9. 提高保证金可以降低长假风险。（　）

10. 期货交易所实行每日无负债结算制度。（　）

参 考 答 案

一、不定项选择题

1. ABCD　　2. A　　3. C　　4. D　　5. A
6. A　　7. ABCD　　8. B　　9. C　　10. C

二、判断题

1. 对　　2. 对　　3. 错　　4. 错　　5. 对
6. 对　　7. 对　　8. 对　　9. 对　　10. 对

后 记

本书是以期货投资者为主要服务对象的普及性读物,主要服务对象为甲醇期货投资者,包括广大普通投资者和相关产业链企业套期保值者。本书编写遵循基础性、通俗性、实用性、规范性原则,力图用通俗易懂的语言和案例说明问题,尽量避免晦涩的理论性介绍。

本书借助大量案例,针对甲醇生产、贸易、消费等各个环节的不同情况,着重介绍了实体企业如何创新经营模式,利用期货工具来规避价格风险。同时,本书结合甲醇行业特点,从供求关系入手,详细介绍影响甲醇价格变化的各方面因素,为投资者提供参考。

需要说明的是,"期市有风险,入市须谨慎"。由于篇幅有限,无法尽述相关企业和投资者在期货市场上可能面临的所有具体情况。不管是实体企业还是普通投资者,参与期货市场,都务必结合自身需求,制定科学合理的交易策略并严格控制风险。企业参与套期保值要避免变成投机,普通投资者要严格评估自身能力,尽可能地熟悉并掌握交易品种的市场特点及操作技巧,并严格控制交易规模,避免遭受不必要的损失。

作为《期货投资者教育系列丛书》之一,本书由中国期货业协会投资者教育部负责编写组织工作,余晓丽、刘保宁承担统筹任务。本书编写人员通过公开遴选,并经专家评审最终确定,宏源期货有限公司王化栋总经理担任主编,全书由詹建平执笔,袁超、李哲、吴守祥、张龙参与研讨。郑州商品交易所沈凯欣同志对本书书稿进行了审阅并提出了宝贵建议。本书在编写过程中得到中国证监会投资者保护局、期货二部、中国期货业协会、郑州商品交易所领导的指导和帮助，在此表示衷心的感谢！书中错误之处，敬请批评指正。

中国期货业协会
《期货投资者教育系列丛书》编委会
2012 年 11 月